ZIG ZIGLAR

PRÓLOGO DE TOM ZIGLAR

DESEMPEÑO MÁXIMO

ELEVA TU RENDIMIENTO, LIDERA Y TRASMITE LA EXCELENCIA A TU EQUIPO

TALLER DEL ÉXITO

Desempeño máximo
Copyright © 2024 - Taller del Éxito - Zig Ziglar

Copyright © 1986, 2003 by Zig Ziglar
Originally published in English under the title *Top Performance* by Revell, a division of Baker Publishing Group, Grand Rapids, Michigan, 49516, U.S.A. All rights reserved.

Reservados todos los derechos. Ninguna parte de esta publicación puede ser reproducida, distribuida o transmitida por ninguna forma o medio, incluyendo fotocopiado, grabación o cualquier otro método electrónico o mecánico, sin la autorización previa por escrito del autor o editor, excepto en el caso de breves reseñas utilizadas en críticas literarias y en ciertos usos no comerciales dispuestos por la Ley de Derechos de Autor.

Publicado por:
Taller del Éxito, Inc.
Sunrise, Florida 33323
Estados Unidos
www.tallerdelexito.com

Editorial dedicada a la difusión de libros y audiolibros de desarrollo y crecimiento personal, liderazgo y motivación.

Traducción y corrección de estilo: Nancy Camargo
Diseño de cubierta y diagramación: María Alexandra Rodríguez

ISBN: 9781607388074

25 26 27 28 29 R I GIN 12 11 10 09 08

Dedicado a P. C. Merrell

Su capacidad de rendimiento máximo, acompañada de ese estilo de liderazgo que él ejerce por medio del ejemplo, ha logrado un impacto imperecedero sobre mi propio nivel de rendimiento.

*"Usted logrará lo que quiera obtener de la vida,
¡si se propone a ayudarles a los demás
a obtener lo que ellos quieran!"*

Contenido

Agradecimientos 9

Prólogo 11

Prefacio 13

Introducción 17

Primera parte: El arte del desempeño máximo 21

1. Construyendo las bases 23
2. Decida que su desempeño será máximo 29
3. Logre que otros aprecien su liderazgo 43
4. Busque lo bueno que hay en los demás 57
5. Espere lo mejor 81
6. "¡Espéreme, yo soy el líder!... 95
7. "A la gente simplemente no le importa…" 111
8. Sobre desempeño máximo 115
9. Las cinco Ps de las empresas con desempeño máximo 123

Segunda parte: La ciencia del desempeño máximo 133

10. "Pero yo pensé que usted dijo…" 135
11. Reconociendo, premiando y sirviendo
    de modelo de desempeño máximo 143
12. Aprendiendo a conocer a los demás…
    ¡y también a mí mismo! 159

13. Gemas de la Administración 173

**Tercera parte: Motivando a la gente con
un nivel de desempeño máximo** **179**

14. La fórmula de desempeño de Ziglar 181
15. Una fórmula para motivar... 191
16. ¿Por qué usted lidera… y por qué ellos los siguen? 207
17. Administrando la productividad 219
18. La educación cura la parálisis administrativa 233
19. El secreto de la motivación en el campo
    de la Administración... 241
20. Tome tiempo 263

Epílogo 283
Una oportunidad única 283
Notas 286

Agradecimientos

Por diferentes motivos este es el libro más inusual y emocionante que he escrito. Inusual porque por primera vez escribo junto con otros autores, y en este caso, con dos que admiro y respeto bastante. Esta obra no existiría sin la contribución y asistencia de Jim Savage, y gracias al incomparable talento de Bryan Flanagan y Krish Dhanam su contenido es todavía mejor. Por esa razón, mi gratitud hacia ellos es enorme.

Como siempre, Laurie Magers, mi asistente administrativa siempre fiel y confiable, hizo una excelente labor. Y cuando se incorporó al equipo Kay Lynn Westervelt, quien trabajó muy de cerca con Laurie, ella también hizo valiosos aportes.

Tengo una enorme deuda de gratitud en particular, con mi amigo y mentor Fred Smith por su disposición para contribuir con sus ideas a lo largo de este trabajo. Otro agradecimiento especial es para Leo Presley, Presidente de la firma consultora Presley & Associates, ya que él nos animó y dirigió sobre cómo involucrarnos a mayor escala en la América corporativa. Leo es una de las personas más brillantes que conozco.

Estoy muy agradecido con Ron Ezinga, anterior Presidente de Zig Ziglar Corporation. Su constancia, direccionamiento y voz de aliento durante todo este proceso, nos mantuvieron por lo menos parcialmente en la ruta indicada para cumplir con nuestro cometido.

También, obvio, está mi esposa, Jean, *La Pelirroja*, a quien le agradezco por su voluntad para tolerar algunas demandas que eran intolerables con respecto a la posibilidad de pasar más tiempo juntos. Con su amoroso apoyo este libro, no solo fue posible, sino que además se convirtió en una experiencia emocionante.

A los otros miembros de nuestro equipo, y a los numerosos escritores que contribuyeron a través de sus artículos, gracias.

Zig Ziglar

Prólogo

Desempeño máximo es un libro increíble. Además, es más relevante hoy que cuando se publicó por primera vez en 1986 y se revisó en 2003. Con frecuencia, utilizo estos conceptos y enseñanzas en mis discursos de apertura y en mis capacitaciones en liderazgo. Krish Dhanam y Bryan Flanagan contribuyeron a esa revisión de 2003 y todavía viajan por el mundo compartiendo con clientes corporativos, instituciones académicas y líderes empresariales de todo el mundo la sabiduría aquí contenida.

¡Muchas cosas han cambiado en los últimos 16 años! Aunque estos principios nunca cambian, el escenario en el que se hacen los negocios siempre está cambiando. Por eso, estoy muy entusiasmado con las actualizaciones de este libro y con la forma en que Ziglar lnc. ha avanzado para satisfacer las necesidades de los propietarios, líderes y gerentes de empresas de hoy en día.

Ziglar tiene una enorme influencia en las redes sociales, con más de 4.5 millones de fanáticos en Facebook y en el mundo de los podcasts, en el cual tiene más de 40 millones de descargas. Expertos de todas las áreas de los negocios y de la vida contribuyen allí con regularidad, porque saben que tanto la innovación como el cambio deben ser exitosos y construirse sobre cimientos que nunca cambien.

Me complace mucho presentarles a dos nuevos socios de Ziglar, también colaboradores de esta edición revisada, Howard Partridge y David Mattson.

Howard es el entrenador exclusivo de propietarios de pequeñas empresas de Ziglar. Trabajamos con él desde 2012 y juntos les hemos ayudado miles de propietarios de pequeñas empresas a ganar más dinero y, lo más importante, a recuperar su vida. Si usted es propietario de una pequeña empresa, le encantará el capítulo de Howard que lleva por título: Las cinco Ps de las empresas con desempeño máximo.

David Mattson es el propietario y director ejecutivo de Sandler Training, la empresa de capacitación en ventas más grande del mundo, pues cuenta con más de 250 ubicaciones en más de 30 países. Estoy muy contento de que Sandler sea el encargado exclusivo de la formación corporativa de Ziglar y esté llevando nuestra oferta de formación corporativa a todo el mundo. David ha trabajado directamente con cientos de directores ejecutivos en la elaboración de programas de ventas y liderazgo, diseñados para ayudarles a esas empresas a capacitar y hacer crecer a su personal clave. Su capítulo, Sobre desempeño máximo, está repleto de ideas que usted podrá utilizar de inmediato.

También está incluido en este libro un capítulo que yo escribí. Lo titulé: La fórmula de desempeño de Ziglar. Personalmente, les he presentado este concepto y he capacitado en ello a miles de dueños y líderes de negocios, con resultados increíbles. Lo que más me gusta es lo sencillo y fácil que es de entender e implementar. Cuando usted comparta esto con su equipo, ellos lo entenderán bastante rápido y seguramente usted obtendrá un mayor rendimiento por parte de ellos.

Desarrollar la excelencia en uno mismo y en los demás es posible. De hecho, cuando usted elige que su nivel de desempeño sea el máximo, ¡usted está eligiendo ganar!

Tom Ziglar

Director ejecutivo de Ziglar Inc.

Prefacio

El 15% de las razones por las cuales usted consigue y mantiene un trabajo, y además procura avanzar en él, está determinado por su capacidad técnica y por su conocimiento —¡independientemente de cual sea su profesión! Eso es lo que Cavett Robert, profesional en ingeniería humana a quien conozco desde hace poco, me dijo. ¿Y qué ocurre con el otro 85% de las razones? Cavett citó los resultados del Sanford Research Institute de Harvard University y de Carnegie Foundation (en los que invirtieron $1 millón de dólares y 5 años de investigación) los cuales comprobaron que el 85% de las razones por las cuales usted consigue un trabajo, lo mantiene, y fuera de eso procura dar cada vez mejores resultados, ¡está lacionado con las *habilidades y conocimiento que usted tiene acerca de la gente*!

Estoy convencido por completo de que él está en lo cierto. A medida que viajo por todo el país compartiendo mis ideas en cuanto a crecimiento personal y entrenamiento en ventas, y al presentar los conceptos corporativos que enseñamos en Ziglar Training Systems, me doy más y más cuenta de la crítica necesidad que existe de instrucción personalizada sobre cómo liderarnos a nosotros mismos y a otros para obtener resultados máximos. Además, relacionándome con profesionales de las diversas áreas del conocimiento, observo ciertos problemas en común en muchas de las distintas situaciones laborales —si no en todas— que hombres y mujeres enfrentan, y ese común denominador es siempre el mismo: la gente.

Es tan obvio que "el manejo de la gente" (comenzando con el manejo de uno mismo) es una prioridad que adquiere la mayor importancia cuando se trata de obtener éxito. Por tal razón a lo largo de la lectura propondremos algunas metas primordiales relacionadas con esta habilidad:

1. Identificaremos los factores más decisivos en cuanto al manejo de personal, —incluyendo ayudar a los líderes a identificar las causas de conflicto más frecuentes entre los miembros de sus equipos de trabajo.

2. Brindaremos soluciones para ayudar a obviar dichas causas.

3. Compartiremos las estrategias que otros líderes han implementado llevando este libro de manera exitosa del campo de la teoría al de la práctica en el mundo real.

4. Haremos énfasis sobre todo lo que es posible lograr mediante la lectura y aplicación de *Desempeño máximo: Eleva tu rendimiento, lidera y trasmite la excelencia a tu equipo* utilizando ejemplos ilustrativos que algunos de los más reconocidos triunfadores nos compartieron.

5. Cubriremos la brecha que existe entre entrenamiento y crecimiento con el fin de formar emprendedores que obtengan el desempeño que los lleve a convertirse en verdaderos triunfadores.

John Naisbitt, autor de *Megatrends*, dice que reentrenar líderes para que aprendan a desempeñarse en las áreas de Administración y Gerencia, y no simplemente para que sean trabajadores promedio, es el mayor reto que afrontan las corporaciones en esta era actual. Con esto en mente, la meta más alta de *Desempeño máximo* es desarrollar excelencia en los líderes y proveerlos de procedimientos de aprendizaje, así como de la inspiración necesaria para formar miembros para sus equipos de trabajo que produzcan óptimo rendimiento.

El fundamento para crecer en todos los campos y ayudarles a otros a hacerlo se encierra en este principio:

"Usted logrará lo que quiera obtener de la vida, ¡si se propone a ayudarles a los demás a obtener lo que quieran!"

Yo he usado esa premisa durante ya casi 50 años y nada hay más preciso que ella cuando se trata de administrarnos a nosotros mismos y a otros. ¡Importante! Estoy hablando de un *principio* y no de una *táctica*. Si fuera una táctica, sería inapropiada e inefectiva, pero como principio este concepto funciona porque hace que los demás quieran que usted sea su líder.

Leí en la revista *Fortune* un artículo muy interesante con respecto al multimillonario de Hong Kong, Li Ka-Shing. Él formó a sus dos hijos, Víctor y Richard, utilizando su negocio como pretexto exigiéndoles que asistieran a sus juntas y conferencias con el fin de que conocieran y aprendieran su filosofía.

Richard observó que su genial y negociador padre estaba involucrado en unos cuantos negocios a la vez, muchos de los cuales implicaban ideas y productos muy interesantes, y que además requerían de muy baja inversión de capital. Su padre le explicó que si el 10% es un porcentaje de ganancia justo con respecto a alguna inversión, aun sabiendo que se puede obtener el 11%, entonces es mucho más sabio procurar solo el 9%. Li Ka-Shing les enseñó a sus hijos que al obtener menos dividendos de las ideas de mucha gente genial pero descapitalizada era muy probable que hubiera quienes quisieran presentarles sus ideas y productos a ellos antes que a ningún otro empresario. Y eso es exactamente lo que pasó debido a que emprendedores del mundo de los negocios notaron que ellos estaban interesados de verdad en sus propuestas y por eso les presentaban buenos tratos debido a su filosofía. ¡Y es cierto! Los grandes gerentes en todos los campos saben que, cuando para ellos su principal prioridad es su gente, su efectividad y nivel de eficiencia mejoran.

Una definición básica de liderazgo es "saber cómo lograr las metas a través de la gente". Los líderes exitosos reconocen, desarrollan y utilizan todas sus capacidades reconociendo, desarrollando y utilizando las capacidades de sus subordinados. Ellos aprenden a reconocer lo que capta la atención de los miembros de sus equipos y saben cómo trasmitirles sus emociones y entusiasmo a todos aquellos que siguen su estilo de liderazgo.

Existen muchas posibilidades de que, si a usted no le está yendo bien en la carrera que eligió, esté a punto de encontrar la manera de triunfar. Pero, sin importar cuál sea su ocupación, *Desempeño máximo* fue escrito ¡pensando en *usted*!

Introducción

Al leer con atención el título de este libro cualquiera notará que el subtítulo dice: *Cómo lograr la excelencia en usted y en los demás.* Es obvio que la excelencia comienza en usted. Si espera prosperar en el mundo de los negocios, debe comenzar con su propia eficiencia y reconociendo que necesita convertirse en un modelo de cualidades para quienes le rodean.

Si alguna vez participó en un equipo deportivo durante su infancia o adolescencia, seguro se acordará del día o la noche anterior a su "gran juego", y de cómo su entrenador preparó el plan de ataque. Con seguridad usted se habrá ido a su casa muy entusiasmado y les habrá contado a sus padres que su entrenador diseñó la mejor de las tácticas y que al día siguiente su equipo "¡acabaría con su contrincante!" y su fe en ese plan lo habilitó para jugar con una enorme confianza y dinamismo, confiado por completo en que ganarían.

El juego de la vida es aún más crucial y definitivo que ese que usted recuerda de su niñez; además, el propósito de un plan es siempre cumplir con las expectativas que se quieren lograr. Su primer objetivo como líder en el mundo de los negocios debe ser atraer la atención que necesita, y su eficiencia será la herramienta que, con toda certeza, le ayudará a atraerla. Sin embargo, llegará el día en que usted se dé cuenta de que, si quiere ser efectivo en el campo administrativo, hay ciertas cosas que no deberá hacer bajo ninguna circunstancia, aunque las haga muy bien. Su objetivo debe ser lograr ser sustituido por miembros de su equipo que a lo mejor no cuenten con la experiencia y habilidad que usted sí tiene, pero a quienes usted ha formado dándoles el entrenamiento e inspiración que los haga productivos a un nivel incluso más alto que el suyo. Usted necesita enfocarse en generar líderes y administradores que sean más productivos que usted. Algunos líderes y administradores obtienen seguidores, pero usted quiere desarrollar nuevos líderes y administradores.

Por desgracia durante largo tiempo han existido quienes creen que, si entrenan a otros a su nivel, estarán perdiendo miembros del equipo útiles para su negocio o departamento. Un ejemplo clásico de la falacia de esta premisa es el de Lou Holtz, el famoso entrenador de fútbol que formó jugadores de óptimas condiciones en los Estados de Carolina del Norte y del Sur, Arkansas, Minnesota, y en la ciudad de Notre Dame, en la que durante sus 11 años de trabajo Lou produjo 10 entrenadores titulares. Era casi inevitable que sus mejores entrenadores asistentes se convirtieran en titulares. La pregunta entonces es: ¿en dónde deja este hecho a Lou?

La respuesta es bastante sencilla: cuando se hizo popular el hecho de que él estaba formando líderes —es decir, entrenadores titulares— los entrenadores asistentes de todo el país comenzaron a enviar sus solicitudes de trabajo a Notre Dame para trabajar como entrenadores asistentes allí porque ellos sabían que Lou les enseñaría cómo llegar a ser entrenadores titulares. Como consecuencia, él remplazó a sus entrenadores óptimos con otros igualmente óptimos y además se benefició del hecho de haber conseguido de entre todos sus contactos a nuevos entrenadores asistentes para el equipo de la escuela, pero fuera de eso logró mantenerse en contacto con todos sus entrenadores asistentes anteriores. En pocas palabras, no solo remplazó a sus entrenadores asistentes con otros igualmente efectivos, sino que también adquirió fama como entrenador.

Usted descubrirá que no hay sentido de satisfacción o deleite que se compare con el de ayudarles a otros a desarrollarse al máximo de sus capacidades y de tal manera que incluso lleguen a desempeñarse con eficiencia en el campo administrativo. Usted cuenta con habilidades que solo usted puede usar, pero cuando las reproduce en otras personas, su efectividad se multiplica y entonces la América corporativa lo verá como a alguien apto para promover a niveles superiores.

Bryan Flanagan y Krish Dhanam son personas de las cuales me siento orgulloso al tenerlas a mi lado, y su participación en la revisión de este libro es una muestra de la alegría que siento al estar asociado con ellos. Permítame compartirle porqué estoy tan emocionado de contar con sus opiniones y sus puntos de vista en la revisión de este material.

Bryan y Krish provienen de diferentes contextos, pero tienen habilidades y características muy similares. Los dos tienen un gran sentido del humor, su fe es férrea y están muy comprometidos con sus familias y con la profesión que cada uno eligió. Cada uno de ellos es la personificación de lealtad y gratitud ante el privilegio que tienen de enseñar e inspirar a otros. El mensaje de esperanza y liderazgo que comparten es distinto pero poderoso, efectivo y hábilmente entregado.

Bryan Flanagan es nativo de Baton Rouge, Louisiana, se graduó en 1971 de Louisiana State University en el área de Ciencias. Comenzó su carrera de 14 años con IBM trabajando como mensajero mientras estudiaba en la universidad. Luego trabajó en el Departamento de ventas y después como "administrador de gente" y como instructor de vendedores en el Centro Nacional de Entrenamiento de IBM.

Bryan ha trabajado conmigo durante 15 años y además es el Director de Entrenamiento Corporativo en una entidad donde él diseña y promueve programas personalizados que tienen como objetivo incrementar la productividad a nivel personal y de equipo en compañías como UBS PaineWebber, SnapOn Tools, US Army Recruiting, American Heart Association, Salomon Smith Barney, Sterling Commerce y muchas otras.

Bryan y su esposa Cyndi tienen dos hijos y residen en Plano, Texas.

Krish Dhanam nació en la pequeña ciudad costera de Vizag en el Sureste de India. Siendo parte de una familia de 8 hijos él fijó sus metas en venir a América. Después de casarse con su novia de la juventud vino a este país con $9 dólares en su bolsillo.

Su formación académica incluye una Maestría en Administración de Negocios y un Diploma en Relaciones Internacionales. Terminó su Postgrado en Institute of Management Technology en Ghaziabad, India, y trabajó durante un año en ventas antes de emigrar a los Estados Unidos.

Su primer trabajo aquí también fue en ese mismo campo en dos compañías ubicadas en Dallas y allí recibió una invitación para asistir a un seminario de Zig Ziglar por haber ganado un concurso en ventas. Este primer contacto con la filosofía Ziglar lo llevó a querer ser parte de la Organización Ziglar en octubre de 1991, a menos de un mes después de haber hecho su juramento como ciudadano de los Estados Unidos.

Como Director de Operaciones Internacionales para Ziglar Training Systems ha conducido más de 35 eventos a nivel internacional y a lo largo y ancho de Estados Unidos. Se especializa en temas como diseño de metas, propósitos y buen servicio al cliente, pero además en programas en ventas y comunicación.

Como participante activo en su comunidad de origen en Dallas, Krish hace parte de la Junta Directiva de Greater Dallas Indo-American Chamber of Commerce y es Director Consejero de Ipelion, un negocio de consultoría vía Internet, y de IT Services.

Krish, su esposa Anila y su hijo Nicolás tienen su hogar en Flower Mound, Texas.

Me emociona compartir las páginas de este libro con Bryan y Krish porque por muchos años ellos han aplicado las herramientas prácticas y los principios motivacionales que he escrito en este libro. Los dos ejemplifican los principios que enseño aquí en *Desempeño máximo*.

Ahora adentrémonos en el contenido de esta lectura y veamos cuál es la importancia de construir y desarrollar una carrera estable.

PRIMERA PARTE

El arte del desempeño máximo

"El objetivo del arte es convertir las emociones en pensamientos y después darles forma".
—Delsarte

1

Construyendo las bases

Ningún verdadero hombre de negocios ha iniciado su camino al éxito permanente de otra forma que no sea a través de trabajo arduo e inteligente acompañado de esmero y carácter.

—Timothy Dwight

Un buen arquitecto o ingeniero, conociendo el propósito específico para el cual está diseñando su obra, puede decir que tan alta será, basado en la profundidad de sus cimientos. Es decir, los cimientos son aquella base sobre la cual se erige toda construcción. En la vida, los fundamentos son los que determinan en gran manera qué tan alto construiremos, y lo que es más importante, qué tanto tiempo nos mantendremos en una posición elevada. La integridad, la cual implica "total rectitud", es esencial en la formación de esas bases.

Es verdad que una personalidad agradable contribuye para ganar amigos e influenciar a los demás. Sin embargo, cuando le agregamos carácter e integridad a esa fórmula, contamos con la capacidad de conservar a esos amigos y de mantener esa influencia en otros.

En un estudio de *Psychological Reports* hecho en el 2002, titulado "Goal-Directedness and Personal Identity as Correlates of Life Outcomes", el Dr. Barry M. Goldman, junto con el Dr. Edwin A. Locke y David G. Jensen, descubrieron que los valores, las motivaciones, el nivel de confianza y la filosofía de vida de cada individuo ejercen una influencia directa en su autoestima. Además, en 1985 el Dr. S. Kahn y sus colegas hallaron que la autoestima está asociada con una vida llena de felicidad y satisfacción, de bienestar personal y con la pareja. Es cierto. Nuestros valores ejercen influencia sobre todos los aspectos de nuestra vida. Sería difícil imaginar que una persona que es mentirosa y ladrona tiene una autoimagen sana. No es necesario decir que lo que esta persona espera en realidad es tener una vida exitosa tanto a nivel personal como laboral.

Laurel Cutter, Vicepresidente de FCB Leber Kataz Partners, opina: "Los valores determinan la conducta y esta produce buena reputación, la cual a su vez genera ciertas ventajas". En mi experiencia personal, hace unos años yo quería comprar un Cadillac así que busqué en dos concesionarios de autos y pude decidir qué color y modelo de carro quería. Un día cualquiera estaba hablando al respecto con un amigo y él me sugirió que no decidiera nada definitivo hasta que hablara con Chuck Bellows en Rodger Meier Cadillac. Él me aseguró que la opinión de Chuck sería por completo confiable porque su integridad era total.

Fui a ver a Chuck Bellows, y 20 minutos más tarde ya habíamos cerrado el trato por la compra de mi carro. La razón por la cual me decidí fue porque Chuck había estado trabajando en mí desde hacía 23 años. Comprendo que esto último parezca no tener sentido, pero lo cierto es que hace 23 años él tomó la decisión de dedicarse a vender Cadillacs en Rodger Meier Cadillac. Para hacerlo él sabía que debía construir una reputación basada en integridad. Y así lo hizo. Cuando yo fui a ver a Chuck Bellows no fui a ver un Cadillac, ya había visto unos cuantos. Fui a *comprar* un Cadillac. Sí, la reputación —cuando es buena— tiene grandes ventajas.

Es un hecho que *The New England Primer* fue enseñado durante casi 200 años en nuestro sistema educativo y que, de las cerca de 108 escuelas y universidades fundadas en América, 106 tenían como objetivo enseñar valores cristianos. Los principios bíblicos que se enseñaron en ese entonces son totalmente ridiculizados hoy, junto con la gente que profesa la fe y los valores cristianos. Pero yo lo reto a usted a formar día a día su carácter desde lo profundo de su ser, a medida en que también va construyendo su vida laboral. Debe haber una razón por la cual los líderes de ayer se comportaban de manera más integra que los de la actualidad.

Más adelante trataremos sobre el tema de lo que significa tener confianza en las relaciones que sostenemos con los demás, pero por ahora solo diré que las relaciones exitosas a largo plazo se construyen sobre la base de la confianza, y esta afecta en definitiva incluso a toda una nación. Francis Fukuyama escribió el libro *Trust: The Social Virtues and the Creation of Prosperity*. Él estudió varias culturas durante varias generaciones y concluyó que es posible medir el progreso de una nación por el nivel de confianza que ella tiene en sus gobernantes.

En la actualidad la gran falta de confianza que aqueja a nuestra sociedad está impactando nuestra economía. Recientes escándalos corporativos han resultado en la pérdida de incontables millones de dólares. Decenas de miles de fondos de retiro desaparecieron, infinidad de empleos se acabaron y la confianza en la vida misma ha dañado a millones de personas. Todo esto ha causado que, como nación, hayamos caído en cuenta de que debemos restaurar las cualidades de nuestro carácter en todas las fases de la vida. A medida que usted avanza en el mundo corporativo, su éxito se mide en gran manera por el grado de confianza que los demás tienen en usted, así como por la efectividad de todo lo que usted hace.

¿Qué tan importante es la confianza? Un estudio realizado por Walker Information y Hudson Institute reveló que, si los asociados y empleados no confían en que la administración del lugar donde trabajan sea ética, solo el 9% de ellos se somete a quedarse allí. De otra parte, si las razones para confiar en esa administración son evidentes, el 55% del personal se siente seguro de quedarse donde está. Y como el costo de remplazar a un empleado eficiente es enorme, construir una fundación que inspire confianza es esencial para el éxito de cualquier negocio.

En el mundo de las ventas desde hace tiempo sabemos que, de las 5 razones por las cuales la gente no compra un producto, —no lo necesita, no tiene dinero, no tiene afán, no lo desea, no confía en sus fabricantes— esta última es la más importante. Muchos posibles compradores no se atreven a decir de manera espontánea: "Usted está exagerando la verdad" o "Usted miente con respecto a esto", pero *sienten* desconfianza, y como se *sienten* indecisos, por eso no compran.

Aunque la filosofía de *Desempeño máximo* estará enfocada en el área de la administración y la responsabilidad personal, reconocemos el hecho de que en empresas pequeñas el líder y el administrador por lo general son la misma persona. El ejemplo que utilizo acerca de mi madre y su familia (sobre la cual usted leerá más adelante) muestra con claridad cómo los líderes también suelen ser los administradores.

La creatividad ejerce un papel crítico en el mundo del liderazgo y la administración —no solo la creatividad de cada individuo sino además su habilidad para enseñarles a los demás por medio del ejemplo. Es importante que usted entienda que entre más usted sepa sobre cualquier tema, mayor será su nivel de creatividad en todo.

Un ejemplo clásico de esto es mi libro *Secrets of Closing the Sale*, el cual escribí después de estar en el campo de las ventas durante 36 años que sin duda me hicieron conocedor de esa profesión. Unos años antes de que escribiera el libro leí un artículo de tres párrafos titulado "The Heart of the Sale". Luego tomé esos tres cortos párrafos, los cuales incluían algunas claves que le dieron un nuevo enfoque a lo que había aprendido desde mi propia experiencia, y los expandí a lo largo de las 70 hojas que conforman mi libro. Nueva información genera más información que resulta en ideas creativas.

Uno de los ejemplos clásicos de creatividad bajo circunstancias aún más únicas es el caso de Matt Boswell, dueño de un negocio que se encarga de remover desechos de perro, y cuya promoción no se parece a ninguna otra. En la tarjeta de presentación de su negocio él dice: "¿Demasiado popó por recoger? Recupere su patio llamando al 'mayordomo de mascotas', quien recoge los desechos de su perro desde 1998". Y agrega: "Nuestro negocio apesta pero funciona". En su nombre dice: "Matt Boswell, entre-manure" (empresario-recolector de estiércol), "técnico removedor de 'asuntos fecales'". El #1 en el negocio del #2". Y cierra su tarjeta diciendo: "Para perros en movimiento. No tan popular como para no poder recoger popó. Los desechos de su perro son asunto nuestro".

Lo más probable es que usted no podrá competir con Matt Bosell, pero es seguro decir que él usó su creatividad de manera muy efectiva para construir su negocio —y usted también puede usar la suya para beneficio propio. Integridad, carácter y valores, combinados con confianza y creatividad son los cimientos de la base para una administración, liderazgo y estilo de vida exitosos.

Principios de desempeño

1. Sus bases determinan qué tan exitoso será usted.
2. Carácter, integridad, valores y confianza son los cuatro cimientos de unas bases excelentes.
3. La creatividad se encarga de unificar sus bases.

2

Decida que su desempeño será máximo

Somos libres hasta el momento en que tenemos que tomar una decisión, pero después esa misma decisión tomará control de nosotros.

—Mary Crowley

El éxito de la vida está determinado por las decisiones que tomamos. Usted estará tomando decisiones que determinarán su éxito al mismo tiempo en que aprende a administrarse a sí mismo y a otros. Para ser efectivo en cuanto a hacer las elecciones apropiadas usted debe entender la diferencia entre *reaccionar* y *responder*.

Un enero me encontraba en Kansas City, Missouri. Había tenido una semana de esas en que, como diríamos allá en mi ciudad natal: "¡Me exprimieron y me sacaron todo el jugo!" No solo estaba cansado ¡sino devastado!, que es un estado de cansancio todavía más drástico. Esa precisa mañana tuve una jornada de grabación bastante larga. Cuando estoy grabando tengo que necesariamente subir un poco el volumen de mi voz y acelerar el ritmo de mi discurso. La única forma de comunicación que tengo durante una grabación es mi voz, así que debo utilizarla al máximo o la gente que escucha mis grabaciones puede distraerse y perder el mensaje.

Esa mañana durante cuatro horas seguidas la grabación fue bastante extensa, llena de energía y sin interrupciones. (Yo hablo a una velocidad promedio de 280 palabras por minuto con ocasiones de hasta 450). Terminé a la 1:00 p.m. en punto, y como teníamos un vuelo que salía de Dallas a 3:00 p.m., tuvimos que apurarnos. La aerolínea nos había dicho que llegáramos al aeropuerto por lo menos una hora antes para asegurarnos de tener tiempo de registrar el equipo de grabación, el cual es bastante pesado y voluminoso. Mi yerno, Chad Witmeyer, —quien era el administrador de At the Top, la corporación encargada de grabar y duplicar el material— y yo, nos apuramos, empacamos tan rápido como pudimos y nos fuimos a toda velocidad para el aeropuerto pues quedaba a media hora de distancia de donde estábamos.

Llegamos al aeropuerto justo a la hora indicada. Había dos filas largas y por supuesto elegimos la que estaba más corta. De inmediato noté que una de las asistentes de la aerolínea estaba colocando el aviso de "Cerrado" en una de las filas. Mi experiencia me decía que ella en cualquier momento lo remplazaría con otro que diría "Abierto", así que me preparé física y mentalmente para ir rápido al mostrador cuando ella abriera la otra línea. En cuestión de minutos ella cambió los avisos y muy sonriente anunció: "Pasajeros del vuelo de las 3:00 p.m. con destino a Dallas por favor acérquense aquí".

"¡Sorpresa, sorpresa!"

Tan rápido como me fue posible corrí hacia allá y fui el primero en la línea. Ella me miró, sonrió y me dijo: "El vuelo de las 3:00 p.m. rumbo a Dallas ha sido cancelado". Ante esa realidad yo contesté entusiasmado: "¡Fantástico!" Y cuando lo dije, ella me miró sin comprender el asunto y me preguntó: "¿Por qué razón dice usted que es 'fantástico' el hecho de que se haya cancelado ese vuelo?" Yo le sonreí y le contesté: "Señorita, solo hay tres razones por las cuales se cancelaría un vuelo a Dallas, Texas. La primera, porque algo está funcionado mal en el avión; la segunda, porque el piloto no se siente bien; la tercera, porque el clima que va a haber durante el vuelo no será el mejor. Por lo tanto, si existe alguna de esas tres situaciones, yo no quiero estar allá arriba. ¡Prefiero estar aquí abajo! A eso me refiero cuando digo: '¡Fantástico!'"

Señorita, ¡le tengo malas noticias!

¿Alguna vez usted ha notado cómo algunas personas parecen deleitarse de tener que dar malas noticias? Es como si no pudieran esperar para hacerles sentir a los demás que la vida es dura y que van a tener que enfrentarla en ese preciso momento. Ante mi respuesta, la asistente de la aerolínea se puso las manos en la cintura en señal de autoridad y en actitud de: "Todavía no he terminado en mi intento de hacerlo sentir miserable", y luego me dijo: "Sí, pero es que el siguiente vuelo no sale sino hasta las 6:05 p.m.", a lo cual yo otra vez le contesté: "¡Fantástico!"

A ese punto las otras dos filas de pasajeros estaban mirándome como tratando de deducir *¿quién es ese tonto que le dice a todo "fantástico"?* La asistente misma me miró sorprendida por completo y no dudó en comentar: "Ahora sí me ha dejado perpleja. ¿Por qué habría de decir 'fantástico' cuando le acabo de decir que su vuelo está retrasado y que va a tener que esperar durante cuatro horas y media en el aeropuerto de Kansas City, Missouri?" "¿Por qué?" le respondí, "Señorita, en realidad es muy simple: durante los años que tengo de vida nunca antes había tenido la oportunidad de pasar cuatro horas y media en el aeropuerto de Kansas City, Missouri. ¿Se da usted cuenta de que en este momento hay literalmente miles de millones de personas sobre la faz de la tierra que, no solo tiene frío sino también hambre? Y yo estoy aquí en unas instalaciones hermosas, y aunque hace frío afuera, aquí adentro la temperatura es muy agradable. Además, a unos metros de este mostrador hay una cafetería y voy a poder ir allá a sentarme y relajarme por un rato mientras disfruto de un rico café. Luego, tengo un trabajo muy importante que necesito hacer y voy a dedicar todo ese tiempo de espera a hacerlo en la mejor área del aeropuerto que encuentre. Es decir que estaré trabajando en la oficina más grande, confortable y gratuita que he tenido a mi disposición. Todo eso para mí es ¡fantástico!"

Difícil de digerir ¡hasta para la gente positiva!

Es posible que en estos momentos usted esté pensando que me tengo mucha confianza. A lo mejor dirá: "Ziglar, estoy de acuerdo con todo lo que usted opina acerca del 'pensamiento positivo', pero lo que acaba de contar ¡es un poco extremo!". Incluso pensará: "¡Me pregunto si *en realidad* Ziglar dijo eso!" Pues, como decimos en mi ciudad natal: "En honor a mi juramento de scout, juro que eso fue *justo* lo que dije".

Ante esto usted podría pensar: "Bueno, Ziglar, usted dijo eso, pero ahora dígame la verdad: *¿en realidad* sí lo pensaba?" Ante esa pregunta, mi respuesta es: "¡Claro que no!" Por lo menos al comienzo yo no me sentía así. Como la mayoría de los viajeros que ha tenido una semana pesada yo hubiera preferido viajar directo a mi casa, pero durante las siguientes horas, por mucho que quisiera, no tendría esa opción. Sin embargo, lo que sí tenía era otras dos opciones para elegir: podía *responder* —lo cual es positivo— o podía *reaccionar* —que es negativo. Yo elegí responder.

Si reaccionar y responder le parecen lo mismo, le mostraré la diferencia. Suponga que usted va al doctor y él le da una prescripción y le dice que lo espera al día siguiente. A su regreso, si el doctor se preocupa y le dice que necesita cambiarle su medicina porque su cuerpo está *reaccionando* a ella, es muy probable que usted se preocupe. Pero si por el contrario, él le dice que su cuerpo está *respondiendo* a ella, usted va a sonreír porque comprende que eso significa que va camino a la recuperación. Como podrá darse cuenta, reaccionar tiene una implicación negativa mientras que responder va ligado a una conducta positiva —¡la elección es suya! Es cierto que usted no puede *diseñar a su medida las situaciones que se le presentan en la vida, pero sí puede elegir sus actitudes frente a cada situación, inclusive desde antes que esta aparezca.*

Cuando la asistente de la aerolínea me dijo que mi viaje había sido cancelado yo pude haber reaccionado de manera sarcástica y decir: "¡Eso sí que está bueno, muy bueno! Hice la reservación para tomar este vuelo desde hace un mes y compré el boleto hace dos semanas. He hecho todo lo que ustedes me han dicho, incluyendo casi romperme el cuello para estar aquí una hora más temprano, y lo único que quiero en este momento es la autorización para abordar el avión y que me asigne una silla en ese avión, ¡y a cambio de eso usted me dice que el vuelo se ha cancelado sin darme una explicación ni disculparse! ¡Necesito que me diga por qué razón se ha cancelado mi vuelo! Cuando venía para el aeropuerto vi varios aviones de su aerolínea parqueados ahí en el muelle. ¿Por qué no usan uno de esos y nos llevan a Dallas como deberían? ¿Qué están haciendo allí en todo caso? ¿Quién tomó la gran decisión de cancelar mi vuelo?" Yo habría podido reaccionar de esa manera tan sarcástica, *¡pero inclusive así el vuelo habría salido a las 6:05!*

(Muchos años después de ese incidente Krish Dhanam repitió una versión de esta misma conducta en otro aeropuerto y le preguntaron: "¿Quién se cree usted que es, Zig Ziglar?").

Responder —asegura un mejor mañana

Ahora, mi querido lector, hay ciertas cosas que usted no va a lograr cambiar. Si nació blanco, así se va a quedar. Si nació negro, lo mismo ocurrirá. No importa qué tanto lo intente, usted no va a agregarle a su estatura un solo centímetro. Usted no podrá cambiar su fecha ni lugar de nacimiento, ni cómo nació, ni tampoco su procedencia. De hecho, usted no podrá cambiar ni el más corto evento de lo que le haya ocurrido *ayer*, en su *pasado*.

Sin embargo, con el *futuro* es distinto. Sin importar lo que haya ocurrido en su pasado, su futuro es una hoja en blanco en la cual usted tiene total libertad para elegir lo que quiere escribir, y eso es lo que hace cada vez que decide *responder* en lugar de *reaccionar* a cada situación. Como líder, cada vez que sus empleados actúen de manera ruda, despectiva y desconsiderada, que sean difíciles de manejar, por favor entienda que aún bajo esas circunstancias usted tiene la posibilidad de responder o reaccionar. Su elección ejercerá un papel importante en sus relaciones interpersonales con ellos. Obviamente, esto no significa que para liderar a otros usted, —el líder—, debe ser "perfecto" y no tiene derecho a ofuscarse. Pensar que tiene que ser así no solo es irreal sino imposible porque, después de todo, los líderes también son seres humanos de carne y hueso y por lo tanto tienen sentimientos. Pero, para mantener el balance, debemos asegurarnos de responder la mayor cantidad de veces posibles y no dejarnos llevar de nuestras reacciones, de manera que, si reaccionamos, sea bajo total control y con respecto a la acción de la persona y no contra ella en sí.

Mi amigo Fred Smith, ya retirado, pero en realidad uno de los consultores y expertos más destacados en América, nos aconseja al respecto de este tema en su libro *You and Your Network*. Fred dice que cuando algunas personas nos tratan de una manera errónea no es porque quieran herirnos sino porque en realidad esa es su forma de relacionarse con los demás.

Toda conducta indeseable es un grito para pedir ayuda...

...Porque esas personas están heridas. Por favor entienda que ellas necesitan ayuda. Reconocer y aceptar ese hecho hace que las veamos desde una perspectiva más calmada, con un enfoque más maduro, como líderes, y también como seres humanos.

Es su decisión

Todo en la vida es cuestión de decisiones, y lo que usted decida para su vida hoy determinará lo que le depare el mañana. Usted puede elegir emborracharse esta noche, pero cuando decide hacerlo, también está *eligiendo* sentirse enfermo mañana. Usted está en total libertad de encender un cigarrillo hoy, pero cuando lo enciende también acaba de *decidir* que acortará su vida 14 minutos por cada cigarrillo que fume. Su decisión hoy es alimentarse con comida sana, lo cual implica que mañana disfrutará de una mejor salud. Usted puede elegir vivir con sobrepeso o mantener el peso adecuado. Estar feliz o estar enojado. Hasta puede decidir, según ciertas autoridades, estar fuera de la ley — algunos toman esa decisión para escapar de las responsabilidades que implica el hecho de enfrentar la vida a diario.

Durante 24 años de mi vida adulta, según mis propias decisiones, estuve pesando por encima de 200 libras. Digo esto porque a lo largo de mi existencia (por lo menos desde la infancia), ¡nunca comí nada por accidente! Cada bocado fue planeado de manera deliberada. Incluso me dispuse a sentarme exclusivamente a comer con total concentración todo lo que quise. Y cuando alguien elije comer demasiado hoy, también ha elegido pesar bastante mañana. Sin embargo, en 1972 elegí no tener más sobrepeso y di los pasos adecuados para alcanzar y mantener el peso indicado. Esa fue una de mis mejores elecciones.

Nunca olvidaré la noche que mi esposa (a quien llamo *La Pelirroja* de manera afectiva) y yo estábamos en nuestra heladería favorita cuando de repente un joven y su novia entraron. El chico parecía tener entre 23 y 24 años de edad. Con disimulo le dije a *La Pelirroja* que lo observáramos, y entonces tuvimos la siguiente conversación:

—Zig: "¿Ves a esa pareja?"

—*La Pelirroja:* "Sí, la veo".

—Zig: "Me pregunto ¿qué le habrá ocurrido a él?".

—*La Pelirroja:* "¿Qué quieres decir?"

—Zig: "Bueno, ¡solo míralo! ¡Es como si hubiera tenido un accidente! ¡Parece herido!"

—*La Pelirroja:* "No, cariño, no está herido, ¡simplemente fue al peluquero!"

—Zig: "¿Me estás diciendo que él pagó para lucir *así*?" (No había visto en toda mi vida a nadie tan trasquilado de las orejas hacia arriba. ¡Era inusual!).

—*La Pelirroja:* "¡Sí, cariño! Ese chico está tratando de lucir diferente y original. Parece que ha elegido imitar a alguna estrella del rock".

Cada decisión que tomamos, ya sea buena o mala, ¡trae consecuencias!

No me malentienda. Una de las cosas que más amo de mi país es el hecho de que somos libres y podemos *elegir* el tipo de apariencia que queramos tener. Lo único que quiero resaltar es que, cuando ese joven eligió lucir así, también eligió eliminar el 98% de sus posibilidades de empleo. Por ejemplo, en nuestra empresa no lo contrataríamos porque sería un motivo de distracción ¡y tendríamos que estar explicándoles a los demás acerca de él!

Cuando un joven decide sentarse a ver televisión o a socializar hasta tarde en la noche, también está eligiendo sentirse soñoliento en clase al día siguiente, y como consecuencia, absorberá menos información de la que necesita para llegar a ser exitoso y competitivo en el mundo en que vive. De igual forma, cuando elegimos ser malcriados, ásperos y pesados con los demás, hemos elegido que ellos también nos traten de la misma manera. Por el contrario, cuando decidimos ser amables y considerados, estamos diciendo que ese es el trato que esperamos de quienes nos rodean. La lista es interminable pero el mensaje es siempre el mismo: *usted es libre de elegir, pero las elecciones que hace hoy determinan lo que usted, será, hará y tendrá a lo largo de sus días venideros.*

Usted decide si da los pasos que necesita para tener éxito como líder o si elige ignorar la experiencia de líderes exitosos y asumir las consecuencias, tanto para usted como para sus empleados. Necesitamos enseñarles a los miembros de nuestro equipo que ellos son responsables por sus actitudes y conducta, y que cada elección que hagamos, sea correcta o errada, ¡trae consecuencias! Una vez que se evalúan esas consecuencias con atención, es más fácil tomar la decisión indicada. Las decisiones que una persona con un desempeño máximo toma debe hacerlas basándose en lo que le digan su sentido común, gratitud, lealtad y disciplina.

De regreso al aeropuerto

Frente a la asistente de la aerolínea yo tenía otra posibilidad para elegir: pude haber fastidiado, gritado, impuesto y hecho la vida de todos a mi alrededor imposible. Pude haberme comportado como un verdadero idiota, avergonzar a quienes estaban allí y hacer el ridículo gritando: "¡Esto es inaudito! ¡Estoy cansado! ¡He trabajado toda la semana! ¡Mi familia quiere verme y yo quiero verlos a ellos! ¿Quién canceló ese vuelo? ¿Quién es el causante de todo esto?" Sí, pude haber elegido reaccionar así. *¡Pero incluso con mis gritos y mala actitud el avión partía a las 6:05!*

¿Inocente o culpable?

Pregunta: ¿Alguna vez ha ido rumbo a su trabajo, manejando y pensando en sus asuntos, cuando de repente alguien se le atraviesa en el camino de manera inesperada y entonces de inmediato usted se para sobre sus frenos y al mismo tiempo hace sonar su bocina, le manotea a ese imprudente e inclusive le grita: "¡Idiota! ¡Fíjese por dónde camina! ¡Pude haberme matado... y lo mismo a usted!"? ¿Se ha enojado en algún momento frente a un incidente de esos y después ha seguido enojado hasta llegar a su trabajo y una vez allí les cuenta a todos a grito entero lo que le sucedió? ¿Y después sigue y sigue describiendo con términos que demuestran su disgusto que casi mata y se mata camino a su trabajo? "¡No deberían dejar transitar a gente como esa por las calles!", declara usted con justa indignación.

Pero lo irónico del asunto es que la persona con la cual usted se tropezó ni siquiera se enteró de que usted existía, y sin embargo todavía le sigue controlando su vida. Desde el momento del incidente es ella la que ha estado a cargo de sus emociones y de sus pensamientos. Está afectando su productividad, sus relaciones interpersonales, incluso su futuro, y (una vez más) *¡ni siquiera supo que usted existía!* Una de nuestras mejores cualidades es la posibilidad que todos tenemos para elegir nuestros pensamientos, actos y sentimientos, y por eso lo peor que nos puede pasar es permitir que alguien diferente a nosotros mismos tome control de nuestra vida y de nuestras actitudes y emociones.

Pensemos por un momento: si usted es como es porque "cuando su madre lo estaba esperando ella tuvo un susto porque casi la tumba un caballo y como consecuencia usted les tiene miedo a esos animales...", o si usted es como es porque "le quitaron su biberón demasiado pronto..." o por causa de alguien más, entonces esto es lo que debe hacer: tome a la persona responsable de su forma de ser y llévela al sicólogo para que le haga un tratamiento, ¡así usted ya se sentirá mejor! ¿Ve que eso no tiene ningún sentido? Si usted se cae y se parte un brazo, usted no envía a un amigo al doctor para que le arregle el brazo, ¡ni siquiera envía a quien lo empujó! El que tiene que ir es usted. ¡Es su responsabilidad! Y lo mismo ocurre con su salud mental y emocional. Usted debe aceptar la responsabilidad de sí mismo.

Sí, yo sé que *su pasado es importante*, pero por importante que sea, según el Dr. Tony Campolo, *"no es tan importante como la forma en que usted debería enfocarse en su futuro"*. Y esta es la razón: la manera en que usted ve su futuro determina su manera de pensar hoy. Su forma de pensar hoy determina su desempeño de hoy, y esto a su vez determina su futuro, lo cual es especialmente cierto cuando usted aprende a responder y no a reaccionar ante los retos diarios que la vida presenta.

Se ha dicho ya bastante, y se seguirá diciendo: usted no puede cambiar su pasado, pero en su futuro no hay ninguna clase de manchas y usted puede escribir en él lo que quiera, y para hacerlo necesita aprender a responder ante lo positivo como también ante lo negativo que le ocurra. Por fortuna usted tiene más control del que se imagina. Por ejemplo, todos hemos pasado por una situación en la que hemos dicho: "¡Esta persona me pone de mal humor!" Pero eso no es así. Como dijo un sabio: "No es posible regar la sopa, a no ser que haya sopa en el plato". Nadie tiene el poder para hacerlo enojarse a menos que ya haya enojo dentro de usted. Las reacciones de enojo son conductas *aprendidas* y por lo consiguiente también se pueden *desaprender*. Este es un principio clave. Las personas con un desempeño máximo saben que no pueden seguir aprendiendo nueva información si no se deshacen de información que ya sea obsoleta y que por lo tanto no necesitan.

Usted puede observar a una persona durante todas sus actividades diarias por horas, días o semanas, y aprender mucho acerca de ella. Sin embargo, también puede observarla bajo circunstancias adversas durante cinco minutos y saber si ha aprendido a responder o a reaccionar. De hecho, aprenderá más acerca de ella en unos pocos minutos de dificultad que en días enteros de observar su rutina diaria.

Las luces están siempre encendidas y la cámara esta siempre puesta

Su respuesta —o reacción— ante lo negativo revela lo que en verdad hay dentro de usted porque deja al descubierto su corazón y muestra la persona que en realidad usted es. El problema es que la mayoría de la gente tiene la tendencia a reaccionar en lugar de responder, y a culpar a todos y a todo por lo que les ocurre.

Pregunta: ¿Usted responde o reacciona?

He estado en medio de muchas circunstancias y hasta ahora nunca he escuchado a nadie culpar a otros por su éxito. Nunca alguien ha dicho: "Es culpa de mi jefe porque invirtió mucho tiempo extra haciéndome estudiar, practicar y prepararme. Mi jefe es la causa de mi éxito de hoy". Muchas veces ni siquiera decimos: "Es por mi pareja o mis padres. Ellos estuvieron ahí día tras día hasta que yo hiciera lo que fuera necesario, y esa es la razón por la cual triunfé." No, la mayoría de nosotros tiene la tendencia a culpar a alguien más por las dificultades pero mantiene el crédito del éxito como un logro personal. ¿Cuál es su caso? ¿*Responde* usted ante la adversidad y convierte cada situación difícil en una mejor? ¿O *reacciona* ante las circunstancias difíciles y las vuelve peores?

Para tener rendimiento máximo usted debe tomar las decisiones adecuadas. Ahora, si nunca ha recibido entrenamiento sobre *cómo* responder de manera positiva ante la adversidad ni sabe lo que la gente con alto desempeño hizo para lograrlo, entonces usted "tiene una excusa". Pero ¡espere un minuto! No voy a permitirle que se escude en ella. ¡Entre juntos vamos a ver *cómo, qué, quién, cuándo y dónde* hacer los cambios adecuados para que usted logre sacar lo mejor de sí mismo y de los demás!

La siguiente historia de Krish Dhanam es un formidable ejemplo de la diferencia que existe entre responder y reaccionar:

"Hace unos años me encontraba a las afueras de un hotel esperando al carro que me llevaría al aeropuerto. Había sido un viaje exitoso. Mirando atrás y recordando ese momento en el cual me sentía tan agradecido por las oportunidades que existen en América, y por mi carrera en general, podría decirse que me sentía volando más alto que una cometa y por consiguiente nada me tumbaría de las nubes ese día.

El conductor del carro estaba retrasado y yo decidí ser proactivo, recoger mis propias maletas y meterlas en un bus que estaba parqueado frente al hotel y que iba para el aeropuerto. Procesé mis pensamientos de una manera muy simple: si subo mis maletas al bus, cuando el conductor llegue habremos ahorrado tiempo y nos pondremos en marcha más rápido.

Si le echa un vistazo a la foto mía que aparece en la portada de este libro, notará mi apariencia étnica, que acompañada de mi actitud de subir las maletas al bus, hizo que hubiera ciertas conclusiones erradas acerca de mí por parte de mis compañeros de viaje. Puede decirse que ellos me confundieron con un maletero que bien podría no hablar inglés, como lo evidencian las acciones que siguieron.

La primera equivocación la cometió una mujer que estaba parada junto a mí, quien me alcanzó su equipaje para que yo lo subiera al bus. Yo así lo hice y luego regresé a mi lugar para continuar con la espera.

El siguiente acto producto de mi etnia fue de parte de un caballero que me indicó hacer lo mismo con su equipaje. Una vez más lo hice. Sin embargo esta vez necesité tener algo en claro: en lugar de reaccionar, me acordé de Zig Ziglar diciendo que en la vida es necesario responder en lugar de reaccionar porque las luces siempre están encendidas y las cámaras siempre están grabando.

Como embajador entrenado por Zig Ziglar Systems yo tenía la obligación de representar a mi compañía con los estándares más altos que pudiera. Haber gritado a esa gente aquel día me habría causado más satisfacción que cualquier otra cosa. Yo soy un ciudadano educado, trabajador, honesto, que paga impuestos, y esta gente asumió que yo era un maletero —muchos de quienes debo decir que también son educados, trabajadores, honestos, y que además pagan impuestos. Eso era un poco impertinente, si se me permite decirlo... y muchos hubieran reaccionado, pero yo elegí responder. Así que, con una sonrisa les extendí mi mano a cada uno de ellos y me gané casi $4 dólares —¡qué país!

La razón por la cual cuento algo que en su momento fue incómodo tiene una doble intención. Primera, para mostrar que responder fue la mejor de todas las opciones posibles para mí en ese momento. Segunda, para compartir con usted lo que un pasajero me dijo cuando yo abordé el bus y él se dio cuenta de que había cometido un error. Simplemente me dijo: "Me encantaría que todos mis empleados tuvieran tan buena disposición como la suya". Años después, y en ocasiones como cuando participé en el proceso de categorización de los principios de este libro, me siento agradecido de que aquel día me mantuve con mi cabeza fría, y en mi corazón sé que me fue mejor que a los dos pasajeros que se dejaron confundir por sus percepciones erróneas acerca de mí por mi apariencia.

Principios de desempeño

1. A pesar de lo difícil que haya sido su pasado, en su futuro no hay errores.
2. Todo acto desagradable es un grito pidiendo ayuda.
3. No pierda tiempo buscando culpables. ¡Arregle la causa de su error!
4. Las decisiones que usted tome hoy determinarán lo que usted sea, haga y tenga mañana.
5. Las personas con rendimiento máximo aprenden a tomar las decisiones adecuadas.
6. Los individuos con rendimiento máximo saben que al agregar con frecuencia nuevos conceptos e ideas a su forma de pensar están eliminando algunos conceptos e ideas que ya son obsoletos.

3

Logre que otros aprecien su liderazgo

El arte de liderar consiste en lograr que otros hagan lo que usted quiere, pero porque ellos quieren.

—Dwight D. Einsenhower

Disfruto por completo de promover mis libros, aunque eso haga que mis horarios de trabajo sean agitados. Con el paso de los años, excepto algunas pocas veces, los medios de comunicación han sido extremadamente amables conmigo. Las librerías suelen programar eventos durante los cuales les firmo mis libros a los lectores porque por lo general de esa manera se incrementan las ventas, —y estas son las que le dan razón de ser al negocio. En una ocasión tuve que quedarme en Nueva York hasta bien tarde promocionando mi libro *Secrets of Closing the Sale*, lo cual implicó llegar a mi siguiente destino, un hermoso hotel en la ciudad de Houston, Texas, hasta las 2:30 a.m. Pero todo ese ir y venir me hace sentir bastante emocionado, en especial si se trata de uno de esos días en que todo sale justo como se ha planeado. Entrevistas interesantes, gente amigable, muchas ventas. Y mejor aún si después de llegar tarde en la noche a la ciudad de destino la entrevista del día siguiente no será sino hasta las 11:00 a.m.

El sentido del humor ayuda

Esa madrugada, a medida que me acercaba a la recepción del hotel a registrarme, con solo mirar a la recepcionista de turno me di cuenta de que las cosas para ella no habían estado muy fáciles ese día. Su expresión era como si, no solo hubiera perdido a un amigo, sino que además se le hubieran derretido unos M & M's en la mano, y seguro que, para colmo de males, hasta habría recibido un correo no deseado con fecha de expiración ya vencida. Pero a pesar de su expresión melancólica me acerqué con entusiasmo a hablarle y sostuvimos la siguiente conversación:

—Zig: "Buenos días, ¿cómo le va?"

—Recepcionista: "Bueno, supongo que sobreviviendo."

—Zig: "Le apuesto que no solo sobrevivirá, ¡sino que será toda una vencedora!"

—Recepcionista: "Veo que se siente muy bien a pesar de lo tarde que es."

—Zig: "Sí, así es. Esta mañana cuando me desperté supe que ya todo me estaba saliendo muy bien porque hubo gente que no se despertó." (Casi sonríe ante mi comentario).

—Recepcionista: "Esa es una forma muy apropiada de ver las cosas".

—Zig: "¡Claro que lo es!"

—Recepcionista: "Seguro sí, pero necesito que por favor llene su tarjeta de registro."

Cuando le devolví la tarjeta diligenciada, me dijo: "Ahora necesito una tarjeta de crédito."

Por fortuna tuve cómo responder a ese requisito y le pase una de mis tarjetas.

> **TARJETA DE CRÉDITO**
>
> Útil para producir una sonrisa en individuos con alto CI ¡y excelente sentido de humor y deseos de disfrutar la vida! (que no les preste atención a los inconvenientes que se le presenten a lo largo del camino).
>
> Firma: _____
>
> **Ziglar Training Systems**
> 2009 Chenault Drive, Suite 100 • Carrollton, TX 75006,
> 972-233-9191 • www.zigziglar.com

Cuando ella vio esa tarjeta, comenzó a reírse y a mostrar gran entusiasmo al tiempo que decía: "Me alegra su presencia y sin duda me ha hecho sentir mucho mejor, pero voy a necesitar otro documento de identificación".

Ante ese comentario le recibí la tarjeta, la giré y volví y se la entregué, y cuando ella vio lo que ahora usted está viendo, casi se muere de la risa:

> **OTRO DOCUMENTO DE IDENTIFICACIÓN**
>
> Esta tarjeta certifica que su portador es un individuo honesto, sincero, dedicado, trabajador, cumplido en sus pagos, buen patriota, devoto de Dios, amoroso con su familia, ¡confiable para hacer con él cualquier clase de transacción!
>
> *Zig Ziglar*

Pregunta: ¿Cree usted que ella fue más eficiente el resto de su turno? Yo contesto por usted: ¡Se lo aseguro! ¿Por qué? ¡Por su cambio de actitud!

Incluyo este breve episodio porque creo que en medio de lo agitado de la vida el sentido del humor juega un papel muy importante en nuestra salud física y emocional porque nos ayuda a relacionarnos con los demás y hace que ellos sientan interés en conocernos, agradarnos y estar bajo nuestro liderazgo.

De hecho, creo que la carrera de Administración implica mucho más que liderazgo porque es una clase especial de este en la cual las metas de la organización deben estar combinadas con las metas del administrador como individuo para que el beneficio sea mutuo. Si las metas del individuo son más importantes que las de la organización, o están en conflicto con ellas, la organización sufrirá las consecuencias. De la misma manera ocurre si las metas organizacionales opacan las metas del individuo o están en conflicto con él.

Los administradores que triunfan liderando provocan que sus subalternos quieran estar bajo su liderazgo en beneficio de una meta en común.

Esto obviamente aplica a cualquier circunstancia laboral, ya sea que se trate de una oficina o de un equipo de atletismo, una iglesia, una familia o de cualquier situación en la que dos o más personas estén reunidas bajo un mismo interés y tengan un potencial en común. Nuestro objetivo debe ser promover este interés común y asegurarnos de que las metas individuales y organizacionales se complementen entre sí tanto como sea posible.

Los líderes merecen —y reciben— cooperación

No importa qué tan brillante o capaz desde el punto de vista técnico sea, usted no será efectivo como líder a menos que se gane *la cooperación de su equipo de trabajo*. Veamos la cantidad de personas que usted puede "forzar" a cooperarle: no tengamos en cuenta a su jefe porque su autoridad está por encima de la suya; tampoco puede forzar a quienes están a su mismo nivel de autoridad; ni siquiera puede forzar a un subordinado a obedecerle sin que él se queje, renuncie o desarrolle tanto resentimiento en el ambiente de trabajo que su actitud no se vea afectada de manera directa o indirecta. Y siendo realistas, si tiene un subordinado que siempre está de acuerdo con usted, ¡tenga cuidado!

A lo mejor se deba a que él carece de seguridad por no tener mucha experiencia en su trabajo o a que no tiene la habilidad de pensar por sí mismo, o las dos. Así que recuerde: *el deseo de cooperación no es lo que lleva al otro individuo a hacer lo que usted quiere. Su función como líder es lograr que él "quiera" hacer por voluntad propia lo que usted quiere.* Existe una enorme diferencia al agregar esa sola palabra: *"quiera"*.

La verdadera cooperación depende por lo general de ciertos sentimientos que se establecen dentro de un periodo de tiempo. Es responsabilidad —y oportunidad— del líder entender y desarrollar esos sentimientos profundos y luego trabajar *de acuerdo con* ellos y no en su contra. Ahora veamos unas reglas básicas e ideas sobre cómo obtener cooperación. Usted triunfa en sus intentos por obtenerla dándole a su gente dosis de liderazgo —un liderazgo que sea dinámico, organizado, sensible, efectivo y férreo.

Krish Dhanam suministró los siguientes ejemplos, a medida que interactuaba con la gente.

Dinámico: Los líderes que son dinámicos entienden que necesitan fluidez en su estilo de liderazgo para estar en capacidad de llevarse bien con todos. El liderazgo implica eso y obtener el mayor grado de producción del equipo entero, —incluyendo a aquellos con quienes estamos en desacuerdo. Esta clase de flexibilidad es la que un líder dinámico debe poseer y que le permite guiar al personal tanto en los buenos como en los malos tiempos. Paul Horgen, Presidente y Gerente Ejecutivo de IBM en Rochester, Minessota, ejemplifica esa cualidad. En la época en la que los ahorros y los préstamos no eran tan populares ni convenientes, él utilizó su dinamismo para guiar a su organización hacia un notable estado de crecimiento. Cuando Paul asistió a uno de nuestros eventos en Dallas demostró que, aunque era líder en su campo, todavía estaba dispuesto a ser un estudiante fervoroso y dispuesto a aprender y ser cada vez mejor líder para ayudarle a su gente.

Organizado: Los líderes organizados planean cuidadosamente sus proyectos y eligen el tiempo y el lugar en que sus ideas tengan mayor aceptación. Una vez las ideas están organizadas, las presentan de manera clara y concisa. Kevin Small es el Presidente de INJOY, una compañía especializada en el entrenamiento y desarrollo de liderazgo ubicada en Atlanta. Diseñadas para promover las enseñanzas en cuanto a liderazgo del célebre John Maxwell, INJOY y su contraparte, Maximum Impact, han hecho un trabajo sobresaliente en la formación de algunas de las mentes más brillantes mediante programas vía satélite que cuentan con la capacidad de llegar a miles de personas por todo el país en simultánea. Kevin es una de las personas más organizadas y efectivas que conozco. Lo conocí cuando él estaba organizando la logística de los seminarios de John Maxwell a comienzos de la década de los 90. Su meteórico ascenso hacia la dirección de esa organización es un testimonio de su capacidad organizativa. Kevin es todo un verdadero experto en cuanto a desempeño máximo.

Sensible: Los líderes sensibles saben que, para obtener verdadera cooperación, deben aceptar que ellos no tienen todas las respuestas. Ellos reconocen que es muy posible que, para contar con todo lo que necesitan, requieren de la participación de su equipo. Los líderes que son receptivos a los sentimientos de los demás, obtienen su cooperación.

Efectivo: Aprender a ver las cosas desde la perspectiva de los demás es señal de efectividad. Los líderes exitosos rara vez se acomodan en su zona de comodidad porque se espera de ellos que sean efectivos. La diferencia entre comodidad y efectividad se llama crecimiento, y es este el que separa a las personas con desempeño máximo del resto de la gente.

Asegúrese de que sus líderes sean la gente adecuada con la visión adecuada y en el momento adecuado

---

Férreo: Los líderes exitosos son justos y a la vez firmes. Ellos entienden que otros también tienen la razón y les asiste el derecho a exponer sus ideas y puntos de vista. Los líderes aprenden cómo pasar todos los asuntos de la organización a través del filtro de la visión y la misión organizacional. Ellos saben cómo determinar si una idea, opinión o estrategia se alinean conjuntamente con las metas y aspiraciones de la organización.

¿Por qué querrían seguirlo los miembros de su equipo?

Espero que, una vez usted haya superado la sorpresa que podría causarle esta pregunta, centre su interés y atención en el asunto: ¿ha hecho un inventario personal de sus fortalezas como administrador? ¡Vamos! Debe haber una razón por la cual usted está ocupando ese cargo y este no es momento para falsas modestias, así que trate de recordar los comentarios positivos que ha escuchado de los demás acerca de usted. El hecho de que se nos dificulte recordar la retroalimentación positiva es una enfermedad de nuestra sociedad actual y por eso debo hacer énfasis sobre la importancia de que cada uno de nosotros aprenda y recuerde destacar lo bueno que ve en otras personas. Sin embargo, ahora es el tiempo de enfrentar con honestidad ciertos hechos acerca de usted y de su futuro como "administrador de gente". Analice áreas como planear, organizar, comunicar, escuchar, tomar decisiones, delegar y motivar. Antes de avanzar, aquí mismo y ahora haga una lista de por lo menos 10 fortalezas que usted tenga como administrador de gente.

Razones significativas por las cuales otros quisieran seguirme

1. _____
2. _____
3. _____
4. _____
5. _____
6. _____
7. _____
8. _____

9. _____

10. _____

Independientemente de lo extensa que sea la lista de fortalezas que acaba de escribir, usted tiene las capacidades para ser todavía mejor como administrador de gente. John D. Rockefeller sostuvo lo siguiente: "Pagaría más por la habilidad de saber tratar con la gente que por cualquier otra habilidad que exista sobre la Tierra". Para causar que otros quieran nuestro liderazgo y administración debemos volvernos expertos en la clase de habilidades a las cuales Rockefeller se refería. De acuerdo a Ralph Waldo Emerson: *"Lo que nuestro equipo de trabajo quiere es un líder que los inspire a ser lo que cada uno sabe que puede ser"*. Dan Rather, presentador de CBS News, tomó la idea de Emerson y la llevó un paso más adelante al decir: "El sueño comienza con un maestro que crea en ti, que te ubique, te empuje y te lidere hacia la siguiente etapa, a veces incluso con una varita muy afilada que se llama 'la verdad'". Como administrador usted debe procurar incorporar y hacer realidad en su vida todo lo que estos grandes hombres dicen. Si le parece una tarea estresante, no lo es. De hecho, convertirse en un experto con respecto al trato con la gente puede ser muy sencillo. Yo no dije "fácil"… nada en la vida lo es, pero administrar no debería ser —*no puede ser*— un asunto complejo.

Krish Dhanam, nuestro Director de Operaciones Internacionales, sabe mejor que muchos lo que se necesita para hallar al líder adecuado. He aquí los puntos a tener en cuenta con respecto a este tema:

"Cuando ingresé a Zig Ziglar Organization en 1991, Bryan Flanagan era mi Jefe de Ventas. Venía de trabajar en una empresa del campo de las telecomunicaciones y salí de allí con muchas expectativas. Hasta ese momento en mi carrera había sido entrenado para hacer nada más lo que se esperaba de mí en mi posición. No entendía a cabalidad el concepto de lo que es ir más allá de los deberes propios de un cargo. Mi periodo de prueba era de 90 días y estaba diseñado apenas para que se reflejara el cumplimiento de unas metas predeterminadas a lo

largo de proceso. Cuando lo terminé todavía sentía vergüenza de las expectativas en cuanto a mi desempeño, y por las cuales devengué $600 dólares. Habiendo pasado ese periodo, una mañana decidí acercarme a Bryan para contarle que me sentía mal con mi desempeño y pedirle ayuda, no sabiendo qué dirección tomaría la reunión. Bryan me animó a continuar y dar todo de mí ya que el día apenas comenzaba. Eso fue lo que hice, pero en las horas de la tarde solo había vendido alrededor de $70 dólares y estaba avergonzado de mi logro.

Bryan Flanagan es un líder a quien la gente sigue debido a su amabilidad. Ese día él me dio unas instrucciones y me guió en esa situación. Con el paso del tiempo, el ejecutivo encargado de la toma de decisiones de un negocio de venta de carros localizado en Dakota de Norte quería los servicios de Bryan —sin saber las implicaciones que tendría esa decisión en mi vida. Debido a que Bryan aceptó su vinculación a ellos por mucho menos de lo que era justo, yo ascendí, alcancé mi meta y proseguí con mi carrera dentro de la compañía. Ese día en que él aceptó un nuevo cargo gracias a su capacidad de rendimiento máximo, Bryan influyó en mi futuro. Bryan y yo continuamos siendo amigos, como lo evidencia nuestro trabajo en este proyecto y en las numerosas sesiones de entrenamiento que hemos conducido entre los dos.

Cuando usted hace algo fuera de lo ordinario, nunca sabe cuál puede ser el impacto que esto tendrá en otras personas o circunstancias. Usted hasta puede convertirse en la clase de líder que otros quieren seguir. Los líderes de alto rendimiento ven algo en los demás que los demás muchas veces no ven en sí mismos. A mi modo de ver, Bryan Flanagan es una persona con un desempeño máximo incomparable.

¿Se "apresura" a hacer juicios?

Un consejero familiar dijo en una ocasión que lo que la mayoría de las esposas quiere es un hombre al cual ellas puedan admirar —pero que no sea despectivo con ellas. Esa es una meta que todo administrador debería trazarse en cuanto a su relación con los miembros de sus equipos. La historia que voy a compartir a continuación pertenece a mi propia experiencia de vida e ilustra este punto bastante bien.

Hace unos años, mientras me dirigía a una pequeña ciudad en Ohio para dictar una conferencia, tuve que hacer escala en Pittsburgh para llegar a mi lugar de destino. Contaba con algo más de una hora a mi favor, así que no tenía ningún afán en particular. Justo allí había dos jóvenes trabajando con su equipo de lustrar zapatos.

Uno de ellos era "Mr. Personalidad" —espontáneo, jovial, agradable—, la clase de tipo capaz de animar cualquier fiesta. El otro era justo lo opuesto —sombrío, callado, nada expresivo. Él simplemente estaba allí. Yo quería que "Mr. Personalidad" me lustrara los zapatos, pero él todavía estaba atendiendo a un cliente cuando yo llegué, y como el otro lustrador estaba disponible, no tuve otra opción.

Cuando me senté en su silla lo saludé con toda amabilidad. Le dije: "¿Cómo vamos?" Él apenas me miró como si yo no existiera y no contestó nada en absoluto. No pude evitar el pensar que su conducta era muy extraña para alguien que trabaja con público y que en gran manera depende de las propinas. Sin embargo, como yo soy un optimista incurable, comencé a pensar que a lo mejor me había tocado el mejor lustrador de los dos.

A medida que el hombre comenzó a hacer su trabajo, noté que era muy meticuloso —extremadamente cuidadoso de no untar mis medias ni las mangas de mi pantalón con sus productos —y eso me agradó. Cuando secaba mis zapatos de nuevo me di cuenta del extraordinario cuidado y eficiencia con los que trabajaba. Al momento en que terminó de aplicar el betún yo estaba convencido de que estuve de buenas en que él me atendiera. Todo el tiempo hizo su trabajo con mucho cuidado y esmero. De hecho, él es el único lustrador al que he visto revisando mis zapatos en la parte de atrás para asegurarse de aplicar betún por todas partes.

Cuando comenzó a cepillar era obvio que estaba haciéndolo con un toque artístico. El trabajo que hacía era muy bueno y yo me sentía cada vez más a gusto con los resultados. Luego continuó brillándolos y tuvo que ejercer algo de presión sobre el cuero de los zapatos para darles todo el brillo que quería. Fue a este punto que, por primera vez, yo me detuve a observar al hombre con detenimiento. Como el lustrador entusiasta ya había terminado, no había nadie en la otra silla, así que todo estaba muy callado por primera vez desde que me senté allí y por eso pude escuchar un chirrido casi inaudible. En ese momento pude darme cuenta de que aquel joven era incapacitado.

Como usted podrá imaginarse, me sentí como un miserable. Ahí estaba yo con mis juicios apresurados, decidiendo que iba a hacerle el "honor" a aquel hombre de "permitirle" ¡lustrar mis zapatos! Según mi apreciación, hasta iba a tener un gran corazón y le daría una buena y jugosa propina —si él era atento, cortés, agradable, espontáneo, y además me lustraba los zapatos dejándome satisfecho por completo.

No hay necesidad de decir que fue una experiencia que me enseñó humildad, y que este joven recibió la mejor propina que jamás le he dado a nadie por lustrarme los zapatos. Con frecuencia pienso en los padres de este chico, y en el magnífico trabajo que hicieron al enseñarle a descubrir sus habilidades. Ellos debían ser gente con muchos valores, y además excelentes líderes.

Como líderes, nuestro trabajo es llevar las habilidades de las personas más allá de sus resultados promedio en lo que se refiere a productividad. Como dice mi amigo Fred Smith: "No es cuestión de ser la persona que haga su trabajo mejor que los miembros de su equipo sino cuestión de ser la persona que logra que los miembros de su equipo hagan mejor trabajo que usted". En muchos casos nuestros empleados tienen más talento del que nosotros nos damos cuenta. También es cierto que hay quienes son un poco más lentos que otros para desarrollar y manifestar sus habilidades. Pienso en gente como Grandma Moses, quien comenzó a explorar sus habilidades a una edad avanzada; Albert Einstein tenía 4 años de edad cuando pudo caminar; George Westinghouse fue etiquetado como "poco práctico" y "tonto", e incluso sus profesores le sugirieron que abandonara la universidad porque era muy poco probable que lograra terminar sus estudios —y aun así fue premiado por su invento patentado de la máquina de vapor ¡antes de cumplir los 20 años!

El punto que estoy tratando de probar con esto es —o debería ser— obvio. La mayoría de la gente tiene aptitudes que con frecuencia están sin desarrollar y no son notorias de inmediato. Pero muchos otros, como en el caso del joven lustrador de zapatos, están más que dispuestos a utilizar sus habilidades para desarrollar un trabajo de muy buena calidad. Como administradores de gente necesitamos estar siempre alertas para encontrar y desarrollar cualquiera que sea el talento disponible en nuestra empresa o departamento de trabajo.

Una fórmula de éxito

Creo que estará de acuerdo conmigo en que la responsabilidad que usted tiene con respecto a su equipo de trabajo —ya sea suya y de alguien más o suya y de cientos de personas— es aportar en beneficio de una misma causa o propósito. Sin lugar a duda los Juegos Olímpicos de 1984 celebrados en Los Ángeles fueron un gran triunfo, y una de las razones principales por las cuales fue así se debió a la persona encargada de ellos, Peter Ueberroth, el *administrador*. Según muchos de los que trabajaron bajo su liderazgo, él logró hacerles sentir que todos estaban involucrados en una causa que era más importante que cualquier causa individual. La manera en que él se involucró en ese proyecto (e involucró a los demás) fue utilizando sus excelentes *habilidades para administrar a la gente* creando en ellos una mentalidad de equipo y haciendo que cada uno trabajara en aras de obtener resultados óptimos. Usted también puede lograr lo mismo con grupos grandes o pequeños con el hecho de entender y aplicar una fórmula del éxito que sea bastante sencilla.

Mucho se ha escrito y dicho acerca del esfuerzo en equipo. Este es un punto muy importante, tanto a nivel familiar como en los deportes y en todo ambiente laboral. Hace poco uno de mis amigos estaba comentando algo acerca del equipo de basquetbol para el cual juega su hijo. El equipo funcionaba bastante bien al comienzo de la temporada. No había "superestrellas" allí pero los jugadores habían aprendido a ser disciplinados y dominaban una serie de jugadas que los habilitaba para ganarles a equipos que tenían mayor talento humano. El equipo tenía un buen récord. Posteriormente, dos jugadores que en un principio no fueron aptos para el equipo volvieron a serlo y se integraron al grupo. Como individuos, estos dos jugadores eran más altos, más fuertes y más rápidos, y además, lanzaban mejor. Sin embargo, por desgracia para ellos, no tenían la disciplina ni tampoco sabían las jugadas. El resultado fue que, aunque ellos contaban con el talento, fueron una carga y no un beneficio para el equipo. Un punto importante: se convirtieron en una carga porque el entrenador no tuvo la sabiduría para mantenerlos en la banca hasta que ellos aprendieran y desarrollaran la disciplina para funcionar como miembros del equipo y no como talentos individuales. Ese entrenador (administrador de gente) no solo se defraudó a sí mismo sino a su equipo, a sus seguidores y a los dos jugadores. Lo opuesto ocurrió con la participación del equipo de béisbol Seattle Mariners en la temporada del 2001-2002. Después de perder a las superestrellas Ken Griffey Jr., Randy Johnson, y Alex Rodríguez, los Mariners jugaron como equipo y ganaron un récord de 116 juegos en una temporada.

Como administradores de gente, con frecuencia hemos enfrentado situaciones similares en las cuales, como individuos, ciertos miembros de nuestro equipo de trabajo cuentan con grandes talentos y habilidades, pero que debido a ciertos rasgos de personalidad, hábitos desagradables o por rehusarse a ser parte del equipo, se convierten en una carga en lugar de un beneficio. La función más importante de un administrador es mantener a los miembros de su equipo trabajando unidos —en otras palabras, que sean como "gomina".

En el mundo del atletismo con frecuencia escuchamos a los entrenadores hablar acerca del espíritu del equipo. Ellos les hacen énfasis a los atletas sobre la importancia de jugar en conjunto bajo una misma causa: ¡ganar! Una de las palabras que los entrenadores utilizan para describir unidad es *gomina*. Ellos dirían que los jugadores que componen la ofensiva son "la gomina" que ataca al equipo contrario, o que para tener éxito la defensa debe volverse "gomina". Claro, ellos están hablando de jugar juntos y no como individuos, poniendo los objetivos del equipo por encima de las metas personales para que cuando el equipo gane haya una buena ganancia para cada miembro del equipo.

Algunos reporteros han deletreado la palabra *gel* (gomina) con *J* debido a los comerciales en televisión sobre la marca Jell-O, pero lo que en realidad significa *gel* es "solidificar, coagular".

Principios de desempeño

1. El buen sentido de humor es necesario para ejercer un liderazgo positivo.
2. Las metas en común unidas a una causa común causan un éxito mucho mayor.
3. Los líderes deben ganarse la cooperación de su equipo sin exigirla.
4. Todos debemos reconocer nuestras fortalezas, pero también nuestras debilidades.
5. El trabajo en equipo incrementa las posibilidades de ganar.

4

Busque lo bueno que hay en los demás

Qué tan lejos llegue usted en la vida depende de su capacidad para ser comprensivo con los jóvenes, compasivo con los mayores, solidario con el que está en dificultades y tolerante con el débil y también con el fuerte, pues algún día usted habrá sido todo lo anterior.

—George Washington Carver

Quienes saben buscar lo mejor que hay en los demás, reciben lealtad de parte de ellos

Aquellos que son expertos en desempeño máximo aprenden a buscar lo mejor en cada persona que lideran.

Andrew Carnegie dijo: "Ningún ser humano se vuelve rico sin enriquecer a otros". Él mismo vivió bajo esa filosofía, como se evidencia en los 43 millonarios que tenía trabajando para él. Un reportero que lo entrevistó en una ocasión le preguntó cómo había hecho para contratar a todos esos millonarios. Carnegie le explicó que ellos no eran millonarios cuando empezaron a trabajar con él.

Cuando el reportero siguió la línea de preguntas sobre cómo había hecho para desarrollar a esos hombres hasta el punto en que ellos tuvieran tanto dinero, Carnegie dijo: "Cuando usted trabaja con gente es muy parecido a estar buscando oro… hay que remover primero una gran cantidad de mugre para encontrar una simple onza de oro. Sin embargo, usted no está buscando mugre, ¡usted lo que están buscando es oro!".

Funciona de la misma manera cuando usted quiere buscar gente que se desarrolle a su máximo potencial: debe buscar el oro (lo bueno), y cuando lo encuentra, lo educa y lo ayuda a fructificarse. Un sabio lo dijo de la siguiente manera: "El mayor bien que podemos hacerles a los demás no es compartir con ellos nuestras riquezas sino mostrarles las de ellos".

Bill Hewlett, uno de los fundadores de Hewlett-Packard, dijo: "Nuestra póliza se basa en la creencia de que tanto hombres como mujeres quieren hacer un trabajo que sea bueno y creativo, y que si la atmosfera que se les brinda es la apropiada, ellos harán su trabajo". Y si la gente quiere hacer un buen trabajo, ¿por qué no tenerles en cuenta su éxito a medida que lo logran?

La siguiente historia acerca de mi niñez muestra un método efectivo sobre cómo lidiar con su equipo cuando alguien no hace su trabajo tan efectiva o profesionalmente como podría y debería. A medida que la lea, le animo a recordar unas sabias palabras del Dr. Norman Vincent Peale: "El problema con la mayoría de nosotros es que preferimos perdernos en medio de las adulaciones que salvarnos con las críticas".

Critique el acto —no al actor

Algunos de ustedes reconocerán la siguiente historia de mi libro *Raising Positive Kids in a Negative World*, pero es que es una forma acertada para probar lo que quiero decir aquí, así que voy a repetirla: cuando era niño, allá en Yazoo City, Mississippi, las cosas eran un poco difíciles durante los años de La Depresión y todos teníamos que trabajar más y con mayor inteligencia. Como líder, y también como administradora, creo con total honestidad que mi madre, aunque solo tenían hasta quinto grado del Educación Primaria, hizo las cosas muy bien.

Mi padre murió cuando yo tenían 5 años de edad y nosotros todavía éramos muy pequeños para trabajar. Tenga en cuenta que estoy hablando de la época de La Depresión, y que la situación era dura para toda la gente. Sobrevivimos porque teníamos una huerta muy grande y tres vacas lecheras. Yo ordeñaba y trabajaba en la huerta cuando tenía ocho años y, para lo que pueda servir, permítame agregar el hecho de que las vacas no "dan" leche —¡usted tiene que sacarles hasta la última gota!

Dos cosas siempre supimos cuando mi madre nos asignaba una tarea. La primera, sabíamos lo que ella esperaba de nosotros (nuestros mejores resultados). La segunda, sabíamos que ella iba a inspeccionarnos para asegurarse de que obtendría lo que esperaba.

Nunca olvidaré mi primera asignación en la huerta. Ese día en particular, debido a que mi madre era además una excelente profesora, me mostró con exactitud lo que yo debía hacer para sembrar las habichuelas de manera apropiada. Cuando ella terminó de explicarme, me señaló tres cercos de habichuelas —los cuales eran de más o menos tres millas y media de largos (¿se imagina?). Pero para un niño de mi edad ¡parecían diez! Lo cierto es que cuando terminara mi trabajo tenía que llamarla para que lo inspeccionara. Cuando por fin terminé, la llamé para que hiciera su inspección, y a medida que ella iba mirando hizo lo que siempre hacía cada vez que algo no le gustaba: llevarse las manos detrás de la espalda y mover la cabeza de un lado para otro dándonos a entender que algo no le había gustado. A medida que lo hacía yo le pregunté qué estaba mal. Ella sonrió y dijo: "Bueno, hijo, parece que vas a tener que ordeñar otra vez ese becerro".

En el mundo corporativo de hoy esa es una expresión extraña, pero en aquellos días del rural Mississippi simplemente significaba que había hecho un trabajo insatisfactorio e iba a tener que hacerlo otra vez. Obvio, yo sabía a lo que ella se estaba refiriendo, pero —deseando escapar— yo sonreí y le dije: "Mamá, yo no estaba ordeñando al becerro sino sembrando habichuelas". Ante esto, mi madre se echó a reír diciendo: "Bueno, hijo, lo que quiero decir es esto: para la mayoría de los niños este sería un buen resultado, pero tú no eres "la mayoría de los niños", tú eres *mi* hijo, y mi hijo puede hacer las cosas mucho mejor que esto".

Lo que mi madre hizo fue extremadamente sabio. Ella estaba criticando lo que yo hacía mal, pero no me criticaba a mí. Ella *criticaba nuestro errores* y no a nosotros, quienes necesitábamos aprender, pero *nos daba su afecto*, —que era lo que más necesitábamos.

En el campo de la administración efectiva, ya sea en los deportes, la educación, los asuntos familiares o los negocios, usted es evaluado por su efectividad para manejar su personal y obtener el máximo de productividad y beneficios para todos. Para cumplir este objetivo hay dos cosas que hacen los grandes administradores de gente. La primera, ellos siempre esperan que todos los miembros de su equipo se desempeñen con excelencia; y la segunda, siempre supervisan para asegurarse de que obtienen lo que esperan. (No existe *casi nada* que sea tan desmotivante para un subalterno que culminar un proyecto y que se le ignoren sus resultados o que su trabajo se le tome como una obligación cumplida, aun después de haberle puesto el corazón y el alma a su desempeño).

Pregunta: Suponga que su inspección revela que el proyecto es insatisfactorio o que no cumple con los estándares a los que usted sabe que su subalterno es capaz de llegar. ¿Congratula usted esos resultados? ¿O los critica?

Respuesta: Ninguna de las dos. Congratular un trabajo o proyecto que representa menos que los resultados que su subalterno está en capacidad de dar es patrocinar la mediocridad, y el mundo corporativo ya está lleno de ella. Usted tiene que *exigir* mucho más que eso. De otra parte, ser brutalmente crítico podría destruir la autoconfianza de su trabajador y reprimir su iniciativa para los próximos proyectos. Además usted le debe a su compañía y a esa persona mucho más que eso.

Pregunta: Entonces ¿qué hacer?

Respuesta: Utilice el ejemplo de mi madre, critique el acto, ¡pero no al actor!

El liderazgo efectivo exige esa clase de enfoque. Bríndele una voz de aliento a quien usted está evaluando al mismo tiempo que le hace saber que usted espera —e incluso demanda— que esa persona utilice su habilidad para obtener máximos resultados. En pocas palabras, procure que cada miembro de su equipo dé lo mejor de sí pero hágalo sin retarlo ni cuestionarlo como persona. Asegúrele que usted en realidad respeta y aprecia sus habilidades —y que esa es la razón por la cual usted no puede aceptar trabajo de baja calidad de su parte.

El ABC de la Administración

Ken Blanchard ha trabajado con otros autores sobresalientes en la compilación de libros de "un minuto" que son fáciles de leer y simplifican algunos conceptos fundamentales. El Dr. Blanchard trabajó con el Dr. Robert Lorber en un libro llamado *Putting the One Minute Manager to Work*. En este sobresaliente trabajo ellos identificaron el ABC de la Administración y revelaron algunos aspectos sorprendentes:

A = Motivación *(Activator)*… qué hace el administrador *antes* de que el trabajador comience a desarrollar alguna labor o proyecto.

B = Conducta *(Behavior)*… cómo es el desempeño del subalterno.

C = Consecuencias *(Consequences)*… cuál es la respuesta del administrador *después* del desempeño de ese trabajador.

Por ejemplo, de acuerdo con Blanchard y Lorber: "Mucha gente piensa que las motivaciones tienen una mayor influencia en el desempeño del trabajador que las consecuencias. Y aun así solo entre el 15% y el 25% de lo que influencia el desempeño proviene de motivaciones como el cumplimiento de metas, mientras que entre el 75% y el 85% del desempeño proviene de las consecuencias, ya sean premios o reprimendas". ¿Qué pasa cuando una persona logra hacer algo que tiene mayor impacto que como lo hacía antes? Para emplear otra frase corta: "¡Felicítela!" Si usted ve a los miembros de su equipo haciendo algo correcto, sin importar qué tan sencillo sea, felicítelos por ese logro y ellos continuarán creciendo en la dirección adecuada.

¿Significa esto que debemos ignorar los errores de nuestros subalternos? Claro que no, existe una manera correcta de manejar y lidiar con la persona cuyo rendimiento es insatisfactorio o comienza a decaer. Más adelante en este capítulo trataré sobre este aspecto. Por el momento, permítame decir que *los mejores líderes se enfocan sobre todo en que su prioridad sea encontrarles las fortalezas a los miembros de su equipo*. Sin embargo demasiados líderes hacen precisamente lo contrario.

La acción siempre precede al sentimiento

Muchos de nosotros, en nuestras funciones administrativas diarias, no nos sentimos como personas con la habilidad de encontrar lo mejor que hay en cada individuo. De hecho, con frecuencia nos convertimos en justo lo opuesto y nos comportamos de manera muy similar a la de los inspectores de disciplina escolares o a los policías y detectives. Den Roosien, anterior Vicepresidente Ejecutivo de Zig Ziglar Corporation, utilizaba una técnica diferente que me gustaría recomendarle. Den estaba a cargo de dirigir el funcionamiento diario de nuestra compañía y era el Jefe del Área de Finanzas puesto que venía de trabajar en ese campo. Él sería el primero en decir que las habilidades de las personas no se enfatizan con cursos de Contabilidad y que él tuvo que estudiar y además trabajar para adquirir experiencia en su profesión. Una técnica que él utilizaba durante el tiempo que estuvo en nuestra empresa, y que a usted le servirá de mucha ayuda, fue mantener una lista de brevedades, y que a veces parecería insignificante, pero que tenía mucho éxito entre los miembros de su equipo. La lista incluía tareas como quedarse hasta tarde para esperar a recibir un paquete importante o llegar temprano en la mañana a abrir la oficina —todas esas pequeñas cosas que hacen una gran diferencia. Él resaltaba siempre el hecho de que apreciar esa clase de esfuerzos *tan pronto como ocurren*, lo cual va de acuerdo con una de las reglas más importantes del refuerzo positivo: *debe hacerse de inmediato*. Además, él anotaba ciertos comportamientos entre los empleados que captaban su atención y al final del año, o en el momento de hacer retroalimentación, compartía con el equipo esa serie de conductas y el porqué estas impactaban de manera tan positiva a la compañía.

El tiempo que Den invertía en hacer sus anotaciones en realidad valía la pena cuando se trataba de darles el crédito y retroalimentación positiva a cada uno de los miembros del equipo de trabajo. Seguro, se requiere de disciplina y seguimiento, pero Den estaba comprometido a ser disciplinado cuando se trataba de los aspectos y procedimientos que impactaban a nuestra compañía para bien. La disciplina y la organización eran parte de su cargo y por fortuna Den las había desarrollado (hubo incluso un rumor persistente de que él era tan organizado que con alguna frecuencia chequeaba las fotocopias para ver si decían lo mismo que el original).

Sin embargo ¿*sentía* él siempre deseos de hacerlo? Obvio que no. Pero la acción por lo general surge antes de que surja el deseo. Cuando se trata de dar retroalimentación positiva puede que a veces no sintamos deseos de darla; por eso es incluso más importante que hagamos lo que estamos supuestos a hacer, y que lo hagamos de inmediato. Si quejarse puede convertirse en un hábito, ¿por qué buscar lo mejor que hay en cada persona no podría convertirse también en un hábito? Una razón es porque no hemos sido entrenados para buscar lo bueno en los demás. Otra razón evidente es porque no comprendemos la totalidad del impacto motivacional que un elogio puede llegar a ejercer sobre un empleado o trabajador.

Hay dos cosas que usted debe recordar en cuanto a este tema: la primera, el elogio debe ser sincero. Si no, la gente con la que usted trabaja lo sabrá antes que usted y esto hará que usted pierda toda credibilidad. La segunda, usted no debe hacer un elogio y después un llamado de atención en el mismo momento. Cuando eso pasa, el cumplido se toma como una técnica manipuladora porque en realidad eso es lo que es, y el resultado es, a largo plazo, una doble pérdida.

¿Cómo se siente usted cuando recibe un memorando o una llamada telefónica en la que su jefe le dice: "¡Quiero verlo de *inmediato!*"? De cada 100 personas, 95 sienten al instante ese "crujir de estómago" y piensan: "¿Cómo se dio cuenta?". Hemos sido entrenados para esperar lo peor cada vez que estamos frente a una situación de esas. Sin embargo, imagínese que su jefe es la clase de líder que busca lo positivo que hay en usted y por lo general lo congratula. Cuando reciba su llamada usted va a querer ir a su oficina porque sabe que no es a pasar un mal rato. La pregunta correcta en este caso sería: ¿Cómo le gustaría que los miembros de su equipo de trabajo, pareja, hijos y demás personas se sintieran cuando usted les dice que necesita hablar con alguno de ellos?

Una herramienta hecha para dar retroalimentación por escrito

Alguna gente tiene serios problemas para verbalizar una retroalimentación; pero si ese es su caso, no se preocupe porque esa es una habilidad que se puede aprender. Sin embargo, hasta que usted no la aprenda, necesita una herramienta práctica para retroalimentar, y esta es una excelente, ya sea que usted tenga muy buenas habilidades verbales o apenas esté comenzando a adquirirlas. En nuestra seminarios de Ziglar Training Systems utilizamos una herramienta o concepto que se conoce como la libreta ME GUSTA… PORQUE. A cada participante se le da una libreta como la que se muestra en la ilustración y se le pide que anote lo que le agrada acerca de los demás participantes del seminario. Esa es una idea original que nos proporcionó la escuela de Bay City, Texas, Bay City High School. Ha tenido enorme impacto en los asistentes a los seminarios, así como en numerosos hogares y negocios a través de América o donde se utilice.

Esta libreta nos enseña a buscar lo bueno que hay en la gente y causa que nos enfoquemos a ver todo lo positivo en los demás. Los comentarios que se escriben allí van desde lo más sencillo, como elogiar la manera en que alguien sonríe, a las ideas más complejas, mostrando distintos niveles de aprecio.

Cuando comenzamos a presentar el concepto de *Born to Win* en Dallas, Texas, hubo un participante que utilizó su lenguaje corporal para expresar y hacer obvio su descontento: se retorció, se hizo a un lado, se cruzó de brazos y piernas, y en general dijo: "¡No voy a ser parte de esta tontería!" Ante eso, los facilitadores observaron con cuidado los comentarios que este hombre hacía cuando ellos estaban repartiéndoles el material a los participantes. Los comentarios del primer día fueron un poco más que unas palabras. El segundo día sus comentarios fueron más amplios y el tercer día él ya estaba llenando la primera hoja de la libreta. Al final del seminario el hombre se puso de pie y dijo: "Cuando presentaron estas libretas ME GUSTA… PORQUE yo pensé que era la idea más tonta que jamás había escuchado, ¡pero es sorprendente ver la manera en que ha cambiado la gente durante estos días!" Obviamente, la gente ha cambiado porque *Born to Win* en verdad es una experiencia transformadora, pero lo que es aún más evidente es que este hombre había cambiado porque estaba aprendiendo a encontrar lo mejor en los demás.

```
Me gusta _____
Porque _____
_____
_____
_____
           ¡Eres un ganador!
```

Tenemos un seminario de dos días llamado *Effective Business Presentations (Presentaciones de negocios efectivas)* en el cual entrenamos a los participantes en sus habilidades comunicativas. A lo largo de esos dos días la gente es grabada en cámara docenas de veces y recibe entrenamiento privado y retroalimentación sobre cómo mejorar sus capacidades en ese campo. Fuera de American Airlines, DuPont, y otros negocios, un famoso almacén de zapatos también participó para entrenar a varios de sus trabajadores estrella. A todos les agradó el concepto ME GUSTA… PORQUE, lo adaptaron e imprimieron una libreta que decía ¡USTED ES LA RAZÓN POR LA CUAL NOSOTROS SOMOS FAMOSOS! Debajo de ese estupendo encabezado ellos anotan sus comentarios positivos acerca de sus compañeros.

¿En realidad alguien utiliza esas libretas?

Krish Dhanam cuenta esta historia acerca de los comentarios que se escriben en esta clase de libretas con la frase ME GUSTA… PORQUE:

"Una de las participantes a nuestros seminarios escribió la siguiente carta en la cual ella compartió con personas que ni siquiera conocía sus sentimientos de gratitud inconfesados, y también compartió una victoria imposible de cuantificar. Como es evidente, esta carta estaba dirigida a mis padres, quienes viven en India. Tome todo lo que dice esta carta e imagínese lo que significaría que alguien les escribiera a sus padres agradeciéndoles por la manera en que ellos lo educaron a usted. De las muchas cosas que mi padre me ha dicho en cuanto a elogios y amor se refiere, la que más menciona es esta carta que recibió de una persona por completo extraña agradeciéndole por el buen trabajo que él hizo en mi crianza.

Octubre 9, 1995

Apreciados Sr. y Sra. Dhanam:

No hemos tenido el gusto de conocerlos en persona, pero como resultado de los días que mi hija y yo pasamos en Dallas esta semana siento como si nos conociéramos desde hace tiempo. Tuvimos el privilegio de asistir al seminario Born to Win presentado por Zig Ziglar y su maravilloso equipo. Primero conocimos a su hijo Krish en la recepción de la casa de Zig el miércoles en la noche. En algún momento él nos preguntó a Kristen y a mí de dónde éramos y le dijimos que somos de Wheeling, Virginia Occidental. Él se sorprendió y dijo que no solo había estado allá varias veces, sino que su esposa e hijo se encontraban allí en ese momento. Mi reacción fue casi de negación porque pensé que estaba bromeando, pero luego él comenzó a describir detalles acerca de Wheeling que solo alguien que ha estado allá podría saber. Cuando me di cuenta que era cierto, me emocioné de que hubiera alguien en el seminario que de verdad conociera nuestra ciudad natal (pregúntenle a Krish, ¡hasta sentimos algo de nostalgia!). Él prosiguió contándome que Anila conoce a Pam Parmar, ¡quien resulta ser la médica de mi suegra y mi cuñada! A este punto, estoy segura de que los dos nos conmovimos porque yo estaba muy emocionada. Por lo que recuerdo creo que nos hicimos amigos de inmediato, y que él tuvo mucho para enseñarnos durante todo el seminario.

A medida que los días transcurrieron Krish pasó una buena parte de su tiempo describiendo su niñez y habló de su decisión de venir a los Estados Unidos y de todo lo que ha logrado desde que llegó aquí en 1986. La historia más conmovedora para mí fue cuando Krish y su hermano le hicieron un comentario a usted, Sra Dhanam, con respecto a su nivel de escolaridad y a sus enormes capacidades —y su decisión de retornar a la escuela debido a esos comentarios, junto con su éxito al lograr esa meta.

Les mencioné al comienzo de esta carta que siento como si los conociera. Y lo digo porque opino que cuando una persona es tan exitosa como Krish, hay padres con ideas y valores muy fuertes detrás de ella. Krish es muy elocuente y tremendamente divertido, (casi me mata de la risa durante un almuerzo un día en que dio a conocer su magnífico sentido del humor; por desgracia yo estaba comiendo ¡y casi me atoro!).

Pero creo que lo que más me gustó sobre Krish es su preocupación genuina y el aprecio que le mostró a cada una de las 160 personas que estuvieron en el seminario. Allí nos compartió sobre su vida y además hizo todo lo que estuvo a su alcance para ayudarnos a entender y a interiorizar el espectacular mensaje que Zig presentó. Yo le dije a Krish cuando nos despedimos que sentí como si hubiera ganado un amigo de por vida en el momento en que lo conocí.

Cuando conozco a alguien tan influyente como Krish, y que les da todo el crédito a sus padres por la forma en que lo criaron, siempre siento ganas de agradecerles a esos padres porque es a lo largo de sus años de sacrificio, trabajo duro, y más que nada debido a todo ese amor incondicional, que personas como Krish han llegado a entender que nacieron para ser ganadoras y por eso creyeron en ese mensaje de que TODOS nacimos para ganar. Él se trazó la meta de trabajar para Zig Ziglar y les muestra a tantas personas que ellas también nacieron para ser ganadoras.

Todos los miembros de Ziglar Corporation, pero especialmente Krish, nos han dado a mi hija y a mí un regalo imperecedero que influenciará el resto de nuestra vida. Yo creo que estaba escrito que estuviéramos en el seminario de la semana pasada, y eso no habría ocurrido sin ustedes, Sr. y Sra. Dhanam, y tanto Kristen como yo les agradecemos desde el fondo de nuestro corazón.

Sinceramente a su servicio,

Debbie y Kristen

Servir como mentor es uno de los componentes más significativos del liderazgo. ¿Qué tanto impacto puede ejercer usted en la vida de alguien que lo respeta y por ese mismo sentimiento decide escribirles a sus padres? ¿Cómo se sentiría si alguien a quien usted ha impactado le escribiera una carta así a usted o a alguien a quien usted respeta o admira? La retroalimentación a causa de un trabajo bien hecho puede darse de muchas maneras. Personalizarla de acuerdo a quien se le vaya a hacer pone en evidencia el lado humano del liderazgo. En estos tiempos de desconfianza corporativa y escándalos financieros, ¿qué tan respetados serían los líderes si sus seguidores les dieran el reconocimiento y premios que merecen?

En mi propia carrera en Ziglar Training Systems, los testimonios de los clientes significan bastante, pero lo que significa todavía más es la validación por escrito de parte de Zig Ziglar diciéndome que se siente orgulloso de mí y que no se sorprende en lo más mínimo de que nuestros clientes estén satisfechos de mi rendimiento".

Krish no es el único en nuestra empresa que disfruta de la libreta ME GUSTA... PORQUE. Aurie Magers es mi Asistente Ejecutiva, y una de las personas más efectivas que usted pueda conocer. En cerca de 25 años de trabajo juntos creo que ella ha cometido 3 errores (¡y dos de ellos fueron culpa mía!). El error por el cual ella se ha sentido peor fue al olvidarse de decirme sobre una entrevista de televisión. Se imaginará lo mal que ella se sintió, y aparte del hecho de que ese no era un problema mayúsculo y que por lo menos el 50% era culpa mía, la molestia le duró la mayor parte del día.

Al siguiente día, cuando Laurie llegó a trabajar, notas de ME GUSTA... PORQUE estaban colgando del aire acondicionado cerca de su escritorio y en otros lugares bastante visibles de su oficina. Algunos de sus compañeros y amigos notaron que ella estaba deprimida, averiguaron por qué, y decidieron hacer algo para animarla. Cada uno escribió algo diferente: "Me gusta Laurie porque puede saltar hasta el piso más alto de un edificio ¡con su computador debajo del brazo!", "Me gusta Laurie porque digita ¡a la velocidad de la luz!", "Me gusta Laurie porque siempre está dispuesta a escuchar", "Me gusta Laurie porque es la persona más concienzuda de Zig Ziglar Corporation". Laurie estaba literalmente conmovida hasta las lágrimas por la amabilidad y ánimo de sus compañeros de trabajo ¡y cualquiera se habría asombrado de su capacidad productiva después de ver esas notas! Laurie volvió a la normalidad en menos de nada gracias a la amabilidad de sus compañeros y al hecho de que ellos estuvieron dispuestos a buscar lo bueno en ella y resaltarlo, ¡todo eso le ayudó a superar ese momento difícil!

Ahora, si usted tiene alguna discrepancia con este concepto es probable que esté enfocándose en la palabra equivocada. La palabra clave no es "*gustar*". Si esa palabra le molesta es cuestión de remplazarla por otra que tenga un significado similar como *apreciar o respetar*, por ejemplo. La palabra clave e irremplazable en la frase es sin lugar a dudas *"porque"*. Es esa la que logra que el concepto pase de lo superficial y general a lo sincero y específico.

Todos los libros sobre administración efectiva que existen en la actualidad en el mercado nos animan a darles retroalimentación a nuestros empleados y miembros del equipo. Dar una retroalimentación de manera satisfactoria significa destacar a propósito *una conducta que sea evidente*. Por ejemplo: "Me gusta John porque presentó el proyecto a tiempo y con el presupuesto que se le asignó" es una excelente retroalimentación. Pero: "Me gusta John porque es un buen empleado" no dice mayor cosa acerca de él. "Me gusta Jane porque estuvo dispuesta a trabajar tiempo extra durante tres días seguidos para terminar un proyecto importante" también es una sana retroalimentación. No serviría decir: "Me gusta Jane porque trabaja duro". Recuerde: *¡Enfóquese en lo positivo!* Cuando usted hace eso, está construyendo sobre fortalezas y no sobre las debilidades.

A menos que haya escrito o recibido una nota que diga ME GUSTA… PORQUE, usted no comprende a cabalidad el impacto que causa una idea tan sencilla. Permíteme plantearle un reto en este mismo instante: quiero que piense en alguien a quien usted necesite decirle que lo aprecia, le gusta, ama o respeta. Por favor, piense en ese alguien y haga un compromiso con usted mismo de dejar de leer y dígale o escríbale un ME GUSTA… PORQUE de inmediato.

Nuestro curso para las escuelas se llama YO PUEDO[1] y fue desarrollado por Mamie McCullough basado en los principios de mi primer libro, *See You at the Top*. Una de las tareas que les damos a los estudiantes es que, al llegar a casa, les digan a sus padres que los aman. Usted se sorprendería y se sentiría conmovido al leer las cartas o al escuchar los mensajes o llamadas telefónicas que recibimos de los padres hechos un mar de lágrimas porque por primera vez en su vida sus hijos de 12 o 14 años de edad les han dicho que los aman. Alguien que pertenece a su vida necesita saber hoy que usted lo aprecia o lo ama ¡y usted necesita comprometerse a manifestárselo hoy mismo! ¡Hágalo! La primera vez es tal vez la más difícil o incómoda, pero debido a que es una maravillosa retroalimentación, será divertida y muy gratificante.

Materia prima inusual

El amor y el respeto son con toda seguridad las dos clases de materia prima más necesarias en nuestra sociedad actual. Desafortunadamente también son las más escasas, y la razón por la cual lo son es porque la única forma en que podemos conseguirlas es brindándoselas a los demás. Si usted no es muy amado ni respetado como le gustaría serlo, debería autoevaluarse y ver si usted está brindándoles alguno de esos dos materiales a quienes lo rodean. Un aspecto importante a tener en cuenta es este: usted no puede dar algo que no posee. En otras palabras, el amor y respeto que debería darles a los demás ¡es algo que usted debe tener en su interior!

"Hay eventos que han sido importantes a lo largo de nuestra vida", escribió George Mathew Adams, "y muchos de ellos han sido gracias al ánimo que hemos recibido de otras personas. No importa qué tan famoso o exitoso sea un hombre o una mujer, todos tenemos sed de un aplauso". Si recuerda lo bien que *usted* se ha sentido después de brindarle ánimo a alguien, no necesita que nadie lo convenza de animar a otros cada que se le presente la oportunidad. "El ánimo es el oxígeno del alma. Muy pocos trabajos destacados surgen de un trabajador que no ha recibido ningún aliciente. Nadie *vive lo suficiente* ni es tan feliz y productivo sin recibir un estímulo".

William James, el reconocido sicólogo y filósofo, dijo: "El principio más profundo de la naturaleza humana es el deseo de ser apreciado". Al ayudarle a su empleado o a un socio a preservar el respeto por sí mismo, el líder efectivo logra mejores resultados y alianzas con ellos al demostrarles que está interesado en ellos como personas, y que aprecia lo que ellos valen.

Este enfoque también es aconsejable cuando estamos frente a nuestros oponentes y es *vital* en el trato con nuestros subordinados. El objetivo constante de los ejecutivos de alto nivel es fortalecer el nivel de competencia y compromiso de aquellos que, en el último informe, aparezcan como los responsables de implementar los objetivos organizacionales.

Como escribe el Dr. Alan C. Filley en su famoso libro *Interpersonal Conflict Resolution*: "El perfil que diseñamos de nosotros mismos es el mayor determinante de la manera en que nos comportamos: varios estudios indican que aquellos que tienen una baja autoestima (1) tienden a sentir más temor frente a alguna situación, (2) son más vulnerables y dependientes, (3) necesitan estructurarse más, (4) se sienten reprimidos, (5) son fácilmente persuasibles y (6) gritan más frente a la presión de grupo que aquellos con alta autoestima".

¡Nadie puede dar de lo que no posee!

No ignorar a ninguno de los miembros de su equipo es importante para estimularlos a todos y lograr que se respeten entre sí. El reconocimiento de los logros individuales debe hacerse de tal manera que fortalezca las relaciones entre el líder y sus subordinados, pero además entre ellos. Los elogios que se le den a uno de los miembros nunca deben basarse en términos que puedan ser tomados como críticas hacia otros miembros del grupo. Y cuando el logro ha sido alcanzado con la ayuda de otros, esa contribución también se debe mencionar. Cualquier otro tipo de enfoque termina por crear tensión dentro del grupo en lugar de llevarlo a incrementar el nivel de cooperación entre ellos.

En esencia, el principio primordial aquí es la importancia que se le debe dar al hecho de compartir el crédito por los logros alcanzados por y entre los subordinados. En un momento de autorrevelación poco usual en su vida, Casey Stengel dijo literalmente: "La habilidad es el arte de recibir crédito por los éxitos que otra persona obtuvo". Pero la forma más segura de impedir que el equipo haga jugadas grandiosas es tomar el crédito de ellos para usted y no concedérselo a su equipo —a los jugadores que lo están respaldando.

¿Pero no hay una ocasión en la que necesitamos "amonestar" a otros?

¡Por supuesto que sí! Es obvio que no todas las retroalimentaciones van a ser positivas. Algunos de mis lectores a lo mejor piensan que de pronto he sido demasiado enfático con respecto a encontrar lo mejor en los demás —y de cierta manera tienen razón. No es recomendable decir o enfatizar demasiado en los aspectos positivos de los demás, si lo que decimos no es del todo sincero. La razón por la cual he invertido tanto tiempo escribiendo acerca de resaltar lo bueno en la gente es porque nosotros (como sociedad en general) somos muy negligentes en cuanto a hacerlo. Pero ya que el punto ha sido enfatizado, ¿de qué manera vamos a dejarles saber a nuestros subalternos que no estamos satisfechos con su rendimiento?

Respuesta: Comencemos por comprender realmente lo que Jean Paul Ricter dijo: "Un hombre acepta las contradicciones y el consejo con mayor facilidad de la que la gente piensa, lo que no soporta es que se lo digan con violencia, incluso si hay razón en lo que se le está diciendo. El corazón del ser humano es como las flores, se mantiene abierto ante la suavidad del rocío, pero se cierra cuando siente el peso de la tormenta".

Bryan Flanegan, destacado conferencista y Director de la División de Entrenamiento de nuestra compañía, tiene el honor de ser reconocido por nuestro personal como el mejor escritor de notas ME GUSTA… PORQUE de nuestra oficina. Todos buscan la manera de recibir su retroalimentación porque él es muy amable y específico. Muchas veces su retroalimentación escrita va acompañada de una expresión verbal, y lo hace frente de los supervisores de la persona a la cual está elogiando —siempre con sinceridad.

Además Bryan utiliza las herramientas y técnicas adecuadas cuando es el momento de dar una retroalimentación instructiva a aquellos por los cuales él es responsable. En una ocasión, Jim Savage, quien en el momento era el supervisor inmediato de Bryan, observó a una "empleada no muy motivada" en la oficina de Bryan. Como era natural, quiso saber lo que había ocurrido.

Bryan le explicó lo siguiente: "Tú sabes, Jim, esa señora es una de las mejores empleadas que tenemos en nuestro departamento. Siempre llega a tiempo a diario y está más que dispuesta a quedarse hasta tarde cuando es necesario. Muestra interés en hacer todo lo que sea de beneficio para nuestra organización. El mes pasado le pedí que se hiciera cargo de un proyecto que no pertenece a su campo de acción e interés y ella no solo lo aceptó sino que lo desarrolló extremadamente bien. Sin embargo fue ese proyecto lo que la desmotivó porque se sintió fuera de sus actividades cotidianas, y desde que volvió a ellas ha sido menos eficiente que antes del proyecto. Yo le hice ver que su nivel de productividad no era el mismo de siempre y le pregunté por qué… y *escuché* sus razones. Ella me explicó su preocupación y durante la conversación logramos determinar las conductas y factores específicos que la han hecho disminuir su nivel de productividad. Luego, con base en la conversación diseñamos un plan de acción con el cual ella estuvo de acuerdo y se sintió bien respecto a incrementar su nivel de productividad. Le recordé que ella no solo es una empleada invaluable sino también una persona importante. Además acordamos una fecha para reunirnos a revisar el progreso de nuestro plan de acción. De hecho, ella accedió a poner sobre la mesa las preocupaciones que los dos teníamos, y aunque estuvo un poco nerviosa durante la reunión, se dio cuenta de que necesitaba dirección y estaba contenta porque yo me interesé lo suficiente en concederle una parte de mi tiempo y dirección".

Bryan Flanegan es un modelo de excelencia en este tipo de situaciones. Yo sé que usted estaba buscando los puntos centrales de este asunto a medida que leía, pero revisémoslos juntos y asegurémonos de analizarlos en detalle.

1. *La retroalimentación fue hecha en privado*. Nada puede ser más devastador que la censura pública. Algunos líderes son propensos a molestar o enfatizar sobre los defectos de algún empleado en frente de otros como una forma de manifestar su descontento. Lo único que esto logra es destruir la semilla de confianza entre los miembros de su equipo. *Toda* retroalimentación instructiva o crítica debe darse en privado.

2. *La retroalimentación debe estar basada en una conducta observable y específica*. La empleada en cuestión nunca estuvo bajo un ataque personal. Si se necesita hacer una crítica, debe ser acerca del rendimiento, pero nunca acerca de la persona.

3. *La retroalimentación fue inmediata*. Tan pronto como Bryan identificó el problema, confrontó la situación.

4. *Bryan hizo preguntas y escuchó las respuestas con atención*. Antes de apresurarse a lanzar juicios él hizo las preguntas sobre las cuales ya preveía la respuesta, pero él no estaba buscando las respuestas sino la perspectiva que tenía su empleada con respecto a la situación. Además es recomendable tratar de finalizar cada sesión de retroalimentación con esta pregunta: "¿Cómo te sientes respecto a esta reunión?" Las respuestas le sorprenderán y le darán una idea de cómo transcurrió el asunto.

5. *Surgió un plan conjunto de acción*. Bryan no dio la orden de cuales debían ser los pasos a seguir para corregir la situación y en lugar de eso los dos a lo largo de la conversación hicieron acuerdos mutuos. La empleada participó y contribuyó en el diseño del plan.

6. *Se asignó una fecha para revisar y asegurarse de que Bryan recibiría lo que esperaba*. Demasiados planes de acción brillantes han caído víctimas de "la tiranía de la urgencia". Todos tenemos las mejores intenciones de revisar cómo va el empleado, pero surgen muchas actividades en el camino y se nos olvida revisar. Al establecer una fecha y hora determinadas para hacer la reunión se crea un sentido de urgencia por revisar el plan y ayuda a evitar fracasos y a herir sentimientos.

7. *Hubo elogios en el transcurso de la reunión*. Se ha discutido bastante acerca de insertar críticas en medio de los elogios. Algunos líderes opinan que deben iniciar o finalizar toda retroalimentación con aspectos positivos de su empleado. Yo dejaré que sea usted mismo quien decida cuándo utilizar los halagos. Sin embargo, para medir el éxito usted debe estar dispuesto a contestar esta pregunta de manera afirmativa: "¿Se fue este empleado sintiéndose bien consigo mismo al finalizar la reunión?" Nadie debe finalizar un encuentro con su jefe dudando de sus fortalezas ni de sus valores.

Para saber encontrar lo bueno que hay en los demás con frecuencia debemos *instruir* a aquellos por quienes somos responsables. Ese es el propósito de la sesión de retroalimentación instructiva. Los líderes exitosos les dan instrucciones a los miembros de sus equipos sobre cómo ser más exitosos —dando siempre esas instrucciones de tal manera que corresponda con el grado de habilidad de cada empleado. El líder exitoso no ignora los errores pues sería ser permisivo frente a la negligencia de su subalterno. Es como dice el Dr. Michael Mescon, Decano del College of Business Administration en Georgia State University: "Cuando el empleado de un almacén es rudo, no culpe al empleado, culpe al jefe porque él es el responsable de las acciones de sus subordinados". Si usted busca lo bueno en los demás, lo resalta de manera verbal o escrita, da la retroalimentación instructiva como acabamos de describirla, y acepta la responsabilidad que tiene con sus subordinados, ¡va por buen camino a convertirse en un inmejorable administrador de gente!

Marshall Field, líder en los negocios y filántropo americano, dijo: "Quienes entran a hacer sus compras a mi negocio son quienes me sostienen. Los que vienen a elogiarme, me hacen sentir muy bien. Los que se quejan, me enseñan cómo complacer a otros para que mi clientela crezca cada vez más. Solo me hieren aquellos que no están contentos pero no se quejan, pues ellos no hacen uso de mi permiso para criticar mis errores y así mejorar mi servicio".

Como líderes, necesitamos acogernos a lo que dijo Marshall Field e implementarlo como un método para mejorar el desempeño y el crecimiento personal de la gente que tenemos a nuestro cargo. (Recuerde, si solo elogiamos a nuestros empleados, estamos haciéndonos partícipes de una conspiración para impedirles su crecimiento futuro y que encuentren mejores oportunidades laborales, y nos perdemos de un mejor servicio para nuestra compañía).

Un recordatorio positivo

Uno de los aspectos más importantes para motivar a nuestros empleados tiene que ver con otorgarles elogios y reconocimientos merecidos. Esa es la razón por la cual las notas de ME GUSTA… PORQUE son tan efectivas. Antes de cerrar este capítulo sobre la capacidad de encontrar lo bueno que hay en los demás, permítame compartir una última historia con un final bastante distinto.

Hace poco una compañía envió a cuatro parejas a uno de nuestros recientes seminarios *Born to Win*. Al final del primer día ellos estaban tremendamente motivados y emocionados con la idea de la estrategia de ME GUSTA… PORQUE. Esa noche fueron a cenar a uno de los restaurantes más exclusivos de Dallas. Luego jugaron *jackpot*. La comida estaba espectacular y el servicio fue magnífico. Su mesero era un profesional con 25 años de experiencia, y cerca de 20 años habían sido en ese restaurante. Él estaba en su mesa cuando era necesario, pero sin ser parte de la fiesta; era amigable, pero no confianzudo. En pocas palabras, para usar sus propias palabras: "Era todo un profesional".

Las cuatro parejas fueron muy amigables desde el principio con el mesero. La comida estaba particularmente deliciosa y a eso se le agregaba el hecho de que el mesero brindaba un servicio muy agraciado y efectivo. Todo esto hizo que la propina fuera del 25%, lo cual en un restaurante lujoso significa bastante dinero. Pero además de eso cada uno de ellos le escribió una nota de ME GUSTA… PORQUE. Después que habían salido del restaurante, escucharon que su mesero los llamaba.

El mesero caminó hacia ellos y con las notas escritas y el recibo de pago en su mano comenzó a hablar, pero de repente rompió en llanto y por un momento literalmente no pudo decir ni una sola palabra. Cuando por fin se recuperó de su emoción les dijo a las cuatro parejas que en todos sus 25 años de experiencia, ¡esa era el gesto más significativo que alguien había tenido con él! ¿Se imagina?

El mesero era la prueba viviente de algo que mi difunto amigo y compañero conferencista Cavett Robert solía decir: "De todos los 7 billones de habitantes que hay sobre la faz de la tierra, 3 billones se van a dormir con hambre todas las noches, mientras los otros 4 se van a dormir hambrientos de una palabra de gratitud y reconocimientos. (Sería un infortunio si una de esas personas fuera su mamá, su papá, un hijo o un compañero de trabajo los que están en medio de dificultades y enfrentando una etapa complicada de su vida).

La gratitud es universal y puede expresarse de muchas formas

¿Cree usted que con esa clase de propina este mesero tan eficiente va a ser más meticuloso en cuanto sus esfuerzos por atender a sus clientes? ¿Cree que él se haya beneficiado de esa situación? ¿Le habría gustado haber estado sentado cerca de esa mesa esa noche? Y lo que es más importante, ¿quiénes cree usted que hayan sido lo más beneficiados? ¿Fue el mesero por haber recibido las notas de ME GUSTA… PORQUE? ¿O fueron los 8 individuos que escribieron esas notas? No se requiere de mucho tiempo para contestar esa pregunta, ¿verdad? Yo confío en que usted esté de acuerdo conmigo en que quienes escribieron esas notas fueron los mayores ganadores.

De eso es de lo que se trata este concepto. Me gustaría enfatizar en el hecho de que estamos hablando acerca de un *principio* y no sobre una táctica. La Biblia misma dice: "Dad y se os dará". Sin embargo, si les damos a los demás, o hacemos algo por ellos esperando que ellos también hagan algo por nosotros, entonces nuestra acción es una táctica y resulta contraproducente o inefectiva por completo. Pero, si usted entra en el concepto de que puede tener todo lo que quiere de la vida si les ayuda a los demás a obtener lo que ellos quieran, y luego se dedica a ayudarle a su gente a ser más efectiva y productiva haciéndole elogios sinceros, no solo ellos se beneficiaran sino que usted y su organización también recibirán inmensos beneficios. El pensamiento mágico es el siguiente: si es un principio, funciona —pero si es una táctica, fracasará.

Si es un principio, funciona —pero si es una táctica, fracasará

No olvide que William James de Harvard University dijo que una de las mayores necesidades del ser humano es la de sentirse *apreciado* por otros. Cuando usted, el líder, llena esa necesidad, ha dado un paso gigantesco en el camino a convertirse en un líder efectivo.

En 1996 le pedí a Krish Dhanam que me remplazara en un seminario de dos días en el cual el propósito era hacer una capacitación sobre el método efectivo para establecer metas utilizando los parámetros de *Born to Win*. Yo lo había visto crecer y sabía que él ya estaba listo para dar el siguiente paso. Durante el transcurso de ese mismo año Krish me obsequió una pequeña pompa de agua muy antigua, hecha en cobre. Muchos de ustedes, los lectores, saben que la pompa de agua ha sido mi símbolo de persistencia durante más de 3 décadas. Krish la había comprado en un mercado de las pulgas en India y le había mandado hacer una inscripción antes de dármela. Las palabras allí inscritas dicen algo tan universal que pensé que sería apropiado compartirlas con usted. La inscripción dice así: "*Gurudakshina* —A un gran maestro—Krish 1996". En el lenguaje nativo de Krish, telegu, la palabra *guru* significa maestro, y la palabra *dakshina* significa regalo. Cuando empecé a preguntarle, Krish me reveló que en India es costumbre que el estudiante le dé un regalo de aprecio a su maestro cuando él le informa al estudiante que su entrenamiento terminó.

Al traerme mi propio símbolo de persistencia desde India, Krish me mostró que la gratitud y el aprecio son valores universales y que el aprecio, el amor y el respeto traspasan, no solo los límites emocionales sino también los geográficos.

Principios de desempeño

1. Busque los aspectos positivos y lo bueno que hay en cada persona.
2. Procure enfocarse en los buenos resultados.
3. Recuerde que la acción casi siempre precede al sentimiento.
4. Busque la oportunidad de brindar un elogio sincero.
5. Elogie en público; censure en privado.

5

Espere lo mejor

Si quiere sacar a relucir lo mejor de una persona, debe enfocarse en lo mejor que hay en ella.

—Bernard Haldane

Quienes saben buscar lo mejor que hay en los demás, <u>reciben</u> lealtad de parte de ellos

---

Espere siempre lo mejor. Hace algún tiempo me encontraba haciendo un seminario en el que compartía estas ideas que he estado exponiendo aquí, y un hombre en la audiencia me abordó durante el descanso y me dijo: "Esta información es fantástica. ¡Me encantaría que esos idiotas de mi oficina estuvieran aquí!"

Mi pregunta para usted es: "¿Usted cree que exista alguna posibilidad de que ese hombre se haya perdido de alguna información importante?

Ahora pensemos en el caso suyo. ¿Qué clase de compañeros de trabajo tiene usted? ¿Qué clase de empleados? ¿Qué clase de hijos? ¿Qué clase de pareja? Muchas veces obtenemos de los demás ¡*exactamente* lo que estamos esperando de ellos! En pocas palabras: la manera en que percibimos a quienes nos rodean influye en la manera en que los tratamos y a su vez, la manera en que los tratamos afecta su desempeño.

La evidencia

Los sentimientos y el tono del ambiente pueden cambiar si trabajamos para cambiarlo enviando la clase de señales que queremos reflejar o recibir. Los comediantes, así como los actores dramáticos, triunfan al lograr crear la clase de ambiente o atmósfera que quieren enviando la clase de señales que necesitan reflejar. "Una vez que usted comienza a reírse", explica un director de drama, "es fácil continuar riendo porque la acción y la emoción estimulan mutuamente tanto al público como al actor".

Todos tenemos una audiencia de individuos y colegas cuyos días, estados de ánimo, sentimientos y disposiciones serán influenciados por la manera en que nosotros, como administradores de gente, comenzamos la jornada. Por lo tanto, los gerentes de ventas son tal vez las más fuertes "señales generadoras de buena o mala energía" para su equipo de trabajo, y sus expectativas afectarán de manera bastante significativa a la gente que ellos lideran y supervisan.

¿Cómo funciona?

William James, el Padre de la Sicología Americana, concluyó que nos convertimos en lo que actuamos. Alfred Adler, otro reconocido sicólogo, más tarde reafirmó este concepto probando que *si nos hacemos reír a nosotros mismos, en verdad nos dan ganas de reír*. En otras palabras, el estado de ánimo va de acuerdo a nuestra postura, y lo que es más importante, la gente que nos rodea tiende a sentir como nosotros estamos sintiendo. El estado de ánimo es contagioso.

B. F. Skinner, el exponente más importante del conductismo, sostiene que nuestra conducta es influenciada por el hogar, la escuela, el trabajo y otros ambientes, y que la conducta también se forma según sea la influencia que recibe de circunstancias externas. Cuando un gerente de ventas, por ejemplo, envía señales a su personal, las cuales hacen referencia a su alto nivel de competitividad, efectividad, capacidad y madurez, y le hace saber que su desempeño es significativo y valioso, el personal de ventas que recibe dichas señales responderá de diversas maneras actuando más competente y efectivamente. Y como consecuencia ellos responden percibiendo su trabajo como más efectivo, gratificante y satisfactorio. La *autoimagen* es la clave de la conducta humana. Cambie su autoimagen y estará cambiando su conducta. Y lo que es más, la autoimagen traza las fronteras de las metas de cada individuo. Define lo que este puede o no puede hacer. Expanda su autoimagen y expandirá el área de lo que es posible lograr en su vida.

A través del poder de lo que espera, el gerente de ventas (o cualquier otro gerente), puede llegar a desarrollar un equipo de trabajo adecuado y con una autoimagen realista de sí mismo que les infunda a sus miembros nuevas capacidades y talentos, y que literalmente convierta su fracaso en éxito.

A. Retroalimentación positiva

Hemos invertido buena parte del tiempo y energía en la importancia de la retroalimentación positiva, y estoy seguro de que este aspecto le ha quedado lo suficientemente claro. Recuerde: ¡Conviértase en alguien que busca lo bueno que hay en los demás!

B. Oportunidades de aprendizaje y crecimiento constantes

La empresa IBM requiere de 40 días de entrenamiento por año para el personal administrativo —¡8 semanas de trabajo al año se invierten en entrenamiento! A menudo, en tiempos de apreturas financieras, los programas de entrenamiento son lo primero en cortarse. Esto es justo lo opuesto que debería ocurrir. En tiempos de dificultad financiera los presupuestos para entrenamiento deberían aumentar.

Haciendo referencia a Tom Peters: "Las compañías exitosas ven los entrenamientos intensos y prácticos como una necesidad, no como algo suntuoso… pero usted debe confiar en ellos y entrenar a su personal lo mejor posible". Cuando le preguntaron cómo justificaba él las enormes sumas de dinero de entrenamiento, Peter contestó: "¡El personal administrativo de compañías exitosas no haría una pregunta como esa!".

Como comentario personal, el grupo Sewell de Dallas, Texas, es legendario debido a sus servicios en todos sus concesionarios de automóviles. Sin embargo ellos invierten con frecuencia en el entrenamiento y desarrollo de su personal para obtener lo mejor de cada uno de ellos. No es necesario decir que estamos agradecidos porque parte de su inversión en entrenamiento es con Zig Ziglar Systems. Los miembros de nuestro equipo les han comprado a ellos muchos automóviles durante el paso de los años porque les fascina la clase de servicio que reciben.

C. Actividades e información que demuestren que nuestros esfuerzos son significativos, productivos y apreciados

Con frecuencia hago esfuerzos para mantenerme alejado de conceptos absolutos como "nunca" o "siempre", pero en este caso voy a hacer una excepción. *Nunca*, bajo ninguna circunstancia y en ningún momento, demerite el valor que tiene el programa de reconocimiento ya sea en su organización, hogar, iglesia o en *cualquier* área de la vida. En la Sección 2, "La ciencia del desempeño máximo", nos enfocaremos en los detalles sobre cómo desarrollar un programa de reconocimiento. Sin embargo, permítame enfatizar aquí mismo este punto y así usted no pasará por alto nunca más la importancia que tiene este aspecto tan vital.

Cuando vemos que hay actividades e información que demuestran que nuestros esfuerzos son significativos y productivos, estamos viendo un área muy importante de la gente de alto rendimiento en la cual el líder debe hacer una de las "ventas" más importantes que se puedan hacer. Otros deben tener el concepto o la visión —una idea general de lo que se trata todo esto— y de cómo encajar personalmente en el asunto y contribuir con él. Los líderes exitosos por lo general les pintan a los miembros de su equipo mediante un lenguaje muy vívido lo que está pasando en el presente de la empresa y lo que se espera que ocurra en los meses por venir.

Esto es importante porque uno de los grandes problemas que enfrenta la sociedad de hoy tiene que ver con "expectativas irreales". En el mundo de los negocios con frecuencia se trazan metas irrealistas o se espera que ocurra cierto progreso dentro de la organización en un tiempo demasiado corto. En las relaciones interpersonales a veces esperamos que otros hagan ciertas cosas o que actúen de determinada manera, y si no, nos sentimos devastados. Usted a lo mejor esté diciendo: "Espere, Ziglar, hace un minuto usted estaba diciendo que si esperamos lo mejor, obtendremos lo mejor… ¡y ahora está diciendo que las "expectativas irrealistas" son un problema!" Permítame explicarle.

Desafortunadamente *hay muy pocos trabajadores hoy en día que saben cuándo están obteniendo éxito en su trabajo*. Tienen ciertas cuotas de trabajo que cumplir y siguen ciertas pautas para alcanzar las que se supone que deben ser sus metas, pero ¿cómo saben cuándo están siendo exitosos?

¿Y qué decir de los líderes? Si se supone que nosotros debemos darle retroalimentación constante a nuestra gente, mantenerla al tanto de lo que está logrando y mostrarle el escenario completo, ¿cómo hacemos para determinar qué información darles?

El paquete de desempeño máximo

Creo que la respuesta es este paquete de desempeño máximo. El primer paso es lo que denominaremos como *desempeño básico*. Este es el nivel de desempeño que el empleado debe alcanzar para lograr pertenecer de manera indefinida a la organización (o en el caso de los niños, para evitar ser reprendidos). Yo le llamo a esto "desempeño básico" en lugar de "desempeño mínimo" porque no quiero que nadie *tenga en mente el concepto* de rendir lo mínimo posible, y mucho menos que piense en trabajar el mínimo. Con este tipo de rendimiento o desempeño básico la gente no solo mantiene su trabajo sino que construye su carrera sobre una base que le sirva para construir éxitos futuros. Más adelante discutiremos las claves esenciales que conforman este paquete de desempeño máximo, pero por ahora solo digamos que el desempeño básico está determinado por un acuerdo mutuo entre el empleador y el empleado. Por una parte el empleado aporta ideas propias de su experiencia pero sin ninguna clase de arrogancia por sus aportes, y a su vez el empleador guía a su empleado dándole una mayor comprensión de sus metas empresariales.

Buenas noticias: antes que animar a los empleados a que logren metas y alcancen cierto estándar de trabajo, usted necesita lograr que ellos sean realistas en los que se refiere a su propio desempeño básico.

El segundo paso en este paquete de *desempeño valioso* es obtener un desempeño exitoso, que es ese nivel de rendimiento que tanto el jefe como el empleado esperan obtener conjuntamente. De nuevo, el jefe y el empleado determinan este nivel de rendimiento haciendo acuerdos por medio de conversaciones razonables que les permitan tener el entendimiento de lo que cada una de las partes está buscando lograr en cuanto a este aspecto. Permítame recordarle que las claves para esto están desarrolladas en el Capítulo 8.

El tercer paso en el paquete es lograr un *desempeño máximo* el cual consiste en ese nivel de rendimiento que se espera alcanzar, si todo sale de acuerdo a lo planeado y el empleado sobresale en TODAS las áreas de su trabajo. Dicho nivel les da a los empleados que tienen un desempeño máximo un propósito específico que surge de los acuerdos ya mencionados con anterioridad. El jefe debe estar seguro de que los objetivos en cuestión hagan que el empleado se "esfuerce".

Una de las funciones más difíciles pero más importantes que todo jefe tiene es la de despedir empleados, y por complicado que esto parezca, ocurre en el mundo laboral. Si usted combina el paquete de desempeño máximo con lo que yo llamo *proceso de terminación del contrato*, los despidos se reducirán de manera drástica.

D. Genere premios y consecuencias positivas (Recuerde que entre el 75% y el 85% de la conducta está determinado por las consecuencias que recibimos de nuestras acciones).

En mi opinión una alerta de despido significa que "a la próxima vez, ¡vas para afuera!". Cuando un empleado comete un error, debemos sentirnos *¡satisfechos!* ¿Por qué? Sencillamente porque aprendemos más de los errores que de los éxitos. Deberíamos hacer todo lo posible para congratular a un empleado cuando comete un error... deberíamos sentirnos felices (bueno, casi felices) con nosotros mismos cuando nos equivocamos. Y una vez que nos repongamos de ese malestar inicial necesitamos analizar por qué ocurrió ese error y qué podemos hacer para evitar que vuelva a ocurrir, y todos deben tener en claro que si eso mismo sucede por tercera vez, alguien tendrá que ser despedido.

Un miembro de cualquier equipo que vive repitiendo errores está comunicando uno de los dos siguientes mensajes: (1) "Lo que pasa con mi trabajo no es en realidad una prioridad en mi vida. Mis niveles de entusiasmo y compromiso no son los más altos", o (2) "No tengo la habilidad necesaria para hacerme cargo de este trabajo". Nuestra responsabilidad de ayudarnos a nosotros mismos y a los demás a convertirnos en personas con un desempeño máximo es descubrir cuál de estas dos razones es la que está causando esos errores y buscar la solución adecuada. En el primer caso la acción apropiada tanto para el empleado como para el empleador es ayudar al individuo a relocalizarse por su propio bien y por el de la compañía. Puede ser una decisión difícil de tomar, como lo expresa el consultor en Administración Fred Smith, pero entre más pronto se tome, menor será el daño.

Si se trata de la segunda razón entonces nuestra responsabilidad es ayudar al empleado a tomar el entrenamiento necesario para desempeñarse en su cargo. Si el nivel de habilidades necesario va más allá de la capacidad del empleado, usted no tiene un problema de empleado sino un problema en *el proceso de contratación*.

La mejor manera en que usted puede ayudar al empleado es guiándolo hacia encontrar un trabajo en el que él pueda utilizar las habilidades que posee —o a que se entrene en las que lo llevan a ser exitoso.

¿En realidad funciona esa opción?

Veamos un incidente específico en donde se aplicó este concepto. Jim Savage se dirigió una vez a un grupo de odontólogos con sus parejas y todo el personal de la oficina, y ellos le mostraron que este sistema en realidad funciona. Según Jim, ese era un grupo muy agradable —bastante profesional, receptivo y deseoso por encontrar ideas que lo hicieran convertirse en el más exitoso dentro de su campo profesional. Después del programa estaban todos almorzando y Jim se sentó con los odontólogos en una enorme mesa redonda y sostuvo con ellos una de las más interesantes conversaciones que jamás haya tenido.

Un dentista dijo: "No puedo lograr que mi recepcionista haga llamadas 'tensionantes', que son esas llamadas para confirmar citas y/o recordarle a la gente que tiene que hacerse revisar los dientes". Jim le preguntó "inocentemente": "¿Entonces por qué ella todavía está trabajando para usted?" Fue obvio que Jim había tocado un punto álgido porque el dentista respondió con algo de molestia: "Bueno, ¡los empleados confiables no son tan fáciles de conseguir!".

Entonces Jim le preguntó: "¿Qué tan buena empleada es ella?" Después de varios minutos racionalizando y justificándose el odontólogo paró en mitad de la frase y dijo: "He sido tonto... en realidad ella es una buena empleada, soy yo el que no le ha dado las instrucciones indicadas". Jim expresó que fue interesante verlo llegar por sí mismo a esa conclusión. Al responder las preguntas él fue capaz de descubrir que:

1. Él debe *establecer y vender* el concepto de la importancia que tiene el hecho de hacer esas llamadas.

2. Él debe *entrenar* a sus empleados para que cumplan con sus expectativas.

3. Él debe *supervisar* para asegurarse de obtener lo que *espera*.

El buen doctor regresó a su consultorio y llamó a una reunión al administrador y a la recepcionista. Luego comenzó diciendo: "¡Mi meta es pagarles a cada uno de ustedes un mejor salario! ¿Estarían interesados en discutir conmigo sobre cómo lograrlo?" ¡Sin lugar a dudas la propuesta captó su atención! Después de que los dos empleados asintieron, él continuó: "Como ustedes saben, nuestro consultorio maneja entre el 60% y el 75% de nuestra capacidad mensual (basado en las horas de atención y el potencial de clientes).

Para darles a los dos un aumento de salario sustancial, necesitamos más clientes, y una muy buena forma de conseguirlos es confirmando las citas, lo cual reduciría las cancelaciones y el incumplimiento de la clientela. Otra forma de aumentar el trabajo es haciendo llamadas que 'construyan el negocio' (ese es un mejor nombre). Antes estas se conocían como 'llamadas tensionantes', pues el énfasis se hacía en la persona que llamaba. Desde ahora se llamarán llamadas para 'construir el negocio' o llamadas 'para brindar ayuda' porque nos enfocaremos en la persona a la cual estamos llamando. Ofrecemos servicios que la gente a la cual ustedes contactan necesitan desesperadamente, y es nuestra responsabilidad ayudarles informándoles cuándo tiene cita con nosotros". Y prosiguió diciendo: "Ahora, yo entiendo que esas son llamadas que demandan bastante, pero no quiero que las hagan todo el día, así que empecemos por acordar cuántas llamadas para ofrecer ayuda se requieren para animar a un cliente a visitar nuestro consultorio".

La conversación continuó y con las ideas que tanto el administrador como la recepcionista aportaron (con la ayuda de las preguntas que les hizo el odontólogo), ocurrió lo siguiente:

- La recepcionista se aseguraría de que el 100% de las citas sería confirmado con 7 días de anticipación. Las haría en la mañana, en la tarde, e incluso desde su casa en la noche, si fuera necesario.

- El administrador y la recepcionista dividieron las llamadas por hacer en dos segmentos iguales y 5 llamadas cada día estarían catalogadas al nivel de desempeño básico; 8 llamadas serían consideradas como desempeño valioso; 10 llamadas estarían en la categoría de desempeño máximo. Además diseñaron una hoja de trabajo con la cual todos los involucrados en hacer las llamadas se reunirían y analizarían la información para ver si ese plan de trabajo funcionaba o no. Fuera de eso el odontólogo recibiría ese reporte una vez por semana.

- En solo 60 días, tanto el incumplimiento de la clientela como la cancelación de las citas quedaron eliminados casi por completo; el consultorio estaba operando entre un 85% y 90%

de su capacidad, y el administrador y la recepcionista habían recibido un aumento de salario sustancial.

Nota: el odontólogo logró su objetivo (más clientes) porque les ayudó a sus asistentes a lograr lo que ellos querían (un aumento de salario). Los asistentes recibieron lo que querían (el aumento) porque ellos les ayudaron a los clientes a obtener lo que ellos querían (dientes más saludables y presentables).

Cuando dividimos nuestras metas en pequeños segmentos, y acordamos niveles básicos de rendimiento, niveles valiosos de rendimiento y niveles máximos de rendimiento, sabemos cuándo tenemos éxito y cómo llegar al nivel de desempeño máximo. Un gerente bastante exitoso dijo: *"Si no se puede medir, no se puede administrar"*.

"Odio mi trabajo"

En una ocasión, justo antes de empezar una conferencia que me tenían programada en Birmingham, Alabama, una señora fue hasta donde yo me encontraba detrás del escenario porque quería hablar conmigo. Estaba vestida de una manera muy atractiva, pero se le había olvidado ponerse una sonrisa en el rostro antes de salir de su casa. Entonces comenzó su conversación —aparentemente muy bien ensayada: "Oh, Sr. Ziglar, ¡me alegra mucho verlo! ¡Odio mi trabajo y a todos mis compañeros de trabajo! Me tratan muy mal". (Ella era la clase de persona que podría alumbrar todo un recinto—saliéndose de él). Como el fallecido Cavett diría: "¡Parecía el director del crucero del *Titanic!*".

Era obvio que tenía mucha experiencia en arrojarle una canasta de basura a cualquiera que trabajara con ella y me dio la impresión de que esperaba que yo me sentara y la dejara echar toda su basura sobre mí.

Hasta tuve la idea de que en su mente ella esperaba dejar nuestra conversación con lágrimas en los ojos diciendo: "¡Oh, usted acaba de ayudarme bastante! ¡Me alegro mucho de que haya podido compartir algo de su tiempo conmigo!" Pero si yo hubiera hecho eso, habría traicionado todo aquello en lo que creo. Lo último que ella necesitaba de mi parte era compasión. Lo que sí necesitaba era un sacudón.

Necesitaba a alguien que no fuera parte del problema y que la ayudara a encontrar una solución.

Por desgracia, la situación empeorará

Cuando por fin ella tomó un respiro y yo pude intervenir, la miré y le dije con firmeza pero con amabilidad: "Sí, su situación no se ve muy buena, ¡y parece que va a empeorar!" Si yo le hubiera echado un balde de agua fría en la cara, ella no se habría sorprendido tanto.

Era obvio que esperaba que "el simpático de Ziglar" actuara muy diferente. Ella reaccionó retrocediendo y preguntándome:

—La señora: "¿Qué me quiere decir con eso?"

—Ziglar: "Es muy simple. Su situación va a empeorar porque existe un gran riesgo de que usted pierda ese trabajo; y los trabajos, así sean malos, están difíciles de encontrar".

—La señora: "¿De qué está usted hablando?"

—Ziglar: "Señora, no existe ninguna empresa que pueda tener campo para una persona tan negativa como usted".

Recuerde: Usted encuentra lo que busca en la vida

Sus lágrimas comenzaron a brotar y por fin me preguntó:

— La señora: "Bueno, ¿qué me recomienda que haga?"

—Ziglar: "Tengo una idea, si usted está realmente interesada en resolver ese problema".

—La señora: "Por favor dígame qué tengo que hacer porque yo sí estoy muy interesada en resolverlo".

Comience a buscar lo bueno en los demás

— Ziglar: "Lo primero que le sugiero es que esta noche cuando llegue a su casa tome una hoja de papel y haga una lista de todo lo que le gusta acerca de su trabajo y su empresa".

—La señora: "Eso será fácil porque ¡no me gusta nada allá!"

—Ziglar: "Espere un momento y primero permítame hacerle una pregunta".

—La señora: "está bien".

—Ziglar: "¿Le pagan por trabajar allá o usted va por razones filantrópicas?"

—La señora: "¡Ciertamente me pagan por el trabajo que hago!"

—Ziglar: "Bueno, entonces lo que más le gusta de su trabajo es que le pagan por hacerlo, así que bien pueda comenzar a escribir eso".

Antes de que termináramos habíamos encontrado 22 razones por las que a ella le gustaba su trabajo: 3 semanas de vacaciones pagas, seguro de vida y de salud, 5 días de enfermedad pagos, no tenía que trabajar durante ningún día festivo, contaba con un plan de retiro, vivía a solo 10 minutos de la oficina, tenía una hora entera de almuerzo, podía aportar ideas en su relación empleador/empleado, trabajaba en unas instalaciones que eran muy agradables, parqueadero privado, etc.

Usted puede tomar al más sobresaliente de los hombres o a la más distinguida de las mujeres, a su esposo, esposa, niño, niña y comenzar a buscarles todos los defectos posibles. O puede tomar a cualquiera de los anteriores y decidir que va a buscarles las mejores cualidades, y tenga la seguridad de que les encontrará bastantes. Depende de lo que usted esté buscando.

Esposo, si usted trata a su esposa con toda delicadeza, no tendrá mayores inconvenientes con ella. Esposa, si usted trata a su esposo como a un campeón, no tendrá a su lado sino a un campeón.

Usted puede ver a su trabajo o a la empresa para la cual trabaja como lo peor y hacer la interminable lista de razones por las cuales no le gusta ninguno de los dos. Depende de lo que usted quiera de la vida *porque usted terminará por encontrar lo que anda buscando*.

> **Busque lo que quiere —*no* lo que no quiere**

Por consiguiente, entre más cosas buenas o malas usted vea en sí mismo, en su compañero de trabajo, en sus hijos, su país o en su futuro, mayor será el bien o el mal que encuentre.

Acentúe lo positivo

Animé a la señora a que tomara su lista de 22 cosas positivas sobre su trabajo, antes de irse a dormir y se parara frente al espejo y dijera con entusiasmo: "Amo mi trabajo", y le fuera agregando a esa frase cada una de esas 22 razones. Le propuse que cada vez que ella dijera "Amo mi trabajo", lo que en realidad debería decir sería: "Estoy agradecida por mi trabajo". La gratitud es la más saludable de todas las emociones. Le aseguré que dormiría mejor esa noche y la animé a hacer lo mismo cada mañana y cada noche durante 22 días. A partir de esa fecha ella debería agregarle más cosas positivas a esa lista.

La señora se fue con una manera de pensar muy distinta. Ya no era esa persona abatida y derrotada por la vida sino que se había convertido en una persona vigorosa. No me malentienda. No quiero con esto decir que en unos pocos minutos pudimos sobrepasar los inconvenientes de su vida y afianzar en ella una actitud mental positiva. Sin embargo, lo que sí le dimos fue algo de esperanza y un plan, y esos dos son ingredientes poderosos. De hecho, los líderes exitosos nunca le hacen promesas a su gente a menos que sepan cómo cumplirlas. Y cuando los jefes demandan algo de alguno de sus empleados, primero elaboran un plan sobre cómo llevarlo a cabo siendo realistas.

Unas semanas después regresé a Birmingham para hacerle seguimiento a mi sesión de entrenamiento. La mujer estaba sentada justo en la primera fila sonriendo de tal manera que habría podido comerse una banana horizontalmente. Conversé con ella por un momento y le pregunté cómo le iba. Ella respondió: "Maravillosamente, Sr. Ziglar. Usted no se imagina cuánto han cambiado ¡tanto la empresa como mis compañeros!"

¡Espere lo mejor de parte suya y de parte de sus compañeros!

1. Ella cambió porque se enroló en Automobile University y empezó a escuchar mi serie de audios camino a su trabajo y de regreso a casa.
2. Este cambio en su mente también cambió su manera de hablar.
3. Ella se convirtió en alguien con la capacidad de buscar lo bueno en los demás —y dejó de encontrar tantas fallas.

Principios de desempeño

1. Por lo general conseguimos de los demás todo lo que esperamos de ellos.
2. La diferencia entre las compañías buenas y las excelentes es el entrenamiento.
3. Usted encuentra lo que busca en la vida.
4. Nunca haga una promesa sin tener un plan para cumplirla.
5. Felicidad, alegría y gratitud, son sentimientos universales, —lo que tenemos que saber es cómo producirlos en nosotros mismos y en los demás.

6

"¡Espéreme, yo soy el líder!

Una onza de lealtad equivale a una libra de inteligencia.

—Elbert Hubbard

Quienes buscan lo mejor en los demás esperan el <u>máximo de lealtad</u>

La *lealtad* para un líder es que usted recuerde que aunque no trabaja 24 horas diarias para la compañía, sí la representa todo el tiempo. Si usted planea convertirse en una persona con un desempeño máximo, su lealtad debe ser incuestionable en las siguientes 3 áreas: lealtad a sí mismo, hacia aquellos con quienes usted vive y trabaja, y hacia su organización.

Lealtad a sí mismo

Para ser leal a sí mismo usted debe *trabajar* para mantener una autoestima saludable. No estamos refiriéndonos a un ego superinflado ni a la clase de autoconfianza que surge ante saber solucionar circunstancias difíciles. La lealtad a sí mismo significa buscar evidencias de *porqué* usted debería creer en lo que es capaz de alcanzar.

La Dra. Laura Schlesinger dice que la mejor forma en que usted se sienta bien consigo mismo es haciendo cosas de las que se sienta orgulloso. Obvio, su autoimagen jugará un papel muy importante en el alto nivel de desempeño que usted logre ocupar dentro de su compañía, en especial con respecto a su habilidad para desarrollar líderes que lo sigan en su ascenso hacia el éxito.

Pero estas cosas positivas que usted haga no son para "fanfarronear". De hecho, nadie excepto usted debería saberlas porque usted no las hace para divulgarlas. Como suelo decir: "El engreimiento es una extraña molestia que enferma a todos ¡*excepto* a quien la tiene!" Sus buenas obras son solo para ayudarle a recordar que usted es una persona valiosa.

Recuerde, el éxito no se mide por cómo es su desempeño comparado con el de otras personas porque puede ser el caso que sus habilidades sean el doble de las de otra gente —o la mitad. El éxito —el *verdadero* éxito— se mide por lo que usted hace al comparar sus resultados con los que podría estar dando según las habilidades que Dios le dio. Esto significa que el éxito también puede definirse "no solo por quien usted es sino por aquello a lo que se dedica".

Sí, una autoimagen saludable es de gran importancia para la gente que logra un nivel de desempeño máximo y para administradores que quieran ser más efectivos y continuar ascendiendo en el juego de la vida laboral. Es obvio que no me estoy refiriendo a ese ego que da la apariencia de que usted es "el más importante de todos los seres humanos del mundo" sino más bien a un autorrespeto saludable de sus habilidades inherentes y de lo que usted sabe que ha sido capaz de alcanzar a lo largo de su vida.

En un artículo de *Psyhological Reports 2002* titulado "Goal-Directedness and Personal Identity as Correlates of Life Outcomes", el Dr. Barry M. Goldman, el Dr. Edwin A. Locke (quien es reconocido como el pionero de cómo planear las metas académicas), y David G. Jensen, establecieron que la gente que se enfoca en sus metas académicas tiende a establecer metas en todas las áreas de su vida, incluyendo el área laboral, —lo cual se asocia de manera positiva con sentir satisfacción con el trabajo que se está haciendo, con el alto rendimiento que se está aportando y con la posibilidad de obtener altos ingresos. Parece una fórmula que la gente con desempeño máximo necesita seguir, así que veamos algunos de los pasos adicionales que nos ayudan a mejorar la manera en que nos sentimos con respecto a nosotros mismos.

Primer paso: Eric Hoffer dijo: "En tiempos de cambio aquellos que están dispuestos a aprender heredarán la tierra, pero los que creen que ya aprendieron todo estarán bellamente equipados para enfrentarse a un mundo que ya no existe". Tom Peters dijo: "Solo aquellos que se reequipan constantemente tienen la posibilidad de mantenerse vigentes en el mercado laboral durante los años por venir".

La buena noticia que surge de esa verdad es que cuando usted está en aprendizaje y crecimiento constante se siente mejor acerca de sí mismo, y eso se transfiere a la gente por la cual usted es responsable en su posición como administrador y líder. Debemos entender con toda claridad que enseñamos lo que sabemos pero reproducimos lo que somos.

Segundo paso: Sentirse bien consigo mismo —no siendo arrogante sino equilibrado— significa que usted será capaz de formar gente que también logre desarrollar sentimientos de autoestima saludables cuya autoconfianza se incremente y junto con ella su nivel de productividad. El empresario Clarence Francis dijo: "Usted puede comprar el tiempo de un ser humano, puede comprar su presencia física para que esté en determinado lugar, y hasta puede comprar una cantidad determinada de sus movimientos musculares por hora, pero usted no puede comprar entusiasmo ni tampoco lealtad. No es posible comprar la devoción del corazón, de la mente o del alma de nadie. Usted debe ganárselos". En este proceso reaprenderemos el hecho de que usted no construye un negocio sino gente —y cuando usted construye a su gente siendo el líder indicado y le da a su equipo de trabajo el mejor ejemplo, su reputación como líder de alto desempeño, así como de inmejorable administrador, y como persona, crecerá.

Tercer paso: Cuando usted se sienta confiado y cómodo consigo mismo, tendrá una opción infinitamente mejor para lograr que la gente con la cual usted trabaja se sienta confiada y parte de su equipo. El 18% de los trabajadores de la América corporativa no solo no contribuye con su equipo sino que de hecho esparce veneno en el ambiente laboral y crea toda clase de problemas. Pero cuando usted invita a estas personas a ser parte del equipo y las trata de la manera adecuada, está eliminando la posibilidad de que ellas se vuelvan ponzoñosas. Lo primordial es que, como administrador, usted se sienta orgulloso de su gente porque ha conseguido transformar individuos productivos en un equipo productivo. Usted se sentirá bien con respecto a su trabajo porque habrá logrado que otros se sientan bien y valiosos con respecto a sí mismos.

Cuarto paso: Además usted se siente bien con sigo mismo si está cuidándose desde el punto de vista físico, mental y espiritual. La investigación que hizo A. H. Ismail en Purdue University reveló que la gente que se encuentra en buenas condiciones físicas se inclina más hacia lo intelectual, es más estable desde el punto de vista emocional, más tranquila, autoconfiada, se lleva más fácil con los demás y es más relajada. Parece que acabamos de describir a una persona con un desempeño máximo, ¿verdad? Tengo que confesar que en 1972, en mi caso personal, cuando comencé a comer siendo consciente de mi alimentación y decidí hacer ejercicio a diario perdí las 37 libras que había estado cargando durante 24 años de mi vida adulta. Además me sentí mejor conmigo mismo debido a mi incremento de energía, y de acuerdo a *"La Pelirroja"*, también empecé a verme mejor. Así que, para sentirse bien consigo mismo, cuide su apariencia física. Se sentirá contento de hacerlo.

Quinto paso: Una de las mejores formas de sentirse bien con usted mismo es hacer que otros también se sientan bien con ellos mismos, y lograrlo produce un sentimiento de gozo, el cual es incluso más satisfactorio que sentir felicidad porque esta última depende de eventos felices. En cambio el gozo tiene una implicación espiritual que marca una diferencia en nuestra vida.

James Howard, Presidente de Honinteg (honestidad e integridad) International, dice que para desempeñarse y obtener rentabilidad usted debe adoptar el enfoque SIR, (que en inglés se deriva de *Short Interval Reporting* — Reportes en intervalos cortos), el cual es esencial para medir el nivel de efectividad. Howard destaca el hecho de que muchas veces cuando le asignamos a nuestro equipo de trabajo ciertas tareas, ellos las desarrollan de manera bastante adecuada y sin embargo, en el 93% de los casos los administradores no mencionan nada en absoluto acerca de ellas. Él sostiene que el beneficio de los reportes en intervalos de tiempo cortos es que usted puede darles a sus empleados un reconocimiento en intervalos más frecuentes, los cuales son esenciales en la motivación efectiva. Cuando usted reciba buenos resultados, encuentre la forma de felicitar a los responsables de ellos, ya sea una vez por semana o por mes, así contribuirá a que ellos fortalezcan su autoimagen y tanto el grupo de trabajo como cada individuo se desempeñarán de mejor manera. Ellos mejoran su rendimiento, lo cual también hace que usted se sienta mejor —y a su vez repercute en el hecho de que usted obtiene todo lo que quiere de la vida, si les ayuda a otros a lograr lo que ellos quieran.

Sí, se necesita de entrenamiento, y la realidad es que la gente se queda en donde crece y se siente respetada y apreciada. Con entrenamiento usted le agrega valor a su empleado, y él a su vez le agrega valor a su empresa.

En el año 2001 *USA Today* reportó un estudio que tuvo en cuenta a 400 corporaciones. Primero estudiaron gente de 30 años de edad y más joven y el 60% dijo que su deseo primordial era tener la oportunidad de desarrollar nuevas habilidades. En pocas palabras, estos jóvenes están planeando y preparando su futuro. El enfoque de la administración efectiva se asegura de que ellos logren lo que quieran, y entrenándolos y liderándolos con honestidad e integridad usted tiene una muy buena oportunidad de verlos crecer en la empresa que usted representa. De esa manera todos salen ganando.

Sexto paso: Usted mejora su autoestima y la de su grupo al animar a todos a convertirse en estudiantes de Automobile University. Hace 13 años Stephen Joe Payne, un americano oriundo de Bartlesville,

Oklahoma, entró a Automobile University. Hoy él es fluente en ocho idiomas extranjeros y traduce para su empresa en español y francés. No es necesario decir que él se siente mucho mejor consigo mismo, que su futuro es mejor y que se ha convertido en un miembro del equipo más valioso para su compañía; y me dice que el 90% del tiempo que necesitó para aprender sus idiomas fue mientras manejaba su automóvil —y que el otro 10% del tiempo lo hizo bajo otras circunstancias. Su tiempo de dedicación fue mínimo mientras que sus beneficios fueron astronómicos.

De acuerdo a un estudio de Stanford University el 95% de la gente que compra una idea o un concepto es incapaz de hacerle seguimiento porque no tiene los recursos para hacerlo. Los recursos incluyen entrenamiento, seminarios, libros, CDs, y audios. Cuando le ayudamos a la gente a crecer (y como líderes y administradores esa es nuestra responsabilidad), tanto la lealtad como el desempeño en ellos aumentan y de esa manera se hacen más valiosos para la compañía. En el proceso, debido a que usted está formando gente con un desempeño máximo, sus superiores ven lo que usted está logrando y el resultado es que ciertamente, usted también asciende más rápido a posiciones mayores.

Séptimo paso: Cuídese de los ladrones de su tiempo. Diseñe un plan y haga lo que necesite para lograrlo. Evite las charlas en los corredores porque eso significa que esas personas conversando se están robando el tiempo de la empresa. Recuerde que el incremento de productividad significa dinero —y cada centavo que usted ahorra en beneficio de la empresa sirve y su valor dentro de la compañía, y hacia usted mismo, sube. Al final de cuentas se trata de que usted haga un trabajo del cual se sienta orgulloso.

Samuel Gompers, un líder sindical de hace algún tiempo, dijo que el principal objetivo de cualquier negocio es obtener una ganancia porque si no existe tal ganancia el negocio no tiene razón de ser y sucumbe. Entonces tanto empleador como empleado estarán sin trabajo durante un largo tiempo.

La mejor forma en que una compañía obtiene su ganancia es a través de una adecuada administración y de un buen trabajo, tanto del dueño como de sus empleados, todos deben pensar en términos de lo que cada uno puede hacer para que la empresa sea rentable. Los empleados deberían hacer su mejor esfuerzo. Los empleadores deberían entender que la mejor forma de que sus empleados trabajen en su causa y bajo su filosofía es tratándolos con respeto y dignidad, teniendo siempre en mente que ellos son personas con sentimientos y derechos.

Mi amigo y mentor Fred Smith pasó virtualmente toda su vida como negociante en el mundo corporativo y allí desempeñó cargos muy altos y significativos en empresas de alto renombre. Debido a que él tenía a su cargo negociaciones las laborales con el personal, su oficina siempre estuvo cerca a la puerta trasera de la planta. Él explicaba que de esa manera, a medida que los trabajadores se iban, si tenían algo que decirle —alguna queja o simplemente querían hablar con él— se sentían más dispuestos a pasar por su oficina y de esa manera él llegaba a tratar más con ellos y a conocerlos mejor. Fred sabía los nombres de las esposas de sus empleados, y a veces hasta los de sus hijos. El punto es que él los conocía y ellos también lo conocían a él y durante todos los años en que él trabajó con los sindicatos ni siquiera una vez tuvo que enfrentar una huelga en las plantas en donde él trabajó.

Creo que es lo suficientemente claro que todos —la administración, el personal y el dueño— entienden que, cuando ocurre una huelga, todos pierden. La compañía pierde ingresos; el personal pierde días de trabajo, los cuales nunca recupera, así que tanto la empresa como los trabajadores terminan perdiendo. Las huelgas suelen ser terriblemente costosas, y lo que es más importante, a veces cuando la huelga termina, las actitudes y las relaciones interpersonales con frecuencia no son las mismas. Siempre hay un sentimiento de "nosotros ganamos y ellos perdieron" que crea resquemores y en últimas no ayuda en el incremento de la productividad. Así que el concepto de lealtad tiene sentido. Los administradores efectivos, aquellos que se dan cuenta de lo que está pasando a su alrededor, trabajan para lograr manejar las situaciones lo mejor posible sin necesidad de enfrentamientos.

Como mi madre solía decir: *"No se trata de quién está en lo correcto sino de qué es lo correcto"*, y lo que acabo de decir es justo el enfoque correcto ante cualquier situación.

Cuando pienso en crecimiento, me acuerdo de Sir Edmund Hillary. Usted recordará que Sir Edmund y su guía nativo, Tenzing, fueron los primeros en escalar el Everest, la montaña más alta del mundo. Hillary falló en varios de sus intentos y en una ocasión hasta tuvo que dejar a cinco de sus compañeros de marcha sin vida a un lado de la montaña.

¡El mayor enemigo de lo excelente es lo bueno!

El Parlamento quiso reconocerle sus valientes esfuerzos así que Hillary fue invitado a la Cámara e incluso hasta una pintura del Everest fue ubicada en la entrada al recinto. Cuando Sir Edmund Hillary entró, el Parlamento entero se paró para brindarle una ovación de pie. Al ver a esos legisladores de pie y aplaudiéndolo por su esfuerzos se le aguaron los ojos. Muchos miembros del Parlamento notaron sus lágrimas y debieron pensar: *"Ah, miren, sus lágrimas son por el reconocimiento que le hemos dado debido a su gran esfuerzo"*. Pero esas no eran lágrimas de felicidad ni de gozo ¡sino de ira y frustración! Para Edmund Hillary no fueron suficientes sus "buenos esfuerzos" de escalar la montaña ni tampoco estaba conforme con el hecho de haber tenido que dejar a sus compañeros de viaje muertos a un lado de la montaña.

A medida que Hillary caminaba hacia el frente del salón reconocía algo que muchos de ustedes han reconocido y es que sí, que el esfuerzo que él había hecho por subir la montaña había sido "bueno", ¡pero que el mayor enemigo de lo excelente es lo bueno!

Sir Edmund Hillary caminó hacia el frente del salón, miró la pintura y le exclamó: "Me ganaste esta vez, pero tú eres tan grande como siempre serás, ¡en cambio yo seguiré creciendo!".

Ve, mi amigo lector, si usted está en la actitud de crecer —sin importar lo que haya logrado o no— todavía hay grandes metas por lograr frente a usted, pero debe continuar creciendo para utilizar sus habilidades al máximo. Recuerde lo que Emerson dijo: "Lo que yace detrás de ti y lo que yace en frente a ti no es nada en comparación con lo que yace dentro de ti".

Enfoque su atención en aquellos por quienes usted es responsable

Cuando los empleados ascienden a cargos administrativos con frecuencia creen que deben saber *todo* acerca de su nueva posición, al punto en que se les convierte en una carga pesada de llevar porque no fueron contratados para ser una enciclopedia ni un computador… sino para administrar. Los administradores deben saber dónde encontrar información, no para poseerla en el momento en que aceptan el cargo. Aquellos que tienen la capacidad de análisis logran mucho más que quienes recitan información memorizada. Recuerde: *¡Es casi imposible ser "sobreentrenado"!* Así que involúcrese en programas de educación continuada, en seminarios, libros y audios. Su sed de conocimiento y comprensión de la cosas no debe cesar nunca —pero usted no necesita memorizar manuales enteros para cada seminario al que asista. Decida que continuará aprendiendo y creciendo como administrador, y que mejorará su autoimagen de manera sustancial.

No debemos despreciar el hecho de que la compañía para la cual trabajamos tiene la capacidad de invertir millones y millones de dólares en edificios, computadores, aparatos electrónicos, arreglos, sistemas de comunicación, etc.; pero toda esa tremenda inversión depende por completo del crecimiento, entrenamiento, actitud y capacidad de la gente que trabaja allí. La responsabilidad de ese crecimiento, entrenamiento y actitud está posada por completo sobre los hombros del administrador.

Una de las maneras más rápidas de mejorar nuestra autoestima es enfocando nuestra atención en otros. Con frecuencia, entre más pensamos en nosotros, menor es el grado de confianza que nos tenemos. Olvidarnos de nosotros mismos para interesarnos de verdad en los demás nos llevará directo a disfrutar de un autorrespeto saludable. Cuando usted les da toda su atención a otras personas y se concentra en hacerlas sentir cómodas, se vuelve menos consciente de sí mismo.

El Dr. Alfred Adler dijo que es posible curarnos de depresión en solo 14 días, si cada día pensamos en cómo podemos ser de ayuda para otros. David Dunn escribió un maravilloso libro titulado *Try Giving Yourself Away* en el cual él sugiere muy buenas ideas y pasos prácticos y sencillos sobre cómo ser de ayuda y aliento para otros. Cuando estamos interesados de verdad en los demás no tenemos tiempo para ser negativos con nosotros mismos.

"Sr. Ziglar, escuché lo que usted dijo"

Hace unos años, un sábado en la tarde mi esposa y yo programamos ir a jugar golf a una hermosa cancha en la ciudad de Dallas. Ese día en particular nuestra hora de salida era a la 1:00 p.m. Sin embargo, los sábados la cancha atrae a muchos residentes del área al igual que a gente de otras ciudades, así que comenzamos el juego con unos minutos de retraso. El cuarteto frente a nosotros consistía en dos parejas, y uno de ellos estaba en la caja de salida listo para empezar su juego.

Cuando mi esposa y yo nos estábamos sentando en el carro del golf no puede evitar observarlo. Tenía unos 30 años de edad, media casi 2 metros de estatura y pesaba por encima de su peso normal. Sin embargo, cuando se paró en la caja para prepararse para lanzar la bola fue obvio para mí que él no era un golfista. Se veía un poco incómodo y su método para lanzar la bola era poco ortodoxo. Tomaba el palo de golf, se balanceaba varias veces, luego lo soltaba y volvía a empezar el proceso, y a mí todo eso me parecía una eternidad.

No pude resistirlo y al fin le murmuré a mi esposa con mucho disimulo que él no era un golfista. Mi esposa me preguntó cómo sabía eso y yo le respondí que he estado jugando al golf durante largo tiempo y que he visto a muchos golfistas y sé reconocer cuando alguien es o no un jugador de golf. Mientras tanto el hombre seguía en el proceso de balancear el palo de golf, soltarlo y volverlo a retomar sin animarse a lanzar la bola. Por fin tomó uno de los palos y procedió a lanzarla aproximadamente a 240 yardas de distancia, justo hasta la mitad del campo. ¡Demasiado lejos para la apreciación que yo acababa de hacer de aquel golfista!

Después de que el hombre le dio a la bola se dirigió a su carro del golf, puso el palo en la bolsa y vino directo hacia mí. No sonreía ni tampoco tenía cara de disgusto, pero a medida que se me acercaba me dijo: "Sr. Ziglar, escuché lo que usted dijo".

Mi amigo lector, quiero que analicemos esto juntos: si usted hubiera estado en mi posición, ¿qué habría pensado —y hecho? Sentí cierto temor y quería desaparecer, pero por fortuna el hombre prosiguió: "Hace unos años usted dictó una conferencia en mi ciudad natal que me cambió la vida por completo. Solo quiero que sepa, Sr. Ziglar, que es un honor para mí estar en la misma cancha de golf con usted".

No es necesario decir que en ese momento respiré profundo en señal de alivio, le agradecí bastante por esas palabras y la situación tomó un giro inesperado y agradable a la vez. Además ese día resolví que debía ser mucho más cuidadoso en mis juicios cuando observo a otras personas o trato con ellas.

Con frecuencia pienso en lo desafortunado que fue que este golfista escuchara lo cortante, inapropiado, desagradable e injusto de mi comentario hacia él. Sin duda lo hubiera podido afectar negativamente y demás está decir que la opinión que él tenía de mí también se habría podido desmejorar. Y no solo eso sino que en el futuro hubiera sido virtualmente imposible para mí lograr inspirarlo y hacerle buenas sugerencias desde mi perspectiva positiva y motivadora.

Como administradores y líderes, algo a lo que no podemos escapar es al hecho de que cuando la gente nos mira tenemos la responsabilidad de mostrarle que nos merecemos estar en posición de liderazgo. Ellos nos evalúan y nos responden basados en gran parte en la forma en que nosotros los vemos, por los sentimientos que les expresamos hacia ellos y por el trato que les damos. Por eso es tan importante buscar lo bueno en los demás, esperar lo mejor de ellos y recordar siempre que nosotros como administradores tenemos la función de servir como ejemplo para la gente que conforma nuestro equipo de trabajo o empresa. Es muy importante que seamos agradables, pero es aún más definitivo que nos respeten. Y es difícil, si no imposible, que les agrademos o que nos respeten, si hacemos juicios malintencionados, desagradables e inciertos acerca de ellos, así como me ocurrió con el golfista.

No me malentienda. Cada uno de nosotros —incluyendo a ese jugador— es responsable de sus propias acciones y conducta. Ni por remota idea yo era responsable por lo que él hiciera. Sin embargo, sí es mi responsabilidad ser justo, honesto, objetivo, y lo que digo ser. Como administrador de su empresa usted no es responsable *de* sus empleados, pero si es responsable *por* ellos.

Honestidad + Cortesía = LEALTAD

La empresa Forum Corporation de Boston, Massachusetts, hizo un estudio exhaustivo entre 341 vendedores de 11 compañías distintas en 5 campos de la industria. De ese grupo, 173 eran vendedores estrella y 168 eran vendedores con un rango de ventas promedio. La diferencia básica entre estos 2 grupos no era cuestión de habilidades ni conocimiento. Los 173 supervendedores eran más productivos porque los clientes confiaban en ellos pues el cliente tiende a *confiar* cuando el vendedor es *honesto*. El estudio descubrió que la gente no compra basada en lo que el vendedor les dice *ni* en lo que les muestra sino en lo que ellos como clientes escuchan y ven, y les produce *confianza*. El mismo principio aplica con aquellos a quienes usted lidera: ellos "comprarán" y actuarán con entusiasmo basados *solo* en lo que usted les diga y les muestre y les genere confiabilidad. Algo que disminuya en ellos la confianza en usted significa que ellos comenzarán a producir menos del 100% de lo que están en capacidad de aportar.

En el manejo de la gente, ser confiables y honestos son cualidades que nos ponen en el mercado y significan dinero en efectivo a favor nuestro en todo momento. La gente de alto rendimiento en el campo de la administración aprende a generar confianza en los demás al hacer tratos *completamente* honestos. La segunda característica que la gente superexitosa posee, según *Forum Report*, es cortesía pura, al estilo antiguo. La gente que se desenvuelve en el campo de las ventas es agradable y cortés tanto con un operador de máquinas como con el gerente de una oficina, con el despachador como con el presidente de la empresa. La razón es simple: ellos entienden por completo que el proceso de la venta no se termina —y que otras ventas vendrán en el futuro y podrían estar en peligro— hasta que la venta actual no haya sido ordenada, despachada, instalada y paga por un cliente satisfecho. Por esta razón ellos *saben* que necesitan de la cooperación, esfuerzo y prestigio del equipo entero en la oficina principal.

En cualquier negocio o familia en donde dos o más personas están involucradas siempre va a existir cierto porcentaje de discusión y conflicto con respecto a quién hace qué. Una de las mejores oportunidades para enseñar confianza y honestidad se encuentra en el campo de la responsabilidad y en el hecho de hacer lo que se requiere. Desafortunadamente en la mayoría de negocios y familias el grito de batalla es: "¡Esa no es mi función!" Las personas con un nivel de desempeño máximo son leales con quienes trabajan y viven, y muestran esa lealtad haciendo lo que tienen que hacer y cuando tienen que hacerlo. Brindan gran apoyo verbal y jamás dicen algo negativo o inapropiado acerca de los demás. Ellas entienden con total claridad que cuando un empleado no está en el estado de ánimo adecuado, no está haciendo otra cosa que desenfocarse. Las personas de alto rendimiento están dispuestas a caminar la milla extra y a hacer lo que sea necesario porque saben instintivamente que entre más exitosa sea su compañía o departamento, más seguro es que ellas avancen en su carrera.

Burke Marketing Research Inc. les preguntó a ejecutivos de una de las 1.000 compañías más grandes localizadas en 100 países: "¿Qué actitud de su empleador lo perturba más?" El resultado de esa pregunta fue: "El mundo de cosas que hay en la mente del jefe que hacen que su conducta sea enervante", dijo Marc Silbert, cuya agencia de empleo especializada en trabajos temporales dirigió la investigación. "Todo lo que tiene el empleador en su mente nubla las cualidades de sus empleados, las cuales se quedan sin ser mencionadas sin que haya remedio", comentó. Mentiras, tonterías, egos subidos, retrasos, rebeldías, quejas, disgustos y pereza —son las ocho cargas de todo jefe, según esta encuesta, quedando las mentiras al comienzo de la lista. "Si una empresa cree que a un empleado le hace falta integridad, todas sus cualidades y capacidades —desde habilidad y experiencia hasta productividad e inteligencia— dejan de tener valor y sentido", dijo Silber, quien en la actualidad se desempeña como consultor en Robert Half International, Inc., la cual conduce ocho agencias de empleo, incluyendo Accountemps, Office Team y Affiliates Legal Staffing, con más de 330 oficinas a nivel mundial. La lealtad hacia aquellos con quienes vivimos y trabajamos es un prerrequisito para tener un desempeño máximo.

Sea leal a su organización

Cuando digo que la lealtad hacia su organización es importante no quiero decir que usted deba aceptar toda propuesta que venga de los altos mandos como si hubiera descendido de las montañas en forma de Tabla de los Mandamientos. Nadie espera que usted manifieste alegría cuando la compañía ha cambiado de tal manera que los beneficios para ella aumentan a costa de disminuir los suyos. Tampoco es de esperar que usted se alegre cuando las directivas han decido cambiar su horario de trabajo y ahora usted va a trabajar más horas por el mismo dinero. Lo que la lealtad hacia su organización significa es que usted manejará estos inconvenientes de la manera más apropiada.

Hagamos un paréntesis aquí y hablemos de cómo no manejar estas situaciones. Usted no se queja de esta clase de situaciones durante un descanso para tomar un café con alguno de sus compañeros de trabajo que no tiene ninguna autoridad para cambiar esa circunstancia ni tampoco identifica problemas internos con gente externa —es decir, con personas que no pertenezcan a su empresa. La persona que opta por alguna de estas dos opciones se convierte en un cáncer para su organización. Como usted sabe, el cáncer es una célula que vive dentro de un cuerpo y es independiente de las otras células de ese cuerpo, y a no ser que se le extraiga, en algún momento conducirá a la muerte de dicho cuerpo. Existen algunas enfermedades que afectarán a su organización de maneras más peligrosas o que se deslizarán con mayor sigilo y son menos notorias que la lealtad. Ya he mencionado que soy muy radical en cuanto al uso del proceso de preaviso, pero si hubiera alguna razón para despedir a alguien sin necesidad de preaviso debería ser la falta de lealtad.

Entonces ¿cómo debería manejar un empleado leal una situación de estas? El método correcto de manejar cualquier situación que tenga que ver con usted es llevar el "problema identificado" a alguien que tenga la autoridad de manejar la situación. Presente, junto con el problema, varias "posibles soluciones" a tener en cuenta. Si después de un tiempo prudencial la empresa actúa de acuerdo a sus recomendaciones o propone otra solución satisfactoria, felicítese a sí mismo por trabajar desde el interior de la organización en beneficio de ella.

Sin embargo, si después de cierto tiempo la empresa no actúa de alguna manera para mejorar la situación, entonces usted tiene 2 opciones: (1) callarse; (2) renunciar. ¡No hay más! Si usted sigue identificando situaciones que la empresa no se interesa en solucionar, entonces el cáncer seguirá creciendo y usted estará golpeándose la cabeza contra un ladrillo. Creo que las úlceras, los dolores de cabeza crónicos, el estrés, el agotamiento y hasta las enfermedades del corazón con frecuencia comienzan por esa causa. El Dr. David Schwartz sostiene en su libro *The Magic of Thinking Big*, que el 80% de las camas de nuestros hospitales están llenos de gente que padece de "EEI" (Enfermedades Emocionales Inducidas). Esto no significa que la gente no esté enferma, solo que su enfermedad *comenzó* en su mente.

Usted se lo debe a *sí mismo* —así como a su organización—. Necesita, bien sea apoyar lo que está pasando en su empresa o encontrar otra empresa para la cual trabajar. Algunos piensan que los trabajos buenos no son tan fáciles de conseguir, y yo estoy de acuerdo, pero el cuerpo humano tampoco es fácil de remplazar, —o por lo menos, ¡las partes del cuerpo que son remplazables tienen una gran demanda! La respuesta es simple pero no sencilla: ¡acomódese a la situación o busque una nueva y más conveniente!

Una última opinión acerca de la lealtad

Comenzamos este capítulo con una frase de Elbert Hubbard, ahora cerrémoslo con algunas palabras sabias que también son de él:

"Si usted trabaja para alguien, en el nombre de Dios, ¡trabaje para él! Si él le paga un salario que le permite sostenerse, trabaje para él; hable bien de él; defiéndalo a él y defienda la institución que representa. Si se pone en la balanza, una onza de lealtad vale más que una libra de inteligencia. Si usted necesita desacreditar, condenar y decir disparates acerca de su lugar de trabajo —renuncie a su cargo y cuando ya esté fuera de esa empresa, reniegue hasta donde le plazca, pero mientras usted sea parte de la institución, no la condene. Si hace eso, está cortando los hilos que lo mantienen unido a ese lugar y a la primera oportunidad que surja, usted será despedido, y es posible que jamás ni siquiera le expliquen por qué razón".

La manera en que Krish Dhanam agrupó las siguientes ideas expresa muy bien lo que quiero decir:

"Planee con actitud,
Prepare con aptitud,
Sirva con prontitud,
Reciba con gratitud,
Y será suficiente para diferenciarse de la multitud".

Principios de desempeño

1. La lealtad comienza con ser leales a nosotros mismos.
2. Es imposible desempeñarse de tal manera que usted sea inconsistente con sigo mismo.
3. Haga todo el esfuerzo de que lo perciban como el más capaz, no como el que más figura.
4. El mayor enemigo de lo excelente es lo bueno.
5. Si usted no tiene nada interesante que decir, mejor no diga nada.
6. Apoye a su organización o busque pertenecer a una que sí esté dispuesto a apoyar.

7

"A la gente simplemente no le importa…"

Uno aprende a conocer a la gente con el corazón, no con los ojos ni con el intelecto.

—Mark Twain

Desafortunadamente, como administradores de gente con frecuencia nos sentimos como el conferencista que fue recibido por el público con una bienvenida poco expresiva y dijo: "En palabras de Willie J. Shakespeare, es bueno estar entre amigos… incluso sin son amigos de otra gente". Muchas veces los administradores y sus empleados casi que parecen estar trabajando en desarrollar una relación adversaria. Pero en lugar de eso debemos ser como el niño que fue amedrentado por unos compañeros abusadores, uno de los cuales pudo haberlo lastimado (incluso le dijeron lo que le iban a hacer). Como muchos de nosotros hubiéramos hecho, el niño no estaba muy bien entrenado para pelear, pero como todo administrador exitoso, era ágil para pensar. (En este caso, ¡su bienestar físico dependía de esa cualidad!). Con esto en mente, el pequeñín retrocedió dramáticamente, trazó una línea en el piso con la punta de su zapato, miró al líder del grupo a los ojos, y luego le dijo: "Ahora atrévete a cruzar esa línea". Bueno, como usted se imaginará, el grandulón —incluso de manera arrogante—

cruzó la línea. Entonces el pequeñito sonrió con ganas y exclamó: "¡Ahora los dos estamos del mismo lado!" Si vamos a ser exitosos en el manejo de gente tenemos que recordar que los administradores y la gente que ellos manejan *están* siempre del mismo lado.

Como lo dije anteriormente, Sir Edmund Hillary y su guía nativo Tenzing fueron los primeros en hacer historia al llegar a la cima del Everest en 1953. Bajando del pico de la montaña, Sir Edmund de repente perdió su punto de apoyo pero Tenzing lo detuvo de la caída para que ninguno de los dos se rodara clavando su hacha en el hielo. Posteriormente Tenzing se rehusó a recibir alguna clase de crédito por haber salvado a Sir Edmund porque consideraba que esa era una de las funciones de su trabajo. Como él lo explicó: "Los escaladores siempre se ayudan entre sí". ¿Podemos nosotros, como administradores darnos el lujo de ser diferentes? ¿No estamos obligados a trabajar con nuestra gente para dirigir sus energías y ayudarle a desarrollar sus habilidades y talentos al máximo?

Su posesión de $1 millón de dólares

Tengo la firme convicción de que si usted pudiera elegir solo una de las características de *Desempeño máximo* esta sería lo que voy a decir en este momento. Si usted en realidad fuera un experto en "el negocio de la gente" (y quisiera asegurar el 85% del éxito) entonces debería prestarle atención a lo siguiente: a las personas no les importa cuánto sabe usted hasta que ellas no se dan cuenta de qué tan importantes son ellas para usted".

Existe una gran posibilidad de que usted ya haya escuchado esta frase antes, y como triunfador usted no necesita que se la recuerden... pero tampoco sobra que se la recordemos. Ya sea que estemos hablando de padres, hermanos y hermanas, niños, cónyuges, amigos, socios, compañeros de trabajo, empleados o empleadores —a la gente no le importa si usted es un Phi Betta Kappa de MIT o si tiene un Ph.D de Harvard. A nadie le importa si usted tiene 20 años de experiencia (o un año de experiencia repetido 20 veces), si vendió más unidades de las que nadie ha vendido jamás o estableció el récord en ventas de su empresa... *hasta que* la gente se entera de que es importante para usted.

Cualquiera puede realizar un trabajo e incluso puede hasta realizar una *buena* labor, pero no es sino hasta cuando hay amor en el corazón de una persona por su trabajo que los resultados son catalogados como ¡*excelentes!* Amor es interesarse —es darle a la vida una razón de ser, es dar todo de sí, destacarse, hacer lo mejor posible.

El amor sirve para contribuir, invertir, ser una parte leal de un proyecto o de una empresa. El amor saca de cada persona lo mejor que hay en ella, y con frecuencia es más de lo que la persona misma o los demás pensaron que podría ser. El amor saca a relucir todo el potencial que cada individuo necesita para ser exitoso, pero además sirve para inspirar a los líderes y administradores para lograr que sus empleados los sigan.

A las personas no les importa cuánto usted sabe hasta que ellas no se dan cuenta de ¡qué tan importantes son ellas para usted!"

Es cierto que servir y dar parte de nosotros mismos a los demás no es una práctica muy frecuente en nuestra sociedad actual, pero analice conmigo lo siguiente: cuando usted llega a casa al final de su jornada y su pareja sale a recibirlo a la puerta para saludarlo y empieza a hablar como una urraca de algo que usted no tiene ningún interés, y sin embargo usted decide darle algo de atención —pero no toda su atención—, ¿no está usted dándole a esa persona amada una parte de su vida? ¿No está entregándole un poquito de sí mismo?

Cuando usted ha estado lidiando con gente —no siempre de manera exitosa— todo el día, lo que en realidad quiere es unos minutos de paz y quietud frente a las noticias que aparecen en la prensa, y justo cuando usted ya se ha acomodado para leerla, sus hijos, a quienes usted ama de todo corazón pero quiere amarlos desde la distancia por un rato, vienen a colgársele del cuello como si usted fuera un gimnasio. A ese punto, cuando usted tiene que soltar el periódico o apagar la TV para darles su atención y cariño, usted está invirtiendo una parte de su vida en ellos y entregando una parte de sí mismo. Cuando usted está bien cansado porque ha sido "uno de esos días", y un empleado necesita un hombro amistoso y consejería, y usted toma el tiempo para escucharlo, ¿no está usted entregando una parte de sí mismo?

Si usted es un experto en el negocio de la gente, lea la sección de los Principios de desempeño al final de este capítulo, atesore cada palabra en su corazón y practíquelas cada día de su vida.

Principios de desempeño

1. A las personas no les importa cuánto usted sabe hasta que ellas no se dan cuenta de ¡qué tan importantes son ellas para usted!".

8

Sobre desempeño máximo
David Mattson

El liderazgo de servicio consiste principalmente en elegir unas metas claras y luego ponerse manos a la obra y hacer lo que sea necesario para ayudarles a las personas a lograrlas. De ese modo, ellas no trabajarán para usted, sino para sí mismas.

—Ken Blanchard

Cuando tuve que elegir el tema que quería cubrir en este libro, no lo dudé. Supe al instante cuál era la pregunta que quería abordar, una pregunta que el propio Zig Ziglar planteaba a menudo: *¿Qué caracteriza a un líder con un nivel de desempeño máximo?*

Siguiendo las ideas de Zig (y su ejemplo personal), me gustaría sugerir que el alto rendimiento es exactamente lo opuesto al estereotipo del ejecutivo de los dibujos animados que imparte órdenes, exige obediencia instantánea, humilla a sus subordinados y constantemente los amenaza con despedirlos (ya sea que cumpla o no con esas amenazas). Eso no es realmente liderazgo, como puede afirmarlo cualquiera que alguna vez haya logrado un objetivo importante y complejo, liderando un equipo.

Los grandes líderes de hoy han adoptado un modelo muy diferente, que se conoce como *liderazgo de servicio*.

Los líderes de servicio, que en mi experiencia son los líderes más exitosos, no se centran en que el mundo sea como ellos quieran. Tampoco se fijan en el organigrama. Puede que algunos líderes de mentalidad cerrada digan: "Usted trabaja para mí", pero los líderes de servicio tienden a adoptar un enfoque muy diferente. Su actitud con sus subordinados directos (y con otros) es: "Usted no trabaja para mí —yo trabajo para usted".

Si usted establece ese tipo de relación con sus subordinados directos, lo que descubrirá es que la relación no necesita de la estructura jerárquica de un organigrama para beneficiar a ambas partes. La relación de trabajo no es posicional. No tiene nada que ver con lo que está impreso en su tarjeta de presentación, sino que se basa en relaciones y funciona muy bien porque el líder en cuestión manifiesta y *siente* cosas como: "Me interesa lo que usted está haciendo". "Me importa lo que está pasando en su mundo". "Quiero ayudarle a descubrir cómo hacer mejor su trabajo para que tenga más éxito en lo que haga".

Fíjese que, en este modelo, es el líder ayudándole a su subordinado. Se trata de una dinámica muy diferente a la del líder asegurándose de que su subordinado haga lo que el líder quiere que haga.

Si aspiramos a ser grandes líderes, eso significa que realmente queramos interesarnos en nuestra gente. Por cierto, dado que el organigrama existe, siempre es muy positivo para todo colaborador de un rango inferior que alguien de un nivel superior en la organización le demuestre el tipo de interés auténtico del que yo estoy hablando. Por lo general, se genera una gran diferencia en la actitud de los empleados cuando un líder que se desempeña en un alto cargo les muestra verdadero interés a sus subalternos. Como líder, usted puede utilizar este interés a su favor, pero la clave está en que su interés sea genuino.

Aprenda a mostrar un interés genuino

Los líderes de servicio se toman el tiempo para explorar lo que sucede *fuera* del lugar de trabajo. Ellos no solo se enfocan en cómo va el proyecto del momento, sino que se toman el tiempo necesario para hacer las preguntas apropiadas y saber lo que sucede en la vida diaria de sus subordinados directos. ¿Como están sus familias? ¿Va todo bien? ¿Qué tipo de obstáculos en el camino están experimentando? ¿Cuáles son sus próximas metas? Este tipo de preguntas, cuando se hacen con interés genuino, suelen generar poderosas conexiones *relacionales* con sus subordinados directos y no tienen nada que ver con quién le reporta a quién. Haga lo que a muchos líderes no les interesa hacer: preguntar. Pregunte por sus padres. Pregunte por sus hijos. Pregunte por sus planes educativos. Pregunte sobre cualquier obstáculo (profesional o de otro tipo) con el cual se haya topado la persona con la que usted esté hablando. Descubra lo que está pasando actualmente en su mundo y *escuche* sus respuestas.

La mayoría de los líderes a los que entrenamos les hacen preguntas a sus subordinados directos y luego pasan mentalmente al siguiente tema sin siquiera escuchar la respuesta completa a lo que preguntaron. O parecen estar prestando atención, pero sus señales no verbales les envían el mensaje claro a sus empleados de que en realidad están siendo "educados" al quedarse callados, pero no les importa lo que les están contestando. *Escuchar es más que esperar su turno para hablar.* Escuchar es una decisión consciente de estar "centrado en la otra persona" y no "centrado en mí", respondiendo de manera apropiada y empática a lo que estoy escuchando. Todos tenemos dos orejas y una boca. Como líder, piense en la posibilidad de utilizar estos dos sentidos en esa misma proporción. No domine las conversaciones. *Diríjalas* basándose en preguntas que demuestren interés y deje que su interlocutor hable —tal como usted lo haría durante una llamada de ventas eficaz.

Una buena autoevaluación para saber si usted está escuchando activamente lo que le están diciendo es preguntarse a sí mismo si podría describir los detalles de lo que le acaban de decir. Después de una conversación con un subordinado directo, si usted recuerda solo algunos puntos principales (o no recuerda nada en absoluto), es obvio que necesita trabajar en sus habilidades para escuchar. Los oyentes activos recuerdan no solo los detalles de lo que su interlocutor les acaba de decir, sino también su estado emocional y su nivel de comodidad a medida que su interlocutor hablaba. Los líderes de servicio suelen ser oyentes muy activos, lo que significa que tienen la capacidad de recordar los pormenores del intercambio, específicamente, las partes en las que la persona se sintió cómoda y también aquellas en las cuales se sintió incómoda.

Los líderes de servicio también tienden a conocer y comprender las *estrategias de comunicación* de sus subordinados directos. Y tiene sentido. Si estamos interesados en ellos como personas, entonces, por defecto, tenemos que entender cuál es su estilo de comunicación y tenerlo en cuenta. Si usted no sabe cuál es su estilo propio de comunicación predominante ni cuál es el estilo que predomina en cada uno de sus subordinados directos, es su responsabilidad descubrirlo.

Los líderes servidores aprenden *a detectar cuál es la información más relevante en el intercambio, al igual que a examinarla*. Este es un punto clave. Puede que no me guste lo que usted está diciendo, por la forma en que lo está diciendo, pero aun así tengo que escucharlo, porque puede haber algo importante en ello y es mi deber tenerlo en cuenta. Mi trabajo como líder es descubrir qué es ese algo. Yo tengo que escuchar lo que me dicen, así que no debo distraerme con cómo me lo dicen ni en quién me lo dice. Además, tengo que tener cuidado con mis propios prejuicios.

Si empiezo a pensar: "Aquí viene Jim, que siempre es tan quejoso", puede que pierda una oportunidad importante de escuchar la verdad que Jim vaya a compartir conmigo. Incluso si Jim se queja de algo, es posible que tenga información que yo no pueda obtener de ninguna otra fuente o una perspectiva en particular que yo necesito para resolver un problema empresarial importante. Por eso, necesito escucharlo atentamente y con todo respeto. Si descalifico a Jim desde antes que él empiece a hablar, le hago daño a la relación y me hago daño a mí mismo como líder.

Los verdaderos líderes alinean sus objetivos personales con los objetivos de la empresa

Los líderes más eficaces saben que las personas trabajan más duro para sí mismas y para sus familias que lo que trabajan para la empresa. Por esta razón, su liderazgo no se *limita* a simplemente articular e imponer una visión empresarial que sea convincente solo para ellos. Saben que eso hace parte de su trabajo, por supuesto, pero no se detienen ahí, sino que se interesan en conectar los puntos. Es decir, analizan qué es aquello que motivará a sus colaboradores a querer ayudarlo a hacer realidad esa visión.

Esto significa dejar de pensar solo en lo que nos motiva a *nosotros* como líderes y pensar en qué es lo que motiva *a los demás*. La motivación para apoyar la misión de la empresa suele ser importante para nosotros, pero no lo es tanto para la mayoría de los trabajadores. Es más probable que ellos se sientan motivados ante la posibilidad de proteger y sostener a sus seres queridos o porque quieren lograr objetivos personales importantes (como casarse) o tener el tiempo libre que sienten que merecen.

Necesitamos reconocer que el servicio a la misión de la empresa está alejado de ese tipo de metas —las metas que realmente motivan a los empleados—. Por lo tanto, es nuestra responsabilidad como líderes conectarlos con ella.

Lo que hace que a veces esto sea difícil de hacer es que nos hemos conectado tan bien con esta misión en nuestra propia vida que asumimos que todos los demás, específicamente, nuestros subordinados directos, también han hecho lo mismo. Es así como terminamos perdiendo de vista que no siempre es así, que nuestro equipo de trabajo no ha conectado tan bien como nosotros con la visión empresarial. Cuando nos centramos en la empresa y pensamos que es suficiente con pagarle a la gente, estamos omitiendo un paso importante.

Hay un ejercicio interesante que suelo proponerles a los líderes de casi todas las industrias. Les digo: "Tómese un momento para escribir sus dos principales *'por qué'*. Es decir, las razones primordiales por las que usted se levanta cada mañana a hacer lo que hace durante todo el día. *¿Por qué* hace tantos sacrificios? *¿Por qué* está trabajando tan duro? ¿Qué espera lograr con todo ese trabajo?".

Acto seguido, los directores ejecutivos, los propietarios de negocios y los altos ejecutivos con los que esté hablando escriben sus razones. Luego, los invito a compartirlas. Invariablemente, lo que suelo escuchar son razones personales, no razones comerciales. Por ejemplo: "Quiero mantener a mi familia segura, bien provista y feliz". Entonces, destaco que todos ellos *ya* tienen conectados los puntos entre esas metas personales que tienen y sus ambiciones profesionales. ¡Por eso trabajan tan duro!

Luego, digo: "Supongamos que tuvieron un gran año y, como resultado de ese gran año, cada uno de ustedes recibe un cheque por $250,000 dólares. Esa fue su bonificación este año. ¿Cuáles son esas tres cosas que harían automáticamente con ese dinero? ¿Qué hay en sus listas de sueños?".

Ellos escriben sus respuestas. Luego, las revisamos y todas tienden a respaldar los *por qué* ya identificados. Por ejemplo: "Llevar a mi familia a un viaje de vacaciones que nunca olviden y comprarle a mi hija un lindo auto".

Luego, digo: "Bueno, ¿qué pasaría si yo les dijera que tienen un 70% de posibilidades de alcanzar ese objetivo este año y que ganarán esa bonificación? Sin embargo, para que tengan un 100% de posibilidades de lograrlo, tendrán que esforzarse mucho más en dos o tres áreas específicas de su trabajo. ¿Se sentirían motivado a esforzarse de ese modo?".

¡La respuesta siempre es sí! Todos me dicen que sí se sentirían muy motivados a hacer todo lo posible para ganarse esos $250.000 dólares al final del año.

Y luego, les digo: "¿Adivinen qué? ¡Ese proceso que acabo de hacer con ustedes es exactamente lo mismo que ustedes deben hacer con los miembros de sus equipos que se reportan directamente con ustedes!".

¿Cuántos de nosotros nos hemos tomado el tiempo de sentarnos y hablar con aquellos colaboradores que nos reportan directamente cómo van las cosas de nuestras empresas para descubrir cuáles son esas metas personales más importantes que hay en sus vidas? Eso es lo que hacen los grandes líderes. Ellos tienen esa conversación con sus empleados y les hacen sentir que es posible alcanzar sus metas. Le ayudan a su gente a conectar los puntos. Les dicen: "Bueno, ¿y qué pasa si obtienes ese ascenso? ¿Qué pasa si obtienes ese bono?

¿Qué harías con ese dinero?". Luego, encuentran formas de ayudarles a alinearse con esas metas personales únicas, a *visualizarlas* diariamente y a asegurarse de que su comportamiento respalde el logro de esas metas.

Eso es lo que tenemos que hacer si queremos ser grandes líderes para nuestra organización. Es fundamental mostrar un interés genuino por nuestra gente; necesitamos ayudarles a conectar los puntos entre lo que ellos hacen por sí mismos y lo que hacen por la empresa; tenemos que asegurarnos de que su progreso en el camino laboral sea algo que realmente los motive a nivel personal. Si construimos relaciones de trabajo efectivas con las personas adecuadas, relaciones basadas en estos principios, las posibilidades serán realmente ilimitadas y estaremos en una posición mucho mejor para cumplir la famosa promesa de Zig Ziglar: "¡Nos vemos en la cima!".

Principios de desempeño

1. Los líderes trabajan para sus colaboradores.
2. El liderazgo de servicio es relacional.
3. Los grandes líderes conocen y comprenden cuáles son los diversos estilos de comunicación.
4. Los verdaderos líderes conectan las metas personales con las metas de la empresa.

9

Las cinco Ps de las empresas con desempeño máximo

—Howard Perdiz

O tú controlas el día o el día te controla a ti.

—Jim Rohn

Si usted es dueño de una pequeña empresa, ¿recuerda *por qué* razón decidió iniciar su propio negocio? ¿Fue para ganar mucho dinero? ¿O fue porque estaba cansado de tener un jefe y quería ser su propio jefe, trazarse su propio rumbo y tener un poco más de tiempo libre?

¡La brutal realidad en la vida de la mayoría de los propietarios de pequeñas empresas es que ellos mismos son los gerentes al mando! Esto hace que ellos se sientan esclavos de sus propios negocios; tienen muy poco tiempo libre; sus negocios consumen su mente las 24 horas al día, los 7 días de la semana; viven bajo mucho estrés, no tienen verdadera libertad y el tiempo se les va apagando incendios.

¿Se identifica usted con esto?

¡Claro que sí!

Yo empecé mi primer negocio en el maletero de mi auto hace más de 34 años y ganaba mucho dinero, pero trabajaba las 24 horas del día, los 7 días de la semana. Era un esclavo de mi negocio. Me encantaba viajar, pero gran parte de mis supuestas "vacaciones" las pasaba en casa, hablando por teléfono con clientes y empleados.

Luego, en 1997, comencé a aprender en qué consistían los secretos de un negocio de alto rendimiento y transformé mi primera empresa en un negocio predecible, rentable y multimillonario. Hoy, cuento con sistemas fenomenales y un equipo maravilloso que ama su trabajo. Como resultado, no tengo que estar allí. Sin embargo, lo más importante es que, durante más de 20 años, les he ayudado a miles de propietarios de pequeñas empresas en todo el mundo a hacer lo mismo.

En 2008, invité a Zig Ziglar a hablar en una de mis conferencias. Tom Ziglar quedó impresionado con lo que vio ese día y fue así como comenzamos nuestra relación comercial. Desde 2011, mi empresa de formación, Phenomenal Products, ha sido la empresa exclusiva con la cual Ziglar trabaja en todo lo referente a hacerles entrenamiento a pequeñas empresas. Desde entonces, Tom y yo hemos viajado por todo el mundo ayudando a los propietarios de pequeñas empresas a dejar de ser esclavos de sus negocios y a transformarlos en una operación predecible y rentable.

En la actualidad, tenemos clientes interesados en nuestros entrenamientos en más de 100 industrias, en 9 países. Todos los días, recibimos testimonios increíbles de dueños de negocios que ganan más dinero, hacen crecer sus negocios a pasos agigantados y, lo más importante, pasan más tiempo con sus familias. Después de todo, ningún éxito empresarial puede compensar el fracaso en casa.

Usted *puede* construir un negocio con desempeño máximo que le genere ganancias predecibles y que además le brinde la libertad que siempre ha deseado... siempre y cuando sepa cómo administrarse bien.

Las cinco Ps de una empresa con desempeño máximo

Secreto #1: *Propósito*

Un propósito poderoso es el *por qué*, aquella razón vital que usted tuvo para haber iniciado su negocio y energiza a todos los involucrados. Zig Ziglar afirmó: "El ser humano fue creado con un propósito. Fue diseñado para alcanzar propósitos; para tener éxito. Por consiguiente, está dotado con semillas de grandeza".

La mayor lección empresarial que he aprendido en mi propia vida, y la mayor lección empresarial que usted aprenderá como propietario de un negocio, es que un negocio existe por una razón y solo por una: ser un vehículo para alcanzar nuestro *propósito de vida*.

Zig afirma que nuestros propósitos deben ser específicos y significativos y no generalidades cambiantes. Además, creó una herramienta fenomenal para ayudarle a usted a desarrollar una *visión* para su vida. Se llama la *rueda de la vida*. La puede usar para evaluar dónde se encuentra en cada una de las siete áreas principales de su vida y establecer metas en cada una de ellas.

Por supuesto, uno de sus propósitos debe ser marcar la diferencia en la vida de los demás, ¿verdad? No solo es importante que usted tenga claro por qué hace lo que hace, sino que también es vital que tenga un *propósito* sólido, que tenga la fuerza suficiente para involucrar a su equipo.

El propósito de su vida no se trata solo de usted.

Descubrir cuál es el *por qué* detrás de su negocio le brinda la energía necesaria para realizar las difíciles tareas de administrarlo e involucrar a los miembros de su equipo de tal modo que ellos comprendan cómo su trabajo marca una diferencia en la vida de los demás. El renombrado autor de *Good to Great* dice: "Un trabajo significativo hará que su vida sea significativa".[2]

Finalmente, un propósito poderoso conecta con sus prospectos y clientes de una manera muy especial. En su vídeo viral TEDx, y en su libro más vendido, *Start with Why*, Simon Sinek afirma que la mayoría de las empresas está enfocada en el *qué*. Son aquellas empresas que se enfocan en lo que fabrican. Otras están enfocadas en el *cómo* y tienen un concepto empresarial que las diferencian de la competencia, puesto que está basado en los procesos de lo que fabrican. Sin embargo, las empresas más exitosas son las que están enfocadas en el *por qué*, ya que son estas precisamente las que se centran en *marcar una diferencia* en la vida de aquellos a quienes ellas les sirven.

Por consiguiente, para crear una declaración de *propósito* para su empresa, piense en qué sería todo lo que su equipo y su comunidad perderían si su empresa no existiera.[3]

Secreto #2: *Gente*

Zig enseñó: "No se construye un negocio. Lo que se construye es gente y es esa gente la que construye el negocio". He descubierto que esto es cierto. Si usted contrata a la persona equivocada, no importa qué tanto usted haga; nada funcionará. Todo lo que esté relacionado con los negocios y con la vida se basa en las relaciones interpersonales. Un líder con desempeño máximo comprende que toda gira en torno a las personas.

Construir personas comienza con construirse primero a sí mismo. Si usted no se ha desarrollado como líder, afectará el desempeño de todo su equipo. En el campo del liderazgo, todo tiene un proceso ¡y la persona más difícil de liderar es usted! Todo comienza con usted. Usted tiene que *ser* antes de poder *hacer* y tiene que *hacer* antes de poder *tener*. Si desea tener un negocio con desempeño máximo, ante todo, debe *convertirse* en el propietario y en el líder que necesita ser.

Ahora, para convertirse en el líder que necesita ser, necesita un entrenador. Tendrá que ser el entrenador *adecuado*. Será difícil encontrar un líder de alto rendimiento en cualquier disciplina que haya llegado allí sin contar con un entrenador adecuado. Los líderes de óptimo rendimiento no solo tienen un entrenador, sino un *equipo* de entrenadores. Piense en los mejores deportistas. Ellos tienen especialistas en cada área. Si tuviera que elegir qué fue lo que me ayudó en mi negocio más que cualquier otra cosa, diría que fue tener el entrenador adecuado en cada área de mi negocio.

La carrera de Zig Ziglar comenzó con una patada que le dio en su pantalón un hombre llamado P. C. Merrell. En aquel momento, Zig Ziglar no era precisamente un "líder de desempeño máximo". De hecho, estaba afrontando unas cuantas dificultades. Durante un evento de capacitación, el Sr. Merrell, un entrenador en ventas muy respetado en la empresa para la que trabajaba Zig, lo llevó aparte y le dijo: "¡Zig, nunca había visto un desperdicio así! Si aprendieras a creer en ti mismo y comenzaras a trabajar a la misma hora todos los días, creo que llegarías a ser un gran líder". Y Zig se convirtió en un líder grandioso.

Gary Keller, cofundador de Keller-Williams Realty, la empresa de bienes raíces residenciales más grande de Estados Unidos, informa que el meteórico ascenso de la empresa comenzó cuando esta decidió trabajar de la mano con un entrenador. Él escribe en su libro *The ONE Thing: The Surprisingly Simple Truth Behind Extraordinary Results:* "Las personas responsables logran resultados con los que otros solo sueñan. Una de las formas más rápidas de incorporar la responsabilidad a su vida es encontrando un socio, un mentor, un compañero o, en su forma más elevada, un entrenador responsable". Keller también cita la investigación del sicólogo K. Anders Ericsson sobre desempeño máximo que reveló que "la diferencia más importante entre los aficionados y los artistas de élite es que los artistas de élite buscan maestros y entrenadores y participan en entrenamientos supervisados, mientras que los aficionados rara vez participan en actividades y prácticas similares".

Como entrenador de negocios, puedo decir que he visto los resultados de los entrenamientos en nuestros clientes. Para mí es evidente que, después de recibir nuestros entrenamientos, ellos ganan más dinero, se divierten más en su trabajo, experimentan menos estrés y pasan más tiempo con sus familias. Nuestros clientes más exitosos solo hacen dos cosas: aprenden sistemas ya probados y los implementan. Tan simple como eso.

Aprender es la parte más fácil. La implementación de lo aprendido es la parte más difícil. De hecho, la razón primordial por la que las pequeñas empresas no crecen o no les va tan bien como debería es lo que yo llamo F.B.I. (Falta de buena implementación). Un buen entrenamiento soluciona ese problema. Sin embargo, tener un solo entrenador es limitante. Por eso, he reunido un equipo de expertos y una comunidad de compañeros dueños de negocios que se apoyan, se animan y se colaboran mutuamente en cuanto a su responsabilidad directa en el cumplimiento de sus sueños y metas.

Para desempeñarnos al máximo nivel, necesitamos tener acceso a triunfadores que ya hayan recorrido el camino, pero ellos necesitan tener la experiencia necesaria para saber cómo ayudarles a otros a llegar a su destino. Durante la fiebre del oro en la California del siglo XIX, un hombre llamado Lansford W. Hastings les vendía una guía a los inmigrantes. Supuestamente, esta les ayudaría a que su viaje fuera mucho más rápido y provechoso. El problema era que él solo había recorrido la ruta dos veces y nunca había conducido una caravana por esa ruta. La famosa expedición Donner Party sufrió las consecuencias de la falta de experiencia. La mitad del grupo murió en una de las circunstancias más trágicas de aquella época.

Un líder con desempeño máximo requiere de un equipo de entrenamiento de primer nivel[4] y también requiere de un equipo fuerte dentro de la empresa.

Usted necesita un equipo sólido para alcanzar su sueño de tener un negocio con desempeño máximo. Si tiene un sueño, pero no tiene un equipo, tendrá que renunciar al sueño o formar el equipo. Para que usted tenga un equipo que le dé un máximo rendimiento, los miembros de su equipo deben estar capacitados en las áreas técnicas de su trabajo y en habilidades sociales como la construcción de relaciones ganadoras, estilos de personalidad y liderazgo.

Cuando los miembros del equipo saben cómo comunicarse mejor entre sí, obtendrán mejores resultados, tendrán más facilidad para hacer su trabajo, experimentarán menos estrés y cometerán menos errores. El 70% de los trabajadores estadounidenses no está comprometido porque no cree que los líderes se preocupen por ellos.

A este respecto, Zig Ziglar opina: "A los demás no le importa cuánto usted sabe hasta cuando los demás saben cuánto usted se preocupa *por ellos*". Si usted realmente quiere llegar a la cima, ayúdeles a los miembros de su equipo a alcanzar sus metas personales, anímelos y ayúdeles a convertirse en mejores personas. Esta es una combinación aparentemente mágica que genera una lealtad extraordinaria.

Es posible que usted sienta que es costoso recibir entrenamiento. Después de todo, ¿qué pasa si usted invierte en entrenar a un empleado y este abandona su empresa? Me encanta cómo Zig respondió a esta pregunta: "¡Lo único peor que capacitar a un empleado y perderlo es no capacitarlo y conservarlo en su empresa!".

Durante cinco décadas, los estudios sobre liderazgo han encontrado exactamente lo mismo. Los líderes exitosos abandonan las empresas por otros motivos —entre otros, porque no son bien remunerados—. Por cierto, tenga en cuenta que los líderes cuyo nivel de desempeño es máximo no permanecerán en una empresa cuyo nivel de desempeño no sea también máximo. Ellos no toleran la mediocridad.[5]

Secreto #3: *Planificar*

Un negocio que alcanza su desempeño máximo no surge por casualidad. Zig dijo que uno nace para ganar, pero para ser líder y ganador en aquello para lo cual uno nació, debe *planear* ganar *y prepararse* para lograrlo antes de siquiera desear ganar. Cuando usted planea ganar y se prepara para eso, puede *esperar* ganar.

El éxito no ocurre por accidente. Muchos dueños de negocios se distraen y tienden a pasar el día reaccionando a las circunstancias que se les presenten en lugar de crear una visión y una hoja de ruta. Una de mis citas favoritas es: "Visión sin acción es solo un sueño, pero acción sin visión es una pesadilla". Para ser un líder de máximo rendimiento ¡usted necesita un plan de acción!

Esta es una de las razones por las que es tan vital tener un entrenador, pues le ayuda a enfocarse en lo que usted realmente quiere lograr y a llegar a la meta. Los miembros de su equipo también son clave para crear el plan. Un líder no debería planificar el negocio solo. De hecho, cuando usted involucra a su equipo en el *plan*, es más factible que ellos le ayuden a convertirlo realidad. Se involucrarán más en él.

Proyéctese a un año a partir de ahora. ¿En qué quiere que su negocio sea diferente? ¿Cómo debería ser su negocio para brindarle los resultados y la libertad que usted realmente desea tener? ¿Cuánta ganancia tendría que producirle? ¿Necesitaría más personal? ¿Qué está funcionando en su negocio ahora? ¿Qué no funciona? ¿Qué pasos debe seguir para alcanzar su objetivo?[6]

Secreto #4: *Procesos*

Si desea mejores resultados, más libertad y menos estrés, su empresa necesitará sistemas. Un negocio *predecible y rentable* requiere de un proceso. Los procesos les quitan presión a las personas.

Recuerde que su negocio es un *vehículo* que le ayudará a alcanzar sus objetivos de vida. Cuando usted se sube a su auto, asume que el sistema de combustión se activará, garantizando que el auto funcione; si no hay gasolina en el tanque, no funcionará; si el motor no funciona correctamente, no importa cuánta gasolina tenga su auto, lo cierto es que usted tendrá problemas para hacerlo funcionar; si el sistema eléctrico no funciona correctamente, el panel de instrumentos no funcionará y usted no tendrá información sobre su progreso; no sabrá cuánta gasolina tiene el tanque ni cuánto le falta para llegar a su destino ni a qué velocidad va.

Finalmente, si usted no sabe conducir o no sabe para dónde va, tiene un verdadero problema y no llegará a ningún lugar específico; solo estará dando un paseo. Está bien si ese es su objetivo, ¡pero supongo que sí tiene un destino en mente! Por cierto, lo que acabo de describir son los cinco sistemas que toda empresa debe tener e implementar.[7]

Secreto #5: *Ganancia*

Mi experiencia ha sido que, cuando los dueños de negocios aprenden y aplican los cuatro secretos anteriores, sus empresas se vuelven extraordinariamente rentables. Y eso es importante, porque todo empresario desea pagarse por el trabajo que realiza en su negocio y además obtener una ganancia saludable por el riesgo que corre al ser el propietario del negocio. Además, necesita ingresos que le permitan afrontar situaciones inesperadas y aprovechar nuevas oportunidades.

Un negocio sin fines de lucro es solo un hobby. ¡Y un trabajo de 24 horas al día, los 7 días a la semana no es un pasatiempo muy emocionante! Las ganancias no entran por accidente. De hecho, sin vigilar diligentemente sus números, es muy fácil dejar de obtener ganancias.

Yo también he experimentado esa situación. Hace muchos años, endeudé mucho a mis empresas. La vida se me convirtió en hacer el dinero necesario para realizar los pagos mensuales de una línea de crédito altísima y de unas tarjetas de crédito con altos intereses. Algo tenía que cambiar.

Fue entonces cuando me *propuse* salir de mis deudas y contraté a una consultora financiera llamada Ellen Rohr *(gente)*, quien me dio un *plan* y un *proceso* para obtener *ganancias* cada mes. Al fin, me liberé de deudas y hoy nuestras empresas están libres de ellas, excepto por la compra de equipos, lo que nos ayuda a aprovechar el equilibrio entre las deducciones fiscales y la operación de equipos nuevos en lugar de sostener el costo que implican los equipos viejos.

Hoy, a través de nuestro negocio de capacitación y asesoramiento empresarial, les hemos ayudado a muchas otras personas a manejar gastos inesperados, cubrir posibles problemas de flujo de efectivo y aprovechar cualquier oportunidad que pueda surgir. Esto requiere de tiempo y diligencia, pero puede que no se demore tanto como quizás usted cree.

Si usted mismo administra su negocio, sé que se animará a tener el mismo o mayor éxito financiero que el de otros propietarios de pequeñas empresas como la suya que hoy tienen más dinero que nunca en sus cuentas, dado que han configurado un equipo de trabajo fenomenal y han sistematizado sus negocios.

Principios de desempeño

1. Tenga en mente por qué existe su negocio.
2. Capacite a su gente y ellos le ayudarán a construir su negocio.
3. Una planificación adecuada genera una hoja de ruta clara hacia el éxito.
4. Un proceso hace que su negocio sea más predecible.
5. Un negocio sin fines de lucro es solo un pasatiempo.

SEGUNDA PARTE

La ciencia del desempeño máximo

La ciencia es conocimiento organizado.
—Hebert Spencer

10

"Pero yo pensé que usted dijo..."

La precisión en las comunicaciones es importante, más importante que nunca, en nuestra era de tanta agitación, cuando una palabra incierta o malentendida puede crear tanto desastre como el más repentino y desconsiderado de los actos.

—Jim Thurber

Todo administrador ha escuchado acerca de la importancia de la *comunicación*. Sin embargo, todos necesitamos que se nos recuerde de vez en cuando lo importante que es una clara comunicación y no están de más algunas sugerencias específicas sobre lo que debemos hacer para ser más efectivos. Además necesitamos recordar que la falta de comunicación, así como la mala comunicación o ninguna clase de comunicación, puede crear problemas desastrosos.

En este capítulo examinaremos algunas de las áreas problemáticas que impiden la comunicación, revisaremos algunas de las reglas necesarias para una mayor comunicación y miraremos más de cerca situaciones específicas tales como hablar en público y en reuniones con el fin de maximizar la comunicación efectiva. Por último veremos de qué manera la comunicación ejerce un papel importante en crear un ambiente de trabajo que conduzca a la productividad.

Según *Harvard Business Review*, la cualidad que produce más ascensos en la vida laboral de cualquier ejecutivo, administrador, vendedor o en cualquier persona, es la habilidad para comunicarse. Alan Loy McGinnis, en su excelente libro titulado *Out the Best in People*, dice por qué:

"Los motivadores siempre utilizan mucho vocabulario descriptivo e intenso a medida que le exponen sus sueños a su audiencia. Diversos líderes como Lyndon Johnson, Winston Churchill y Lee Iacocca, todos ellos han poseído una característica en común: una desbordante habilidad para hablar. Algunos de ellos pudieron haber tenido un cierto grado de timidez, pero cuando se les presentaba la ocasión, de cada uno de ellos emanaba un torrente de palabras. "El orador motivacional produce entusiasmo", dijo Aldoux Huxley, "cuya intensidad depende no de la racionalidad de lo que se dice ni de la defensa de una buena causa, sino únicamente del estilo propagandístico del uso de las palabras de manera entusiasta". Las palabras son un vehículo muy poderoso. Mucho del éxito de Franklin D. Roosevelt se debió a su habilidad de acuñar una frase y usar consignas para resumir sus sueños, y esas consignas se convirtieron en parte de nuestra vida nacional. Gandhi y Martin Luther King, Jr., los dos sabían que si uno habla lo suficiente, hay un poder edificante y regenerador, casi intoxicante en las palabras. La mayoría de nosotros ha experimentado cientos de veces que al escuchar a otra persona hablar —ya sea antes de una conferencia o en una conversación uno a uno—, el sonido de sus palabras y el tono de su voz terminan por persuadirnos.

Usted puede ganar considerables seguidores si está dispuesto a trasmitirle su mensaje a un suficiente número de personas sin dejarse desanimar por quienes no le creen y en lugar de eso usted retoma su mensaje y se lo presenta a su siguiente prospecto. Eventualmente, si hace suficientes presentaciones a muchas personas, algunas se entusiasmarán y harán parte de su público, una por una, y pronto surgirá un movimiento. Hablar puede ser fácil, pero el uso adecuado de las palabras tiene la capacidad de generar en sus seguidores algo que es imposible… ¡corazones convencidos!

En el mundo corporativo la falta de comunicación tiene un efecto desastroso en la productividad. Cada vez que usted piense: *"Es probable que ellos sepan"*, deje que esa sea una bandera de alerta rojo que le recuerde que es probable que ellos *no* sepan —y aproveche la oportunidad para enseñarles lo que *deberían* saber.

De acuerdo a AT&T, en cualquier oficina el tiempo se emplea en su mayoría en comunicar: escuchando, hablando, ordenando datos, revisando correo, etc. Cuando usted mantiene un registro de actividades, se asombra del poquito tiempo que tiene para desempeñar su trabajo (para los ejecutivos expertos es de un promedio del 15% del día de trabajo).

Adicional a esto, la comunicación puede ser muy difícil y se requiere de un esfuerzo conciso y constante para asegurarse de que lo que usted dijo fue entendido. La comunicación debe ser tan interesante y precisa como el aviso que vi en una casa restaurada cuando estuve hace poco en Chattanooga. Decía: "Los que traspasen esta propiedad serán abaleados —y los que sobrevivan, recibirán más balas". Para ser comunicadores efectivos debemos ser así de claros, aunque no necesariamente tan amenazantes.

Tan fácil como EBP

Los problemas que surgen en la comunicación en el campo de la administración, y en la sociedad, son tan enormes que nosotros en Ziglar Training Systems hemos desarrollado un seminario para empresas e individuos llamado *Effective Business Presentations (Presentaciones de negocios efectivas)*, el cual ha ayudado a hombres y mujeres en todos los campos de la vida a mejorar dramáticamente sus habilidades comunicativas. Nuestro equipo de trabajo pasa dos días entrenando y filmando sus presentaciones. Los participantes se sorprenden y alegran de la enorme diferencia entre su primera presentación y la última al finalizar el segundo día.

Verse a sí mismo como otros lo ven (y oyen) es muy importante, así que los asistentes a la conferencia son grabados una docena de veces, se les brindan sesiones de entrenamiento personalizadas, y se les instruye en 12 áreas vitales de la comunicación. Nuestras conferencias sobre cómo hacer presentaciones de negocios efectivas fortalecen las habilidades comunicativas porque aproximadamente el 30% del tiempo se invierte en instrucción mientras que el otro 70% del tiempo está dedicado a practicar las habilidades que cada individuo necesita y puede usar *de inmediato* cuando regrese a su trabajo. Bueno, esto está comenzando a sonar un poco como un comercial… porque lo es. ¡Un comercial para adquirir habilidades comunicativas! Permítame darle un ejemplo de cómo estas habilidades comunicativas e ideas de nuestro seminario tienen una aplicación inmediata.

¿Sabía usted que…?

Usted tiene más o menos 4 minutos para ser aceptado o rechazado cuando acaba de conocer a alguien. Usted reúne el 87% del total de su información a lo largo de su vida por medio de la vista; el 7%, por lo que escucha; el 3.5%, por su olfato; el 1.5%, por el tacto; el 1%, por el gusto. Así que cuando usted conoce a un prospecto o a un empleado, lo que ellos ven es de suma importancia. Las audiencias necesitan estimulación visual —un punto sobre el cual enfocarse. Los gestos, el lenguaje corporal y las expresiones del rostro, además de cualquier otro estimulo, son cruciales. El promedio de personas habla más o menos 150 palabras por minuto pero piensa a la velocidad de 600 —o cuatro veces más rápido. Usted cree que su mente divaga, pero en realidad su mente va *galopando* adelante suyo como un caballo de carreras desbocado. Como comunicador usted debe hacer lo posible por mantener la atención de su auditorio, incluyendo mantener sus pensamientos en orden y al ritmo de su discurso.

La docena deslumbrante

Usted puede convertirse en un comunicador más efectivo haciéndose consciente de las que llamamos *las doce áreas de habilidades vitales* de la comunicación. Estas áreas son: presentación personal, postura, ademanes, contacto visual, expresiones faciales, voz, relleno, involucramiento, manejo de las preguntas, sentido de humor, aprovechar la primera impresión y utilizar ayudas visuales.

Presentación personal: Se refiere a su ropa, a la manera en que usted se arregla, a como usted se conduce, a sus accesorios. Su presentación personal habla por usted; les dice a los demás lo que usted piensa acerca de sí mismo. ¿Le agrega o le quita esto al mensaje que usted quiere comunicar? ¿Qué dice de usted su apariencia personal?

Postura: Significa lenguaje corporal. ¿Dice su lenguaje corporal que usted se siente confiado y en control? ¿Que a usted en realidad le interesa la gente con la cual se está comunicando y que se siente cómodo? ¿O comunica totalmente lo opuesto?

Ademanes: Son las manifestaciones específicas del lenguaje corporal que involucran el movimiento de los brazos y las manos. Usted habrá conocido a algunas personas que no pueden comunicarse sin mover sus manos, y eso es cierto por lo menos en parte. El movimiento natural de las manos le permite al comunicador expresarse con mayor claridad.

Contacto visual: Es a los ojos lo que el apretón de manos es a las manos. Cuando su mirada se encuentra con la de otra persona usted envía señales, ya sea positivas y de confianza, ánimo e interés, o negativas como aburrimiento, irritación, disgusto, contrariedad y hasta ira.

Expresiones faciales: Incluyen la sonrisa y el ceño fruncido. Su cara es una de las grandes herramientas que usted tiene para lograr una comunicación efectiva. Con expresiones faciales controladas usted escoge el tono de la conversación y le comunica a su interlocutor lo que se aproxima. Además usted muestra lo que piensa y permite que sus pensamientos sean más fáciles de captar.

La voz incluye no solo el tono sino el volumen, la inflexión y la velocidad con que usted habla. Cuando usted varía el volumen, hace énfasis en ciertas palabras o frases y habla a distinta velocidad, su discurso se hace más efectivo y comprensible.

Relleno: Se refiere a las palabras que no tienen un significado específico como *entonces, ah, um, usted sabe, cierto, bueno,* pero las utilizamos al hablar. Solo por divertirse, grabe una conversación telefónica (solo su lado de la conversación) y cuente el número de palabras de relleno que usted utiliza. ¡Se sorprenderá!

Involucramiento: Significa que tanto usted como su auditorio están escuchando y participando activamente en la conversación. Utilizar el nombre de su interlocutor, hacer preguntas y prestarle atención a las respuestas, así como hablar en términos que interesen a los demás son ejemplos de qué tanto nos involucramos en la comunicación.

Manejo de las preguntas: Es primordial en las conversaciones de negocios. Con demasiada frecuencia escuchamos la pregunta y no contestamos aquello que nos preguntaron sino otra cosa. Si integridad y confianza son importantes en los negocios (y lo son), entonces la manera en que usted maneja las preguntas puede incrementar su "nivel de confianza" con aquellos con quienes usted trabaja.

Sentido de humor: Es útil para que su audiencia se relaje (ya sea de una o de miles de personas) y mostrarse amigable. Además se utiliza como puente cuando usted va a pasar a un tema de mayor seriedad, y como una forma de darle a su audiencia un descanso. El buen humor es muy efectivo en presentaciones largas para volver a captar la atención de la audiencia cuando se está comenzando a distraer. Pero tenga cuidado —no se sobrepase, muchos comunicadores principiantes sacrifican su mensaje por hacer sesiones de humor. A propósito, la regla para compartir humor de sala es: si usted se pregunta: "¿Debería compartir esto?", ya tiene la respuesta ¡y es *no*! (No he conocido hasta ahora un orador que quiera enganchar a su público, ni un empelado que consiga un ascenso, o a un vendedor que logre hacer una venta o a un político que gane votos porque su lenguaje fue profano o pasado de tono en sus presentaciones. Sin embargo, sí conozco innumerables situaciones en las que reacciones negativas fueron el resultado de un lenguaje innecesario, de historias inadecuadas, o de comentarios sexistas o racistas.

Aprovechar la primera impresión: Puede no ser muy importante para usted, pero un sabio refrán dice: "Usted nunca tendrá una segunda oportunidad de causar una primera impresión". Al conocer a otros usted tiene la oportunidad, no solo de causar una excelente imagen sino también de hacer que la gente a la cual usted presenta se sienta importante mediante el reconocimiento que les haga de sus capacidades y alto desempeño.

Ayudas visuales: No solo se usan en reuniones de comités sino también en conversaciones uno a uno. Cada vez que usted pueda impactar más de uno de los sentidos de su auditorio, usted va ganando en el juego de la comunicación.

Al estar al tanto de estas áreas vitales de la comunicación usted mejorará su capacidad de comunicarse… y si invierte tiempo estudiándolas, incrementará aún más sus habilidades.

Diferencias entre el lenguaje oral y escrito

Aunque usted sea un excelente escritor, no será un excelente orador si utiliza el mismo enfoque que cuando escribe.

- El lenguaje hablado debe ser fácil y rápidamente comprensible para su interlocutor porque si él no entiende, no puede darse el lujo de volver a leer.

- El lenguaje hablado debería ser más repetitivo. Es importante repetir varias veces las ideas principales que usted quiere que su auditorio asimile de manera fija.

- El lenguaje figurativo les agrega vida y color a los mensajes hablados. Las palabras coloridas y descriptivas tienen la capacidad de convertir una frase simple en memorable. Lincoln describió una nación "concebida en libertad". Kennedy habló de libertad y se refirió a ella como "la antorcha pasada de generación a generación". Charles Osgood, lexicógrafo de CBS, dijo: "Comparada con la palabra hablada, una pintura queda convertida en un objeto ínfimo".

Principios de desempeño

1. La falta de comunicación, los malentendidos o la comunicación inadecuada generan problemas.

2. Involúcrese en entrenamientos que le enseñen las dos formas de comunicación —hablada y escrita.

11

Reconociendo, premiando y sirviendo de modelo de desempeño máximo

La mayor humillación en la vida es trabajar duro en algo que usted espera recibir reconocimiento y no recibirlo nunca.

—Edgar Watson Howe

Sacar lo mejor que hay en las personas significa apreciar lo que ellas hacen, recompensarlas por ello y servirles como ejemplo para que ellas logren un desempeño máximo. En este capítulo trataremos estos tres aspectos importantes de la administración exitosa.

Reconocimiento

Hace algunos años yo había programado hablar durante un banquete para una compañía de seguros ubicada en Dallas. Durante la comida estaba sentado a la cabecera de la mesa en medio de los vicepresidentes de dos compañías muy importantes. Estábamos charlando muy amigablemente a medida que nos servían la comida. Cuando nuestra mesera nos trajo la ensalada, yo le dije: "Gracias". Minutos más tarde, cuando trajo el pan, de nuevo le di las gracias. Al traer la entrada, no solo le dije "gracias" sino que agregué: "Quiero decirle lo mucho que aprecio el buen servicio que usted nos está prestando. Es sorprendente ver su eficiencia y la manera en que nos atiende sin ninguna clase de afán. Y lo que es más importante, usted es muy agradable y graciosa, y solo quiero que sepa que aprecio su trabajo". Ella se sonrojó, me dio las gracias por mis comentarios y me dijo que le había alegrado el día.

Mientras todo eso estaba ocurriendo, los dos vicepresidentes a lado mío la ignoraban y reconocieron su servicio con un gruñido dirigiendo todos sus comentarios y atención hacia mí y hacia nuestra conversación. Pero el momento del postre fue toda una revelación. Cuando las copas de helado con salsa de chocolate estuvieron sobre nuestra mesa los dos vicepresidentes recibieron una porción de helado tan grande como una bola de golf. Yo recibí una del tamaño de una bola de basquetbol. La diferencia fue tan obvia que los dos comentaron: "Bueno Zig, veo que conoces a esta mujer". Yo, riendo les contesté: "Nunca en mi vida la había visto hasta esta noche pero sé mucho acerca de ella". Ellos me preguntaron cómo lo sabía. Yo destaqué el hecho de que ella es un ser humano y como todos los demás quiere algo de aprecio e interés sincero, y por eso yo le brindé un poco de los dos.

Lo mismo es cierto con respecto a cada miembro de su organización o de su familia. Todos queremos recibir aprecio y qué mejor forma de expresarlo que compartiendo un simple y cortés "gracias" cuando nos dicen o nos dan algo agradable. Es obvio que yo no estaba siendo amable con la mesera con la esperanza de que me diera una porción de helado más grande —en todo caso yo necesitaba una porción pequeñita. Pero al satisfacer su necesidad de sentirse apreciada, ella respondió de la única manera que podía —que era ponerle un poco más de helado a mi copa. Yo creo que al ayudarles a otros a convertirse en personas con un desempeño máximo enseñándoles a ser consideradas, amables y atentas, les estamos enseñando a cavar más profundo y a sacarle una gran tajada a la vida.

No una filosofía "optimista"

Art Pollasky, Gerente Regional de Snap-on Tools en Crystal Lake, Illinois, ha aprendido cómo cavar más profundo para obtener más de la vida. Él dice que la gente se motiva por el dinero y por el deseo arraigado de hacer algo significativo desde la posición y responsabilidades que se le han asignado. Como joven vendedor de Burroughs Corporation Art adaptó nuestra filosofía de que uno puede tener todo lo que quiera de la vida si les ayuda a los demás a conseguir lo que ellos quieran. El resultado fue el comienzo de una carrera en ventas estelar y exitosa que lo llevó a la cima. Mientras hablaba con él respecto a un proyecto reciente, tuve el privilegio de conocerlo mejor. Puedo decir que este joven, quien escuchó su primera colección de mis audios cuando buscaba formas de mejorar su desempeño profesional, hoy está recibiendo los beneficios de todo ese esfuerzo que hizo durante aquel tiempo. El gozo más grande surge de escuchar lo que aquellos que trabajan con él dicen acerca de su integridad y pasión. Los dos, tanto Bryan Flanagan y Dhanam, han trabajado muy de cerca con Art y con frecuencia elogian el estilo y flexibilidad con los que él conduce su profesión como vendedor y su propia vida.

The Wall Street Journal publicó el siguiente artículo de Jack Falvey titulado "To Raise Productivity, Try Saying Thank You" (Para incrementar la productividad, procure dar las gracias). Creo que usted se beneficiará de esos conceptos.

> Los administradores con frecuencia se ven a sí mismos como especialistas en sistemas o como solucionadores de problemas o como expertos funcionales. Pierden de vista el sentido común y la practicidad de delegar a otros para que hagan lo que se necesita por voluntad propia. La esencia de una administración exitosa es hacerle saber a la gente lo que usted espera de ellos, supervisarlos y apoyarlos para que todo se haga a la manera correcta. Los expertos advierten que no conocemos las limitaciones del ser humano. Lo único que sabemos es que hasta la gente más comprometida rara vez excede el 15% o el 20% de su capacidad cerebral en una jornada laboral promedio. La gente promedio puede duplicar o triplicar su nivel de rendimiento incrementando su autoconfianza, recibiendo más estímulo, adquiriendo un compromiso más serio, y haciendo una sorprendente cantidad de esfuerzo. Adicionalmente, si los administradores empezaran a pensar en términos de hacer

cosas para colaborarle a su gente —en lugar de pensar en ellos— veríamos los incrementos en la productividad serían más evidentes.

Estas son algunas de las cosas que usted puede hacer de inmediato sin necesidad de incrementar el presupuesto, pero que producen grandes dividendos.

Organice visitas informales a su gente. Escuche y use sus ojos para darse cuenta de lo que está sucediendo. No busque problemas, busque fortalezas y trabajos bien hechos. Sáquele provecho a cada cosa positiva que usted logre encontrar. Como administrador, sus palabras y acciones ejercen un mayor impacto del que usted piensa. Solo un pequeño esfuerzo con estas técnicas y el efecto es casi inmediato. Su confianza y disciplina para ponerlas en práctica producirá resultados increíbles. Publique todo buen resultado que usted observe. Imprimir es barato y sus resultados tendrán un efecto duradero.

Agregue notas positivas en esfuerzos productivos y envíeselas a los ejecutores de dicho resultados.

¿Qué tan innovador puede ser usted? ¿Se da cuenta del impacto que usted ejerce en otros? ¿Puede reducir o eliminar lo negativo en sus acuerdos con los miembros de su equipo? ¿Haría la investigación y análisis necesarios para descubrir cuales has sido las contribuciones positivas? ¿Dice o hace usted algo para halagar a los miembros de su equipo que por lo general son de alto rendimiento?

Tan simple y directo como pueda ser todo esto, es en realidad una enorme dificultad y un reto profesional. *¿Qué tan eficiente es como administrador profesional? Si los resultados se obtienen a través de gente comprometida, entonces ¿cuánto tiempo e interés es capaz usted de despertar en los demás para conseguir ese nivel de compromiso y obtener esos resultados? Propóngase hacer o decir algo agradable a alguien ahora mismo.*

El nivel de desempeño máximo necesita de reconocimiento

La mayoría de los gerentes quisiera tener trabajadores y compañeros de trabajo que sientan orgullo por sus profesiones. Sin embargo, como el término *orgullo* tiene distintos significados y usos, veamos una definición que se ajuste a nuestros propósitos en el campo de la Administración.

Para mí, orgullo (en inglés *PRIDE* —que según el autor, bien podría servir como sigla para Personal Responsibility In Daily Effort) significa que cada individuo debe ser responsable de esforzarse a diario, y si queremos incentivar a aquellos a nuestro alrededor para que se sientan orgullosos de hacer ese esfuerzo diario es crucial darles *reconocimiento*.

La fundadora de Mary Kay Cosmetics, Mary Kay Ash, es muy reconocida por haber dicho que cada persona lleva en sí misma una señal evidente para los demás que dice: "¡Háganme sentir importante!" Si lo logramos, (hacer sentir importante a cada persona), –de una manera *sincera*–, entonces hemos dado un paso gigantesco en el proceso de formar gente con un nivel de desempeño máximo.

Todo mundo necesita de reconocimiento. El trabajador de cuello azul recibe reconocimiento por ser el proveedor de su familia; el trabajador de cuello blanco recibe reconocimiento por su gran potencial; las personas que trabajan en el campo de las ventas reciben reconocimiento por tener entradas mayores que las que reportan muchas otras profesiones. El punto es que la necesidad de reconocimiento para algunos es básica mientras que para otros es bastante compleja. La gente de alto rendimiento en el mundo corporativo es la que construye, la "hacedora", la competitiva, la que quiere —e incluso necesita— aportar opciones para ayudar a mejorar las condiciones de su entorno. Ellos necesitan saber cuándo y cuánto están aportando y son dados a desarrollar un sistema de "puntaje" que mantenga a los miembros de sus equipos informados de lo que están haciendo. En cuanto a esto último siempre es recomendable procurar mantener en privado el "puntaje negativo" de cada individuo y compartir abiertamente el "puntaje positivo".

Cómo desarrollar entusiasmo y optimismo

Para formar gente con un nivel de desempeño máximo debemos enseñarle cómo ser entusiasta en todas las áreas de su vida, cómo interactuar con cortesía y cómo animar a otros.

Cuando usted desarrolla una personalidad agradable y es más amistoso y abierto hacia los demás, esta cualidad suele servirle de mucha ayuda tanto a nivel social como profesional e incluso en lo espiritual. Permítame compartirle un incidente que demuestra la importancia de dichos conceptos.

Nunca me había dado cuenta de lo pesado que es trabajar en un restaurante hasta que mi hija menor, a la edad de 16 años, trató de conseguir un trabajo –y el que consiguió fue precisamente en un restaurante. A medida que me iba dando cuenta de todo lo que ella tenía que hacer y soportar, tanto de los clientes como del administrador, me prometí a mí mismo que nunca más estaría en un restaurante sin decir algo agradable, amable, optimista y entusiasta a cada uno de los empleados que trabajen en esa industria. Y en la actualidad lo sigo haciendo.

Así las cosas, un día muy caliente de agosto, después de terminada la hora más ocupada del almuerzo, un amigo y yo nos fuimos a almorzar a un restaurante —y como siempre, yo estaba dispuesto a cumplir con mi promesa. Estando en la línea de servicio me dio la impresión de que el caballero que iba delante de mí pensaba igual porque también se comportaba con mucha amabilidad y entusiasmo con la gente que trabajaba en el lugar. Todo funcionó muy bien hasta que él llegó a la sección de la carne y cometió el error de decirle algo acerca del día a una de las mujeres que servía allí. Al escucharlo, ella se llevó las manos en la cintura y luego se dio un golpe en la frente con la mano y exclamó tan fuerte que literalmente todos la escucharon: "Sí, ¡definitivamente este es uno de *esos* días!"

Ahora, me gustaría aclarar que ella no me estaba hablando a mí, pero cuando uno es consciente de su profesión, —y la mía goza de buena reputación y además soy un pensador positivo, combinado con el hecho de que tenía un socio junto a mí—, debe entender que su reputación está en juego. Así que, aunque era obvio que no era asunto mío, procedí a meter mi gran nariz en el asunto y dirigiéndome a ella le dije: "Sí, hoy es un día bastante hermoso, ¿no es cierto?". Ante mi comentario, ella me miró con disgusto y me contestó: "¡Veo que ha estado en el sol por mucho rato!" Entonces inicié mi contraataque: "No, de hecho acabo de llegar del exterior —y allí vi mucha gente que creció sin nada para comer; vi niños sin ropa que ponerse y en condiciones sanitarias imposibles de describir y en medio de una pobreza que va más allá de toda imaginación—. Y en cambio la veo a usted hoy aquí, hermosa, joven, con este empleo, y disfrutando de los derechos de ser una ciudadana americana. Estoy seguro de que podría desempeñar su trabajo dando de lo mejor que hay en usted, y si lo hiciera, algún día hasta podría ser la administradora de este lugar. Y si usted cree en el Sueño Americano y en todas las posibilidades que este nos brinda, hasta podría en determinado momento tener su propio negocio".

Personalmente me pareció un discurso espontáneo, espectacular y contundente, pero estaba seguro de que ella querría expresar su punto de vista por mi amabilidad al haberle dicho esas palabras de esperanza y ánimo. Sin embargo, por temor a que perdiera el control, decidí ayudarle un poquito e hice una pausa y luego le dije: "Ahora se siente mucho mejor, ¿no es cierto?". Esta vez me miró aún con mayor disgusto y me contestó: "¡Usted está enfermo!".

Pensamiento negativo en extremo

Como diríamos en mi ciudad natal: "¡A veces se gana y a veces se pierde!". Esta empleada era en extremo negativa. Su modo de pensar tan pesimista había llegado a un estado tan avanzado en cuanto a sus actitudes endurecidas que daba la impresión de que su ánimo estaba en estado terminal. En todo caso yo proseguí mi marcha en la línea de servicio a medida que seleccionaba mi comida y pagaba. Mi amigo y yo nos sentamos a almorzar y después de un rato se nos terminó el té. Una señora que tenía por lo menos 60 años –y bien pudo haber tenido 70– fue la encargada de acercarse a servirnos más té. No recuerdo haber visto en mi vida a alguien con tantas arrugas alrededor de los ojos, así que le sonreí con un gesto amigable y le hice la famosa pregunta: "¿Cómo le ha ido?" Ella literalmente hizo un pasito de baile y acto seguido se dirigió hacia nosotros, esbozó una gran sonrisa y me dijo: "Corazón, sería imposible que me fuera mejor". Yo me reí y le respondí: "Bueno, ¿por qué no va a la línea de servicio y les cuenta a sus compañeras de trabajo lo bien que usted se siente?" En actitud de horror, ella levantó sus manos y me dijo: "¡Oh, no! ¡Yo no quiero tener nada que ver con esas mujeres! Si estuviera muy cerca de ellas demasiado tiempo, ¡terminaría siendo como ellas!".

No sé dónde esa señora habrá aprendido esa manera de pensar, pero estaba en lo cierto. De la manera en que yo leo mi Biblia, esta me enseña: "Recuerda que las malas compañías corrompen las buenas costumbres". Es un hecho comprobado que la gente con la que usted se asocia ejerce una enorme influencia sobre sus sentimientos, actitudes, valores morales y conducta. El ejemplo clásico de esta verdad es con frecuencia el siguiente: tome a un joven sureño y envíelo a una región del Norte o del Oriente del país y vera cómo después de cierto tiempo él terminará hablando con el acento típico de esa región. Y a la inversa, envíe a una persona que sea del Norte o del Occidente a vivir al Sur y verá cómo muy pronto ¡estará hablando normalmente! (Sí, ¡supongo que ustedes los del Norte y el Occidente podrían decir lo mismo!). Debemos tener cuidado de las personas con la que nos asociamos porque a la larga terminaremos pareciéndonos a ellas.

Existen 4.000 posibilidades a 1 de que, si usted hubiera tenido que elegir entre conversar un rato con la chica de la línea de servicio o con la señora que sirve el té en el restaurante, sin lugar a dudas habría preferido conversar con la señora del té. Usted, como líder, debe estar en capacidad de ejercer influencia sobre la vida de la gente que demuestra un nivel de desempeño máximo sabiendo darle reconocimiento.

El reconocimiento y los premios motivan a los empleados

Hace casi dos décadas decidimos que nuestra compañía necesitaba un programa de reconocimiento formal para incentivar a nuestro personal. Dado que estos programas deben destacar las cualidades propias del perfil de cada compañía, y que el éxito que alcanza cada individuo debe reflejar dicho perfil con excelencia, comenzamos a decidir qué cualidades queríamos destacar en nuestra organización, y basados en nuestras necesidades y creencias empresariales determinamos que era importante que nuestros empleados reflejaran una actitud proactiva y demostrarán que se han "apropiado" de nuestra filosofía. La gente de alto rendimiento debe darse cuenta de que, así como el jefe es el que firma los cheques, es el empleado quien determina su salario según sean sus capacidades.

Nuestras características empresariales primordiales —asistencia, actitud, liderazgo y lealtad— generaron cuatro clases de reconocimientos que otorgamos trimestre a trimestre. La siguiente es la información que presentamos en nuestro manual para los empleados:

El Programa de Reconocimientos de Ziglar Trainning Systems está basado en la premisa de que "la compañía premia y reconoce el desempeño de los empleados que reflejan nuestra filosofía empresarial" la cual consiste en buscar siempre lo bueno que hay en los demás. Además este programa nos ayuda a encontrar y premiar el desempeño excepcional de nuestros empleados. Las categorías de los premios por lo general son divertidas y personalizadas. Algunas son, por ejemplo, el club de gente de alto rendimiento (profesionales en ventas que han sido reconocidos por su excelencia en el número de ventas que cerraron o por su capacidad de servicio e innovación); también se otorgan premios por antigüedad, (con distintas remuneraciones económicas, según sea el tiempo y nivel de servicio dentro de la compañía); inclusive existe una mención especial que consiste en hacerles un reconocimiento a los miembros del equipo que van más allá de las funciones de su cargo y saben poner en práctica la misión y filosofía de la empresa. Adicional a esto contamos con concursos diarios y semanales que involucran al Departamento de Ventas, y en algunas ocasiones se incluye al personal de apoyo que genera entusiasmo en ellos.

¿Qué pasa si no existe un programa de reconocimientos?

De acuerdo al entrevistador Daniel Yankelovich, de quien se publicó una cita en *Psychology Today*, los empleados que han mantenido su trabajo por un período promedio de 10 años reportan que trabajan el 10% menos que cuando se vincularon a sus compañías. Ese es un descenso drástico que, en general, afecta negativamente la productividad de la nación. Pero, antes de que usted empiece a culpar a sus trabajadores, déjeme decirle que Yankelovich también anota que sus encuestas además arrojaron que "la ética de trabajo" en la actualidad es más fuerte que nunca —que los empleados quieren trabajar más duro y hacer una buena labor. Y además él explica la paradoja que existe con respecto a sus resultados o a los de cualquier otra encuesta: los trabajadores no creen que ellos se beneficien del incremento en la productividad, y debido a que piensan que los mayores beneficios de productividad son para la administración, los consumidores, y los inversionistas, ellos se sienten sin incentivos para mejorar su nivel de producción. La respuesta, dice Yankelovich, es *premiar a los empleados de una manera directa*.

Premios

Por lo general, cuando pensamos en premiar a la gente, pensamos en dinero. La *motivación incentivadora* es una clase de motivación sobre la cual se ha debatido mucho, y para muchas organizaciones es una alternativa viable especialmente en el campo de las ventas. Uno de los aspectos importantes a tener en cuenta con respecto a la motivación incentivadora es: "Los beneficios de hoy son la motivación del mañana". Esto significa que en el campo de la motivación incentiva con frecuencia debemos estar dispuestos (y en la actitud adecuada) de "complacer" a nuestros empleados con incentivos que en realidad los motiven.

Pero la buena noticia es que… no es necesario que el dinero sea siempre de verdad

Durante un verano, Charlie Pflunger, de Indianápolis, Indiana, asistió a uno de nuestros seminarios llamado *Born to Win* dirigido a educadores y en realidad se sintió muy motivado con el enfoque positivo que debe dársele a la Educación. Parece que él comprendió que la actitud positiva se refleja en casi toda circunstancia. Charlie era Rector de una escuela en un pueblo alejado de la ciudad que estaba a punto de cerrar la institución, así que regresó allí con una impactante actitud positiva y con mucho entusiasmo, y gracias a toda la ayuda que recibió de su equipo de trabajo desarrolló un plan de juego para el siguiente año.

Charlie se inventó una moneda de cartón y la utilizó como instrumento para desarrollar un pequeño proyecto. En una cara escribió I CAN (Yo puedo) y en la otra escribió PLA MONEY (Positive Life Attitudes for America –Vida con actitudes mentales positivas en América)[1]. Como usted podrá ver en el diagrama que aparece abajo, nosotros embellecimos un poco la idea de la moneda.

La versión original de este profesor fue bastante rústica pero enormemente efectiva. Él reprodujo cientos de estas monedas y las distribuyó entre todos sus profesores, y cuando un estudiante hacía algo "bueno" sin haber recibido la instrucción de hacerlo, como recoger papel del suelo de manera espontánea, borrar el tablero por voluntad propia, darles la bienvenida a los nuevos estudiantes, devolver un objeto perdido, y toda esa clase de buenas conductas, recibía una de estas monedas de algún profesor.

Cada vez que un estudiante recibía 100 de ellas se ganaba una camiseta que decía: I CAN. De 594 estudiantes que asistían a la escuela 587 se ganaron una de estas camisetas, las cuales llegaron a convertirse en un verdadero símbolo de *status* entre los alumnos del plantel. Charlie cuenta con una sonrisa cómo se volvió absurdo el hecho de ver que no alcanzaba a haber una hoja de papel volando en el aire cuando ya ¡por lo menos 5 estudiantes corrían a recogerla!

Algunos les ayudaban a las ancianas que no podían cruzar la calle a cruzarla, y cuando llegaba un nuevo compañero a la escuela él o ella recibían saludos de por lo menos 97 estudiantes. En pocas palabras, toda la escuela se involucró en el proyecto.

Habrá quienes piensen que 587 camisetas tienen un alto costo, y lógico, tienen razón. Sin embargo, cuando usted analiza los resultados, esa inversión terminó siendo la mejor de todas las inversiones que hizo la escuela hasta ese momento. Primero que todo, no hubo un solo caso de vandalismo durante todo el año escolar; tampoco se presentaron situaciones que tuvieran que ver con las drogas; la asistencia a clases mejoró; los resultados académicos fueron más altos (en muchos casos, de una manera sustancial); y quizá lo mejor de todo fue que por primera vez tanto padres como profesores y estudiantes sintieron que estaban trabajando en el mismo equipo y buscando cumplir los mismos objetivos.

Modelos a seguir

La característica principal del liderazgo es crear un equipo de trabajo direccionado por alguien capaz de hacer que sus colaboradores lo sigan porque respetan su integridad y habilidades como líder. En nuestro ejemplo anterior el rector y su grupo de profesores alcanzaron su objetivo. Este principio funciona con la misma efectividad en el mundo de los negocios, como usted podrá darse cuenta en el artículo siguiente:

¿Qué caracteriza a una persona que es modelo de liderazgo? ¿Qué marca un tono de excelencia que sea dinámico y claro? ¿Qué separa a un líder que es modelo de conducta del resto? Veamos un ejemplo.

Nicola Iacocca emigró a los Estados Unidos desde el Sur de Italia en 1902 y se instaló temporalmente en Allentown, Penssylvania, donde inició su pequeño negocio de renta de carros. Su hijo Lee, rodeado de carros toda su vida, aspiraba a trabajar para la Ford, y con un título universitario de Lehigh y una Maestría en Princeton, Lee se vinculó a Ford Motor Company en 1946. Hacia 1970 solo el nieto de Henry Ford había logrado sostenerse en una posición más alta que la de Iacocca. En julio 13 de 1978, por el nepotismo y la obsesión de Ford, Iacocca fue despedido. En octubre 30 de 1978 Lee Iacocca fue nombrado Presidente de Chrysler Corporation; ese mismo día Chrysler anunció su más grande pérdida en el primer trimestre del año.

El jueves 22 abril de 1983 Chrysler anunció triunfante que había ganado $172.1 millones de dólares en el primer trimestre del año, la más alta ganancia en el campo del mercado de la venta de automóviles. Al comienzo muchos preciaban a Iacocca de ser el supervendedor, pero más adelante el descenso de Chrysler fue inminente. Wall Street se reía, el público se burlaba, el Congreso escudriñaba y Iacocca *perseveraba*. Después de haber disminuido el personal de la compañía a la mitad, el siguiente paso de Iacocca fue trabajar con la otra mitad de su personal.

Su estilo administrativo lo ha descrito como un líder amable, exigente, arrogante, despiadado y prepotente. La verdad es que *Lee Iacocca no exige menos de lo que da*. Él es el modelo ideal de liderazgo. Estableció metas trimestrales para la compañía, para sí mismo y para su equipo administrativo. Iacocca transpira confianza en sí mismo. Siempre está impecablemente vestido y presentado… y, literalmente, transmite seguridad en sí mismo. Él es un ganador…

Las 3 A de la excelencia

Sin lugar a duda existe un patrón de excelencia que está implícito en líderes como Lee Iacocca. No es sorprendente que, aunque esta clase de personas está envuelta en diferentes campos de los negocios, exista un conjunto de características en común en ellas que son las que constituyen los ingredientes para alcanzar el éxito y están representadas en las 3 A de la excelencia: *Actitud, Audacia y Apariencia personal*.

Actitud: "La excelencia es un estado mental. ¡Créalo!" Todo el que alcanza el éxito parece tener un compromiso inquebrantable y una fe única en sus habilidades y capacidades personales. Ellos se adhieren a un código de negocios inalterable: no confiar en nadie. Sus creencias, sus pensamientos y sus actitudes son evidentes a quienes los rodean. La actitud debe ser una característica básica en toda organización ya que, cuando el líder cree en algo y se lo trasmite a su organización, esa filosofía adquiere forma. Durante la Administración Iacocca en Chrysler, en Saint Louis, el Administrador de Planta, John Burkhart, manifestó: "Todos nosotros en esta empresa creemos en el hombre…".

Audacia: Nuestra sociedad actual se ha sobrecargado de un aletargamiento que alcanza proporciones epidémicas, y en un ambiente multinacional altamente competitivo no podemos darnos ese lujo. La comunidad de negocios mundial está poblada de competidores que son tanto ambiciosos como audaces. Quizás nosotros también seamos ambiciosos, pero no lo suficiente. La búsqueda de excelencia es un proceso que, de comienzo a final, implica audacia. Esa es otra característica primordial para triunfar en el mundo de los negocios. A veces usted pierde y a veces gana.

Apariencia personal: Un estudiante brillante no lograba encontrar trabajo. Había enviado ya varias hojas de vida a docenas de empresas y muchas le respondían favorablemente dándole citas para que asistiera a entrevistas de trabajo. Visitó un buen número de empresas pero en ninguna le concretaron una oferta y él quería saber por qué.

"¿Estás por completo seguro de que quieres saber por qué?", le preguntó un día su profesor. "Sí, necesito saber", replicó el joven. Entonces el profesor le dio su punto de vista: "Luces como si hubieras estado en un viaje de excursión durante seis meses". El estudiante se defendió indignado: "¿Lo dice por mi barba y por mi pelo?". El profesor le respondió: "Sí, y por tus zapatos y por tu ropa y por tu aliento". El estudiante intentó argumentar diciendo: "¡Eso no es justo!", a lo cual, haciendo uso de su paciencia, el profesor le contestó: *"Tú no me preguntaste si era justo, solo me preguntaste por qué no te contratan".*

Justo o no, el mundo de los negocios responde a la apariencia personal. Lógico, no hay que exagerar, pero es un aspecto importante.

Usted necesita *transpirar excelencia*. Mucho del éxito inicial recibido por la Administración Reagan estuvo basado no solo en los hechos sino también en su apariencia personal; la Casa Blanca volvió a tener el aspecto de la casa "presidencial". Reagan y su Gabinete Presidencial tuvieron en cuenta ese aspecto. La esplendorosa apariencia personal de Iacocca no es coincidencial. La tercera A es solo una manifestación visual de actitud y audacia…[3]

Principios de desempeño

1. Todo mundo necesita de reconocimiento.
2. Orgullo desde el punto de vista laboral debe significar tomar la responsabilidad personal de esforzarse a diario.
3. Los programas de reconocimiento y premios deben tener en cuenta las cualidades pertinentes al perfil de cada empresa y al grado de excelencia de sus empleados a nivel individual.
4. Las tres A de la excelencia son:
   a. Actitud
   b. Audacia
   c. Apariencia personal

12

Aprendiendo a conocer a los demás... ¡y también a mí mismo!

La habilidad básica de todo administrador consiste en saber cómo asignar responsabilidades y luego elegir a la gente adecuada para que las ejecute.

–Lee Iacocca

Alguna vez se ha hecho preguntas como por ejemplo: ¿por qué usted entabla mejores relaciones con una persona y sin embargo le es tan difícil llevarse bien con otra? ¿Por qué su jefe actual parece ser mucho más complicado que el anterior? ¿Cuáles son los aspectos que en definitiva marcan la diferencia en los tipos y estilos de personalidad? Si alguien logra encontrar la clave a todas estas preguntas de cierto tiene una gran ventaja en entenderse a sí mismo y a los demás.

¿Qué tiene esto que ver con el desempeño máximo? ¡Bastante! Las personas que tienen un alto nivel de desempeño se conocen muy bien a sí mismas y además saben cómo interactuar de manera efectiva con los distintos tipos de personalidad. No tratamos a todo el mundo de la misma manera. El líder que diga: "Yo trato a todos por igual" va a ser muy poco efectivo. Si usted identifica cuales son las características básicas de las distintas clases de personalidad, se sorprenderá al ver que su habilidad para relacionarse con la gente mejorará sustancialmente.

Existe una gran cantidad de información en el mercado actual mediante la cual podemos aprender a identificar los diversos tipos de personalidad de la gente que nos rodea, e incluso nuestra propia personalidad. Los sicólogos por lo general trabajan con el método que se conoce como Briggs-Meyer Analysis. En la década de 1920 el Dr. Carl Jung, sicoanalista suizo, escribió en *Psychological Types*: "Lo que en realidad hace que haya diferencias en la personalidad es el hecho de que cada individuo desarrolla ciertas conductas que son más marcadas que otras". Este doctor se dedicó a investigar sobre la manera en que operan los rasgos heredados que toda persona posee. En Ziglar Training Systems utilizamos el sistema que se conoce como Personal Profile System de Perfomax Systems International Inc. y hemos comprobado en nuestra propia experiencia que, mientras más conocemos acerca de nosotros mismos y de los demás, mejor capacitados estamos para relacionarnos con la gente y con nuestra compleja sociedad. Al comienzo de mi carrera no hubiera contemplado la posibilidad de utilizar un perfil de personalidad para contratar a mis empleados, y sin embargo hoy en día no logro imaginar cómo sería contratar a alguien sin disponer de esta herramienta –no solo por nuestra seguridad y beneficios sino también por el bienestar de la persona a contratar. Permítame darle dos ejemplos específicos.

Hace algunos años, cuando Ron Ezinga estaba evaluando mi oferta de convertirse en el Presidente de Zig Ziglar Corporation, acordamos que sería muy provechoso para los dos hacer un test de compatibilidad. Ninguno de los dos estábamos interesados en involucrarnos en una relación de negocios que no fuera funcional para ambos puesto que, por una parte, para Ron, unirse a nuestra firma significaba tener que renunciar a la presidencia de una compañía más grande y además trasladar a su familia a más de 1.000 millas hasta Dallas. Por otra parte, implicaba cambios importantes para nuestra empresa, así como un cambio de dirección para mí, personalmente. Asociarnos parecía ser obvio ya que yo estaba haciendo más de 100 conferencias por año y esto me impedía ser efectivo en la dirección de la empresa. El trabajo que Ron tenía era muy halagador desde el punto de vista financiero pero no le permitía hacer uso total de su creatividad ni ejercer al máximo sus habilidades organizacionales ni su experiencia en Administración. Los dos queríamos trabajar juntos, pero además necesitábamos que fuera lo más adecuado para nuestras familias y para nuestras carreras.

Como los dos somos hombres de negocios que saben tomar decisiones prudentes, Ron y yo acordamos pasar por una serie de pruebas extensas y el resultado fue que en realidad sí teníamos el potencial para hacer una sociedad de negocios excelente y fructífera. Mi estilo es ser rápido para actuar y tomar decisiones mientras que Ron es más dado a deliberar y analizar los hechos. Los sicólogos nos recomendaron: "Zig, si tú puedes acelerar un poco el paso de Ron, y él logra frenarte un poco, ¡los dos van a ser realmente exitosos!" Hubo muchas áreas en las que parecía que sus fortalezas compensarían mis debilidades y en las que mis fortalezas compensarían sus debilidades. Las herramientas científicas validaron lo que los dos sospechábamos y por lo cual habíamos orado –que pudiéramos tener éxito trabajando juntos. Hoy puedo decir que me siento muy agradecido con Dios por haber enviado a Ron a nuestra compañía en aquel tiempo puesto que bajo su dirección efectiva y creativa incursionamos en muchas áreas nuevas y alcanzamos entre 5 y 10 veces más cantidad de gente de la que estábamos alcanzando antes de que Ron hiciera parte de nuestro equipo.

El segundo ejemplo que me gustaría compartir tiene que ver con una joven que contratamos para trabajar como recepcionista. Ella era muy agradable y contestaba muy bien el teléfono; sin embargo nunca estaba en su puesto cuando tenía que contestarlo. Tenía tanta energía que le costaba trabajo quedarse sentada. Llegamos incluso a pensar que tendríamos que pedirle que buscará otro empleo, pero por esos días conocimos el método de Personality Profile System y lo aplicamos con ella. Como resultado de ese análisis vimos que *ella* no era el problema –¡*que nosotros* fuimos el problema! La ubicamos en el lugar equivocado. Por fortuna teníamos una posición abierta en ese momento para una asistente en la oficina del administrador. El cargo requería la capacidad de manejar por lo menos 14 tareas al mismo tiempo (ordenar suplementos para la oficina, hacer reparar la maquinaria de la oficina, atender a la gente que visitara nuestras instalaciones, etc.), ¡y ella era magnífica para ocuparse de todo esto al tiempo! Fue de las mejores empleadas en desempeñar ese cargo, al punto que, cuando su esposo fue trasladado por su empresa a una nueva ciudad, lamentamos incluso con lágrimas verla partir.

El punto es: el aval científico nos sirve como refuerzo cuando se trata de tomar decisiones profesionales –tanto para contratar personal como para elegir una profesión. ¿Estoy recomendándole que su organización se involucre en uno de esos sistemas de análisis del perfil de la personalidad? La respuesta es sí. Y nosotros tenemos un equipo de consultoría que se especializa en desarrollar programas personalizados y enfocados exclusivamente en el personal de su empresa.

Un viaje que nos ayude a conocernos a nosotros mismos y a los demás

Un análisis de personalidad es en cierta manera como un análisis de las notas de una pieza musical porque revela la naturaleza y la calidad de quien la ejecuta. Todo instrumento musical y todo ser humano son diferentes. Observe un grupo de gente que interactúa en beneficio de lograr una causa común y verá que cada persona posee rasgos de personalidad diferentes a los de los demás. Cada una está motivada por diversas razones, y esas diferencias se ven reflejadas en un desempeño efectivo (como en el caso de Ron Ezinga y mío), pero también en un total desacuerdo. Esto no siempre significa que una persona esté en lo correcto y la otra esté equivocada —lo que significa es que son diferentes. ¡Y eso está bien! Si estuviéramos siempre de acuerdo, entonces uno de nosotros no sería necesario.

Lo espectacular de los análisis de personalidad (sin tener en cuenta el sistema que se utilice) es que, no solo lo habilita para entender por qué tanto usted como la gente que lo rodea se comportan de la manera en que lo hacen sino que además le permite aprovechar este conocimiento (no para tomar ventaja de la gente) para canalizar mucho mejor las energías y enfocar los talentos de aquellos con quienes usted interactúa. Comprender las diferencias en la personalidad le ayuda a la gente a apreciar mejor a los demás y, como consecuencia, a trabajar en grupo de una manera más efectiva. Esto, unido al hecho de saber manejar ciertos aspectos que generan acuerdos y desacuerdos en el campo de la comunicación, crea un verdadero escenario de relaciones ganar-ganar.

Funciona así: la mayoría de los estudios que hemos realizado agrupan los estilos de conducta en cuatro amplias categorías siendo obvio que no se puede definir la personalidad de un individuo argumentando que pertenece exclusivamente a una de las cuatro. Después de todo, somos seres humanos y no mecanismos computarizados. Nuestra personalidad refleja muchas diferencias sutiles y todos tenemos diferentes grados de cada una de las características de los cuatro grupos de personalidad antes mencionados. Sin embargo algunas características predominan y son más vigentes en una persona que en otra.

¿Qué tan audaces son sus empleados?

A medida que lea esta información es muy importante recordar que usted puede obtener todo lo que quiera de la vida si les ayuda a los demás a conseguir lo que ellos quieren. A medida que vaya identificando cada tipo de personalidad comprenderá cómo motivar y animar a la gente que pertenece a cada uno de ellos. Sabrá cómo ayudarles a ser más efectivos en lo que hacen. Recuerde que todos somos diferentes y que, como administrador, esta herramienta le ayudará a interactuar con las distintas clases de personalidad que hay en su equipo de trabajo y tendrá mayor éxito formando gente de alto rendimiento.

Piense en cuatro tubos de ensayo en un laboratorio de química. Cada tubo representa la principal característica de una personalidad. Llamemos al primer tubo: *agresión*. Si el tubo de la agresión está lleno por debajo de la mitad, esta persona por lo general está dispuesta a permitir que otros tomen decisiones y además se siente cómoda cuando se trata de tomar decisiones en consenso. Los individuos que pertenecen a este grupo por lo general son callados y sencillos, y son percibidos por los demás como tranquilos y serenos en su trato con la gente; además son modestos en cuanto a sus logros personales.

Para motivar a estas personas es conveniente ubicarlas en un ambiente de poca presión en el cual predomine el trabajo en grupo y no tanto el trabajo individual exigente. La motivación incentiva logrará muy poco para animar a este tipo de personalidad que se frustra frente a la presión. Estas personas están siempre dispuestas a colaborar y son poco egoístas, razón por la cual a veces hay quienes tienden a tomarles ventaja.

La gente que tiene su "tubo de agresión" lleno por encima de la mitad por lo general es percibida como férrea y tiende a desarrollar muchas actividades, y además tiene la tendencia a manejarse a sí misma y a otros; disfruta de los cambios y de los retos. Es fácil reconocer a este grupo por su "mirada de acero" (fija en intensa) y por su expresión de "puño listo" para darle un golpe a la mesa y hacer énfasis en su punto de vista (o apuntando con el dedo para lograr el mismo efecto). Ellos trotan en lugar de caminar dando siempre la impresión de que necesitan ir de afán a cumplir con algún propósito importante.

Para motivar a este grupo usted necesita ponerle retos y darle autoridad. Mientras menos atados se sientan, más efectivos se vuelven. Deles respuestas directas y remítase al punto en cuestión. Cuando tenga un desacuerdo con ellos, asegúrese de que sea con respecto a los hechos y no con respecto a la persona. Entre más usted haga referencia a los objetivos y a los resultados, y les provea información acerca de las probabilidades de éxito en alguna labor, más y mejor captará su atención.

Este grupo se frustrará si con frecuencia usted le exige documentos o que siga cierto tipo de pólizas y procedimientos. Ellos son pioneros, no seguidores. Si les cuestiona su autoridad o les pone un límite en cuanto a su potencial para ganar dinero y avanzar, se irán a trabajar a otro lugar.

Una de las claves importantes para tener en cuenta cuando usted esté buscando las características de personalidad en cada individuo es que nuestras debilidades como seres humanos con frecuencia son la extensión de nuestras fortalezas. Estos individuos buscan cumplir sus metas, son decididos, confían en sí mismos, son convincentes y persistentes, se esfuerzan para ganar, y todo esto hace que sean impacientes, adictos al trabajo, que fallen en su atención hacia los detalles, que su interacción con sus compañeros de trabajo sea abrasiva y que se sobrepasen en sus privilegios.

¿Quién es la "gente a la que le agrada la gente"?

La siguiente característica de personalidad es la gente a la que le agrada *la gente*. Si el tubo de ensayo está lleno por debajo de la mitad con esta cualidad, por lo general indica que usted está frente a una persona que no está dispuesta a pasar tiempo con otra gente. Los demás la perciben como distante y pesimista. Por lo general es lenta para expresarse y a veces sospecha de las motivaciones de los demás. No se siente muy segura de la manera en que se comporta en un contexto social ni en un ambiente de trabajo. Es muy cuidadosa de su apariencia personal.

Esta clase de individuos se motiva en un ambiente libre de contactos sociales. Permítales analizar y encontrar soluciones a un problema. Ellos son los mejores trabajando en proyectos que requieran de un análisis lógico. La gente superficial y ruidosa los desanima.

Este grupo agradable, y no tanto reservado, suele ser muy eficiente en la resolución de problemas, pero si usted los ubica en un cargo para resolverle "problemas a la gente", se sentirán muy incómodos.

La persona que tiene su tubo de ensayo lleno por encima de la mitad con la característica de "que le agrada la gente" por lo general es muy espontánea, entusiasta, amigable y persuasiva. Da la impresión de ser equilibrada, encantadora, emotiva y optimista. Usted la reconocerá por su sonrisa, sus ademanes relajados y su actitud siempre amigable y dispuesta. Es muy expresiva con sus brazos y sus manos al hablar, y si usted pasa con ella un cierto periodo de tiempo, lo abrasará y le dará una palmadita en el hombro, en la espalda o en la mano.

Para motivarlas, deles tiempo para socializar y conversar. Permítales expresar sus opiniones e ideas, sobre todo las que tienen que ver con la gente. Ayúdeles apoyándolas en sus capacidades de relacionarse con otros.

Esta clase de personas se deprime trabajando durante largos periodos de intensa concentración, llevando apuntes y haciéndoles críticas a sus amigos. Ubíquelas en un ambiente de poca interacción (en un computador, en tareas de contabilidad) y no se quedarán con usted por largo tiempo. Esta "gente a la que le agrada la gente" es confiable, sociable, generosa, promotora de actividades, pero si usted promueve esas cualidades sin ponerles un límite, el asunto puede convertirse en cuestión de popularidad y no de resultados; en trabajar con personas que toman decisiones con el corazón y que no quieran enfrentar los problemas.

La medida de la paciencia

El siguiente tubo de ensayo está lleno en mayor o menor medida de la característica de la *paciencia*. Si el tubo está lleno por debajo de la línea media, esta persona por lo general es activa y prefiere un ambiente de trabajo poco estructurado. Se frustra frente el *statu quo* y promueve cambios. Es impulsiva, lista para avanzar y buena para iniciar nuevos proyectos. Se siente emocionada y quiere realizar su trabajo lo más pronto posible.

Esta clase de individuos se motiva si usted le da una variedad de actividades por realizar y libertad para hacerlas. Su inquietud suele aportarle productividad al ambiente de trabajo y puede ser muy positivo, —cuando se le canaliza esta característica. La fortaleza de estas personas consiste en su iniciativa y disposición para trabajar, pero esta misma cualidad puede convertírseles en una debilidad cuando comienzan a desarrollar muchos proyectos a la vez y no terminan ninguno.

La gente que tiene su tubo de ensayo lleno de paciencia por encima de la mitad suele ser muy estable y tiene la capacidad de "permanecer sentada". Se les reconoce por ser amables, pacientes, tranquilos, disciplinados y orientados hacia el servicio a los demás. Usted los reconocerá por su disposición para escuchar y por su conducta amistosa. Se ven muy relajados, su movimiento corporal es suave y tranquilo. Para motivarlos, deles tiempo para que se ajusten; no haga muchos cambios ni les dé *ninguna* sorpresa. Si usted les muestra aprecio sincero por su trabajo, le serán muy leales. Cree un ambiente seguro y permítales desarrollar patrones de trabajo por medio de los cuales puedan producir al máximo.

Esta clase de individuos se deprimirá por la presión en su lugar de trabajo. Si a diario tienen que enfrentarse a nuevas tareas y a gente nueva su nivel de productividad disminuirá. Ellos son leales, sinceros, trabajadores esforzados, consistentes, prudentes y confiables. Son jugadores de equipo. Sus fortalezas se convierten en debilidades cuando posponen alguna actividad o se les pide que comiencen un nuevo proyecto. Es posible que tengan problemas con entregar su trabajo a tiempo, y aunque siempre lo terminan —quieren hacerlo solo durante su horario de trabajo.

Calidad, no cantidad

El último tubo de ensayo está lleno con la característica de la *calidad*. Si este tubo está lleno por debajo de la línea media, estas personas podrían parecer decididas (esa es una mejor manera de decir: tercas). Este tipo de gente por lo general es muy independiente y no le importa para nada los detalles. Para ellos, la cantidad es más importante que la calidad.

Para motivarlos, permítales hacer su trabajo a su manera y garantíceles autonomía. Ellos son persistentes y se remitirán a hacer lo que tienen que hacer, pero esta fortaleza puede convertirse en debilidad cuando se empecinan en un proyecto que, por alguna circunstancia, sería mejor abandonar.

La gente que tiene su tubo de ensayo lleno de calidad por encima de la mitad es conocida por su capacidad para fijarse y ocuparse de los detalles. Esta clase de personas es intuitiva y sensible al medio ambiente. Son cautelosas e insisten en la competencia y la perfección. Usted los reconocerá por ser individuos pensadores, en busca de hechos. No son muy expresivos y se sienten incómodos con la gente que muestra sus emociones.

Para motivar a estas personas, bríndeles atención personalizada, las descripciones de su cargo exactas y un ambiente de trabajo controlado. Si usted les permite ser parte de un grupo de trabajo y les da evidencia de ser un buen líder, las habrá ganado como amigas. Pero a sí mismo, se deprimen frente a un jefe que demanda decisiones importantes y no les permite el tiempo necesario para revisar la calidad de su trabajo. Si usted las ubica en un ambiente desestructurado, donde no existen ningunos parámetros a seguir, ellas procurarán buscar otro empleo.

Estas personas tan conscientes de la importancia de la calidad por lo general son maduras, puntuales, lógicas, precisas y con altos niveles en todos los campos. Pero si llevan sus capacidades a los extremos, se les convertirán en debilidades y entonces estarán siendo analíticas al extremo y sufriendo de "parálisis por análisis", y se volverán inflexibles y demasiado pegadas de los procedimientos y los métodos. Suelen tener una tendencia a enterrarse en los detalles y a dudar actuar, si no tienen un precedente.

¿Cómo va?

Espero que, en la medida en que hemos venido describiendo cada uno de estos rasgos, usted haya estado haciendo un poco de autoevaluación. En la escala de 1 a 10, siendo 1 el nivel más bajo y 10 el más alto, ¿cómo evaluaría usted sus características de *agresión, habilidad con la gente, paciencia y calidad* en el recuadro que aparece abajo? ¿Cómo lo evaluarían sus padres? Permítame recordarle algo que ya dije antes: todos tenemos un poco de todas estas cualidades. Hay ocasiones en que nuestros tubos de ensayo parecen estar casi vacíos, y otras en que parecen casi llenos. Sin embargo yo creo que usted se ha dado cuenta de que cada uno de nosotros poseemos unas características que predominan.

Agresión	Habilidad con la gente	Paciencia	Calidad
Yo digo____	Yo digo____	Yo digo____	Yo digo____
Mis padres____	Mis padres____	Mis padres____	Mis padres____
Mis empleados____	Mis empleados____	Mis empleados____	Mis empleados____
Mi pareja____	Mi pareja____	Mi pareja____	Mi pareja____

| Mis hijos____ | Mis hijos____ | Mis hijos____ | Mis hijos____ |
| Mi jefe____ | Mi jefe____ | Mi jefe____ | Mi jefe____ |

Otro método de comparación

Si tomamos cada uno de esos tubos de ensayo y los ponemos uno al pie del otro podríamos hacer una comparación de cómo estamos según la línea media en cada una de estas áreas. Recuerde: entre más lejos estemos de la línea media, más marcadas serán las características en nosotros y en los demás.

Agresión	Habilidad con la gente	Paciencia	Calidad
10 Directo	Entusiasta	Predecible	Perfeccionista
9 Osado	Persuasivo	Relajado	Exacto
8 Arriesgado	Emocional	Poco expresivo	Sistemático
7 Decidido	Confiable	Prudente	Meticuloso
6 Competitivo	Sociable	Estable	Con altos estándares
	Linea Media		
5 Calcula riesgos	Reflexivo	Extrovertido	Obstinado
4 Autocrítico	Basado en hechos	Entusiasta	Persistente
3 Sopesa pros y contras	Controlado	Inquieto	Independiente
2 Tranquilo	Cohibido	Preocupado	Rígido
1 Callado	Desconfiado	Activo	Firme

Aquellos de ustedes (los que se encuentran ubicados de la mitad hacia arriba de la cualidad en cuestión y de la mitad hacia abajo) habrán notado la variedad de características, y que ellas se complementan entre sí. En otras palabras, la persona que se ubica en la tercera casilla en la columna de "habilidad para con la gente" y en la casilla ocho en la columna de "calidad" tiene la habilidad de analizar y sobresaldría en posiciones que le permitan utilizar esas fortalezas. Ubicarla en una posición de relaciones públicas durante un largo periodo no sería muy aconsejable. La pregunta es: ¿por cuánto tiempo y a qué costo podría esa persona desempeñar ese trabajo?

Lo hermoso de estas herramientas, si se les utiliza de una manera científica, es que, cuando usted vaya a contratar gente, sabrá ubicarla en el sitio y en el empleo adecuado. Y cuando utiliza estas herramientas con personas que ya están desempeñando un cargo en su empresa, estas le permiten ayudarle a su empleado a sacarle provecho a sus fortalezas trabajando en una posición que, no solo le produce entusiasmo sino en la que además es excelente.

Reforcemos esta idea: no existen características adecuadas ni inadecuadas, no hay buenas y malas cualidades. Estamos donde estamos y somos lo que somos debido a lo que hay en nuestra mente. Cambiamos el dónde y el cuándo, así como lo que somos, cambiando nuestra manera de pensar. No se sienta satisfecho con las generalidades que le estamos dando en cuanto a este tema en este libro. Si esta área relacionada con aprender a conocer los rasgos de personalidad le interesa, contáctenos para mayor información sobre cómo implementar los perfiles de cada personalidad.[4]

Permítanme enfatizar nuevamente: no existe un tipo de personalidad errado cuando se trata de administración como tampoco existe un tipo de personalidad errado cuando se trata de lograr un nivel de desempeño máximo. Toda profesión parece tener unos estereotipos —bolsista con carácter decidido, enfocado en sus metas; trabajadores sociales serenos y orientados hacia trabajar con la gente, etc. —y a lo mejor usted quiera tener esos estereotipos en cuenta cuando esté decidiendo su profesión o eligiendo personal para su empresa. Sin embargo, aunque las distintas industrias y compañías tienden a tener en cuenta un tipo de personalidad particular, según sea el cargo a desempeñar, existen en todas partes variaciones en cuanto a las cualidades de cada persona. Procure tener en cuenta que existen diferentes enfoques de administración que son apropiados según sea el momento y la situación. Si usted está dirigiendo un simulacro de evacuación, no pida opiniones ni consensos sobre cuál será el plan de escape, pero tampoco impida que la gente sea creativa en el momento en que se necesite una lluvia de ideas porque la iniciativa de su grupo de trabajo se irá acabando poco a poco.

Uno de los líderes que mejor ejemplifica la combinación adecuada de todas las características que hemos visto en este capítulo es el desaparecido Roberto W. Woodruff de Coca-Cola. Su sobrenombre era *Mr. Anonimous* a pesar de ser el Gerente Ejecutivo de Coca-Cola Company. El siguiente es el texto de un folleto que él cargaba en su bolsillo, y que resume una filosofía personal y de negocios:

"La vida es bastante parecida a un trabajo en ventas. Ya sea que triunfemos o fracasemos, es más una cuestión de qué también motivemos a las personas a las cuales estamos tratando de venderles nuestra imagen, así como lo que tenemos para ofrecer.

El éxito o el fracaso son en esencia cuestión de relaciones humanas. Se trata de la clase de reacción que tenemos hacia los miembros de nuestra familia, hacia la clientela, los empleados, los compañeros de trabajo y con nuestros socios. Si la reacción es favorable, estamos listos para triunfar, pero si no lo es, estaremos muertos.

Lo que nos lleva a fracasar en nuestras relaciones interpersonales es el hecho de que las subestimamos. No hacemos un esfuerzo continuo y activo por decir y hacer aquello que hace que los demás confíen en nosotros, que nos crean, que les agrademos, y que cree en ellos el deseo de trabajar con nosotros colaborando con nuestros propósitos. Una y otra vez vemos que tanto los individuos como las organizaciones se desempeñan a un nivel muy por debajo de su verdadero potencial de éxito, o los vemos fracasar por completo por el simple hecho de que pasan por alto el factor humano y el aspecto personal en lo que se refiere a los negocios. *Muchos menosprecian a la gente y sus emociones. Y sin embargo es esa gente y sus reacciones las que los llevan al éxito o al fracaso*".

Se cree que esas fueron las palabras del amigo de Woodruff, el Sr. Bernard F. Gimbe, antiguo Presidente de Gimbel Brothers Inc. Woodruff quedó tan impresionado por este mensaje que lo hizo reimprimir y lo repartió entre la gente con cargos importantes dentro de su organización. Podría decirse que con el paso de los años estas palabras casi se han convertido en el espíritu de Coca-Cola. Y son esas mismas palabras las que toda persona que busca obtener un nivel de desempeño máximo debería vivir a diario.

Principios de desempeño

1. Entre más me entiendo a mí mismo, más efectiva es mi manera de relacionarme con los demás.

2. Los perfiles de personalidad son herramientas valiosas para seleccionar y ubicar a cada individuo en la posición laboral más adecuada.

3. La autoevaluación (por medio de una herramienta científica) tiene más valor que la autocondenación.

4. Nuestras debilidades por lo general son la exageración de nuestras fortalezas.

5. No existen perfiles de personalidad adecuados ni inadecuados —estos simplemente nos ayudan a evaluar y determinar dónde estamos y hacia dónde queremos ir.

6. Usted es lo que es y está donde está por su manera de pensar y puede cambiar lo que es y donde está, si cambia su manera de pensar.

13

Gemas de la Administración

Encuentre la esencia de cada situación, como lo haría un leñador experto que sube al árbol y localiza la rama principal, la corta y deja que ella se lleve consigo a las más pequeñas. El leñador principiante comenzará por los bordes del árbol hasta llegar a las ramas pequeñas y en algún momento llegará a la principal. Las dos maneras funcionan, pero el concepto de lo esencial ahorra tiempo y esfuerzo. Casi todos los problemas tienen una clave que debemos aprender a encontrar.

–Fred Smith

A lo largo de nuestro trabajo para escribir este libro hemos hecho el esfuerzo por darle crédito a lo que lo tiene y hemos rastreado toda clase de información para asegurarnos de no reclamar originalidad donde no la haya. En este punto queremos compartir con nuestros lectores algunas gemas de la administración a las que francamente es difícil darles crédito. Son verdades imperecederas que otros han compartido —y quienes en su mayoría han sido administradores efectivos. Esperamos que usted encuentre algunas claves en estos conceptos y fórmulas que le ayuden a solucionar problemas de una manera más eficiente y efectiva.

Fórmula para administrar con un nivel de desempeño máximo

1. Demuestre aprecio sincero y honesto en cada oportunidad que se le presente para hacer sentir importantes a los demás.
2. No critique ni condene ni se queje.
3. Permita que su causa sea mayor que su ego.
4. Trabaje para progresar, no para ser perfecto.
5. Enfóquese en las soluciones, no en el problema.
6. Invierta tiempo en la actividad que le reporte la mayor ganancia de inversión de acuerdo con la lista de prioridades y responsabilidades –el esfuerzo, en sí mismo, no cuenta; lo que haga debe producirle resultados.
7. Cumplir con sus responsabilidades es una buena causa para hacer su trabajo; la disciplina es el método que necesita para lograrlo.
8. Reconozca y acepte sus propias debilidades.
9. Haga una lista de tareas por cumplir y revísela con frecuencia.
10. Demuéstrele *siempre* humildad y gratitud a la gente que pertenece a su vida.

Los 6 pasos de acción de los administradores con nivel de desempeño máximo

1. Dar retroalimentación al desempeño de sus empleados de una manera frecuente, específica y basada en hechos.
2. Respetar los canales de comunicación y autoridad.
3. Tomar decisiones oportunas.
4. Ser accesible.
5. Promover la creatividad.
6. Proveer apoyo personalizado.

Las 10 reglas "doblemente ganadoras" que llevan al equipo de trabajo a un nivel de desempeño máximo

Cuando tenga que lidiar con otras personas:

1. Recuerde que *la sonrisa* es la herramienta social más poderosa que tenemos a nuestra disposición.

2. Escuchar es hoy la más desatendida de las *habilidades* en el área de los negocios (o en el hogar). La persona que sabe escuchar es la que al final controla la discusión. Anime a los demás a hablar y después dedíquese a escucharlos quitando de en medio las barreras que se lo impidan.

3. Hable teniendo en cuenta los intereses de la otra persona. En cada ser humano que usted conoce hay algo especial y único. Su interlocutor puede ser muy interesante, si le da la oportunidad de darse a conocer, interésese por el punto de vista de los demás.

4. Haga preguntas de las que usted ya conoce la respuesta con el único fin de conocer la perspectiva de su interlocutor. La mayoría de las veces la opinión de los demás es interesante, si realmente les prestamos atención. La gente que se interesa por los demás es la que camina por "el sendero del descubrimiento".

5. "Es imposible escuchar lo que usted dice cuando lo dice gritando". Recuerde que usted modela con su conducta y actitud la manera en que quiere que los demás se comporten.

6. Asigne responsabilidades que le permitan expresar su fe y confianza en que la persona asignada puede desarrollar con éxito su labor.

7. Procure hacer solicitudes en lugar de dar órdenes.

8. Desarrolle su habilidad narrativa haciendo énfasis en las ideas principales —esta es una magnífica herramienta.

9. Respete siempre a los demás y demuéstreles ese respeto por ejemplo llegando a tiempo a las reuniones, y si fuera el caso, explicándoles por qué razón ha llegado tarde.

10. Devuelva de inmediato las llamadas telefónicas, los correos y las cartas —no hay excusa para no hacerlo.

Explorando algunos "mitos de la Administración"

1. *Con frecuencia manipulación y motivación son lo mismo.* ¡Claro que no! La manipulación implica hacer que la gente trabaje para usted de maneras que no son necesariamente para el bien de ellos. La motivación es ayudarle a la gente a reconocer que hay unos intereses mutuos y que es conveniente unirse a la causa porque existen unos beneficios para las dos partes.

2. *Lo que realmente cuenta es haber hecho el mejor esfuerzo.* ¡No! Mucha gente sustituye esfuerzo por logro. La razón para trabajar es obtener *resultados*. La persona que obtenga los mejores resultados con menores esfuerzos está trabajando de manera más inteligente y rinde más. La fatiga no es un indicador de éxito.

3. *Saber delegar es la clave de una administración exitosa.* ¡Error! Delegar no es decirle a uno de sus empleados lo que usted quiere, cuando lo quiere y cómo. Eso es *dirigir*. Delegar significa asignar los *resultados* que usted espera obtener y diseñar un sistema de seguimiento que le permita *inspeccionar* y *supervisar* los resultados que *espera*. Sus empleados nuevos reciben dirección; en cambio los que ya trabajan con usted están listos para que se les deleguen responsabilidades. Para disfrutar de una administración exitosa el administrador debe saber determinar cuáles empleados necesitan dirección, cuándo y cómo dársela, y además debe saber cómo delegar resultados y darle al responsable la autoridad para obtenerlos.

4. *Los administradores son por lo general superiores a nivel físico, mental y espiritual.* ¡No! Los administradores son gente "normal" y no existe nada en los libros que diga que un administrador

es "superior". Dicho en otras palabras: los administradores son personas dispuestas a responsabilizarse y trabajar con la ayuda de otros para obtener resultados. ¿Está usted dispuesto a ser un "supervisor" o hacer un "supertrabajador"?

5. *Los administradores deben controlar todas las circunstancias.* ¡De ninguna manera! Ellos enfrentan problemas y situaciones —y hay una diferencia entre esos dos términos. Una situación existe porque usted no puede controlarla, como por ejemplo: la gente desarrolla úlceras tratando de controlar lo incontrolable. Un problema es una circunstancia sobre la cual usted puede actuar. Los administradores exitosos aprenden la diferencia entre esos dos conceptos y actúan sobre los problemas dejando de preocuparse por las situaciones.

Su reto

En realidad no hay "grandes revelaciones" en este pequeño resumen. Sin embargo a los profesionales no les gusta que se les estén diciendo las cosas, pero siempre es bueno recordárselas. Si usted leyera estas pocas páginas todos los días durante 21 días, su carrera se vería enormemente beneficiada por los principios que usted pondría en acción.

Principios de desempeño

1. Lea y repasé los principios listados en este capítulo ¡durante 21 días seguidos!

TERCERA PARTE

Motivando a la gente con un nivel de desempeño máximo

---

*Es solo la motivación la que le da razón de
ser a las acciones del ser humano.*
—Bruyere

14

La fórmula de desempeño de Ziglar

Tom Ziglar

La práctica es la parte más difícil del aprendizaje y la formación es la esencia de la transformación.

—Ann Voskamp

La capacidad de desempeño, es decir, la capacidad de hacer bien un trabajo, es una combinación de actitud, esfuerzo y habilidad. Los tres están influenciados por la forma en que el líder motiva a sus subalternos. Es así como, basado en esta idea, he desarrollado una fórmula que creo que ilustra qué tan esencial es utilizar el poder de estos tres atributos para motivar e inspirar. La llamo "Fórmula de desempeño de Ziglar".

$$\text{Actitud} \times \text{Esfuerzo} \times \text{Habilidad} = \text{Desempeño}$$

$$A \times E \times H = D$$

¿Se ha preguntado alguna vez por qué el 5% de la gente superior en rendimiento en casi todas las industrias ganará cuatro, cinco, seis e incluso siete veces más que aquellos que ganan el ingreso promedio en su industria? La fórmula del desempeño de Ziglar le mostrará claramente por qué es esto así. Echemos un vistazo de cerca a lo que representa cada palabra en la fórmula.

Desempeño

El tema central de este libro es el desempeño. Al principio de mi carrera en Ziglar me di cuenta de algo sorprendente: nadie compra libros ni programas de audio ni seminarios sobre formación. Lo que la gente en realidad está comprando son los *resultados* que estos materiales les darán: ¡un mayor nivel de desempeño! Es por eso que muchos creen que lo que les enseñamos podría ayudarles a elevar su nivel de desempeño y mejorarán sus resultados.

Sin importar lo que haga para ganar dinero, el hecho es que usted está en el negocio de la resolución de problemas y, cuanto mejor lo haga, más problemas solucionará. Es por esto que *Desempeño máximo* se enfoca en la resolución de problemas.

Hace varios años, llevé a nuestra empresa al proceso de definir qué era lo que hacíamos como negocio. De ese ejercicio surgió el concepto de que estamos en el negocio de desarrollar en las empresas y sus equipos lo que es el "verdadero desempeño" —los inspiramos y les ayudamos a lograr su verdadero nivel de desempeño—. Esta es la base esencial de *Desempeño máximo*. Pasamos horas como equipo buscando una definición exacta y simple a la vez de lo que es el desempeño máximo: "Es el logro ideal de una meta, una aspiración o un objetivo que beneficia a todos los involucrados en ello".

"Desempeño máximo es el logro ideal de una meta, una aspiración o un objetivo que beneficia a todos los involucrados en ello".

Estaba tan orgulloso de esta definición que se la llevé de inmediato a papá. Le entregué la hoja en la que estaba escrita y él la leyó para sí. Inclinó la cabeza, miró hacia arriba por un momento y sacó su bolígrafo. Luego, añadió unas palabras que llevaron la definición de ser buena a mejor que buena.

Con unos pocos trazos, papá transformó una definición idealista en una definición significativa y medible. "El verdadero desempeño es cuando usted hace el mejor trabajo posible y ganan todas las partes involucradas". Si esto suena vagamente familiar, compárelo con la cita más famosa de Zig Ziglar: "Usted obtendrá todo lo que quiera en la vida si les ayuda a otras personas a conseguir lo que ellas quieren".

En pocas palabras, cuando usted hace un trabajo, termina un proyecto o realiza una venta, todos deben ganar para que esta sea considerada como una actividad cuyo desempeño fue verdadero. El cliente, el vendedor, el equipo de soporte, el liderazgo de la empresa y la comunidad deben ganar. Hay pocas cosas en la vida que son más satisfactorias que resolver problemas y lograr un verdadero desempeño en ese proceso.

Actitud

La actitud es la forma en que usted piensa o siente acerca de alguien o algo. Creo que nuestra actitud es la expresión exterior de nuestro carácter. Es normal tener un mal momento o un mal día, pero una mala actitud perpetua es algo que ninguna persona ni ninguna empresa pueden permitirse. ¿Cuántas veces en su propia experiencia ha dejado usted de hacer negocios con alguien simplemente por la actitud de la persona con la que estaba tratando? Como dijo Zig Ziglar: "Una actitud positiva siempre superará a una actitud negativa".

Esfuerzo

El tipo correcto de esfuerzo es cuando se combinan prisa e inteligencia. Los esfuerzos que generan resultados a corto y largo plazo se planifican estratégicamente y se ponen en acción con una atención centrada al 100%. El 100% de esfuerzo no es solo un breve estallido de actividad, lo cual es fantástico, sino un verdadero compromiso de llevar adelante el proyecto incluso mucho después de que haya desaparecido el entusiasmo inicial.

Habilidad

La habilidad es la capacidad de hacer algo bien. Una gran habilidad requiere de compromiso para desarrollarla lo mejor posible y se logra después de aprenderla, entrenarla, repetirla y practicarla. Los líderes de máximo desempeño entienden esto y por eso siempre están aprendiendo, capacitándose y mejorando, tanto ellos como a sus equipos.

La fórmula de máximo desempeño de Ziglar

A continuación, hay una ilustración sencilla de cómo funciona esta fórmula en el campo de los negocios. Imagínese el primer día de trabajo de un nuevo empleado. Es muy probable que estén pasando muchas dudas por su mente:

¿Encajaré aquí?

¿Le agradaré a esta gente?

¿Me equivocaré y me despedirán?

¿Seré capaz de aprender todo lo suficientemente rápido y hacer un buen trabajo?

Como líder de sí mismo y de las personas en las que usted influye, es esencial que comprenda cómo la actitud, el esfuerzo y la habilidad se interconectan. Por lo general, cuando un nuevo empleado llega a su primer día de trabajo, todavía no se le ha asignado una actividad exacta que esta persona tenga que hacer. Es decir, esta persona está preguntándose si será capaz de encajar allí o no; aún no ha recibido ninguna capacitación en ciertas habilidades específicas y ya está haciéndose esa pregunta. Esto significa que, en la fórmula de máximo desempeño de Ziglar la actitud es un 1, el esfuerzo es un 1 y la habilidad es un 1.

$$\text{Actitud} \times \text{Esfuerzo} \times \text{Habilidad} = \text{Rendimiento}$$

$$1 \times 1 \times 1 = 1$$

Al empezar a trabajar, la puntuación del desempeño del nuevo empleado es 1.

Ahora, suponga que el nuevo empleado tiene un líder dinámico que le dice esto:

"Gracias por llegar 30 minutos antes. ¡Qué excelente manera de comenzar su primer día en el trabajo! Quiero que sepa que le va a ir muy bien aquí. ¡Todo nuestro equipo le colaborará! Le fue muy bien en el proceso de entrevista con cada uno de los miembros de nuestro equipo y las evaluaciones que hicimos sobre usted nos mostraron que es el indicado para desempeñarse en esta posición inicial. Creo que, si trae la actitud correcta, hace el esfuerzo necesario y desarrolla sus habilidades al máximo, cada día avanzará más y más. Todo nuestro equipo está listo para ayudarle a resolver cualquier duda que tenga.

Aquí está su cronograma del día de hoy. Se sentará con cada persona del equipo y ellas le mostrarán lo que hacen y cómo trabajará usted con ellas. Su día terminará en Recursos Humanos. Ellos se encargarán de ayudarle a completar toda su documentación oficial, lo instalarán en su estación de trabajo y le responderán cualquier pregunta. ¡Bienvenido a bordo!

¡Guau! ¡Sería increíble si la primera vez que todo empleado que comenzara a trabajar con usted fuera así! Si fuera usted el empleado, ¿cómo se sentiría? El buen líder sabe cómo causar un impacto sorprendente desde el principio. En este ejemplo, las palabras del líder cambiaron la actitud del nuevo empleado de 1 a 2 ¡y la puntuación de desempeño se duplicó!

$$\text{Actitud} \times \text{Esfuerzo} \times \text{Habilidad} = \text{Desempeño}$$

$$2 \times 1 \times 1 = 2$$

El cambio de actitud por sí solo duplicó el nivel de desempeño.

La realidad es que, de este modo, el líder no tiene miedo de que el nuevo empleado hable con uno de sus clientes o prospectos. Él sabe que la actitud positiva compensará en gran medida su falta de habilidades o conocimientos actuales y que, si el cliente le hace una pregunta que el nuevo empleado no puede responder, él sabrá decir con una gran sonrisa: "Soy nuevo aquí. Permítame buscar a alguien de nuestro equipo que pueda ayudarle en eso".

Ahora, imagínese el segundo día de trabajo de ese nuevo empleado. El líder que entiende la fórmula del máximo desempeño de Ziglar comparte con el nuevo empleado otra charla positiva para comenzar su segundo día y luego le asigna un trabajo sencillo de realizar. A este punto, el empleado ya tiene las habilidades necesarias para realizarlo; por ejemplo, limpiar una sala de almacenamiento y romper un montón de cajas para tirarlas a la basura. Observe cómo el rendimiento se duplica nuevamente.

Actitud x Esfuerzo x Habilidad = Desempeño

2 x 2 x 1 = 4

Ahora, la empresa obtiene un retorno de su inversión en el empleado a medida que él aumenta su nivel de desempeño. Esto es fantástico para el nuevo empleado, pero su desempeño empieza a mejorar realmente el tercer día. El tercer día, comienza la capacitación en habilidades específicas y el empleado aprende cosas nuevas que él necesita dominar para desempeñarse en su puesto de trabajo. Supongamos que su función principal va a ser la atención al cliente por teléfono. Por consiguiente, el tercer día él aprende a manejar algunos guiones telefónicos simples sobre los productos y servicios que ofrece la empresa y luego comienza a hacerles llamadas de seguimiento a los clientes, basándose en este nuevo conjunto de habilidades. Con ese conocimiento, el empleado empezará a generar impacto en la empresa gracias a su actitud positiva, a su nivel de esfuerzo y a sus nuevas habilidades.

¡Su nivel de desempeño se ha duplicado nuevamente!

Actitud x Esfuerzo x Habilidad = Desempeño

2 x 2 x 2 = 8

Me encanta compartir este ejemplo, porque nos muestra cómo funciona realmente *Desempeño máximo*. Ahora, tengo buenas y malas noticias. La mala noticia es que el ejemplo que di es donde se detiene más del 90% de la gente. La gran mayoría de las personas depende de su líder, de sus circunstancias (o de lo que usted quiera) para determinar su nivel de actitud, esfuerzo y habilidad. La buena noticia es que algunas personas eligen la mentalidad adecuada.

La mentalidad adecuada

Para lograr desempeño máximo y desarrollar la excelencia en usted mismo y en los demás, usted debe elegir la mentalidad adecuada en lo que respecta a su actitud, esfuerzo y habilidad. En el escenario anterior, la actitud, el esfuerzo y la habilidad fueron positivos gracias a un gran líder. Tener la mentalidad adecuada significa que usted no depende de su líder ni de nadie más para que su actitud ni su esfuerzo ni sus habilidades sean las que usted necesita para desempeñarse al máximo en todo aspecto.

¡Aprópiese de una mentalidad positiva!

Usted es el dueño de su actitud sin importar cuál sea el estado de ánimo de la gente que lo rodea. Usted no depende de su jefe para mejorar su actitud. No importa cómo estén el tráfico ni el clima. Lo que sí importa es que usted ha tomado la decisión de tener una actitud fantástica que es positivamente contagiosa; que ha desarrollado hábitos ganadores que mantienen su actitud positiva. Así, su actitud tanto al comenzar como al terminar cada día es un 3.

Usted es dueño de su esfuerzo. Lo que le importa es que su nivel de esfuerzo no sea promedio. No le importa si está limpiando un almacén o trabajando en un proyecto de un millón de dólares; lo que le importa es trabajar inteligentemente y esforzarse al 100%, tomarse el tiempo necesario para planificar y priorizar su jornada laboral. Su nivel de esfuerzo tanto al comenzar como al terminar cada día es un 3.

Usted es el dueño de sus habilidades. Aprecia la formación que le ofrece su empresa, pero no se detiene ahí. Usted siempre está haciendo un esfuerzo adicional para aprender más e invierte en sí mismo tanto a nivel personal como profesional. Sus habilidades, día tras día, están en un 3.

Cuando usted le aplica la mentalidad adecuada a la fórmula de máximo rendimiento de Ziglar, esta funciona así:

Actitud x Esfuerzo x Habilidad = Desempeño

3 x 3 x 3 = 27

Ahora, ya sabe por qué el 5% de la gente superior en su nivel de desempeño en casi todas las industrias gana mucho más que los asalariados promedio: porque esta gente es dueña de su actitud, esfuerzo y habilidad.

Como verá, cuando usted elige ser dueño de su actitud, esfuerzo y habilidad, las posibilidades son infinitas. Siempre encontrará formas de crear más valor y hacer un poco más. Es la suma de las pequeñas cosas lo que marca la gran diferencia y lleva su desempeño al siguiente nivel.

El enorme impacto de una actitud negativa en el desempeño

¿Se ha preguntado qué impacto tiene una actitud negativa en el desempeño? ¡Es enorme! Incorporemos una actitud negativa en la fórmula de máximo desempeño de Ziglar y veamos qué sucede. En una ecuación matemática, cuando usted cambia el valor de un número entero de positivo a negativo, el producto de la ecuación también pasa de positivo a negativo.

Actitud x Esfuerzo x Habilidad = Desempeño

-2 x 2 x 2 = -8

¡Así es! Una actitud negativa cambia los resultados de positivos a negativos. Y lo que es aún más preocupante. Supongamos que alguien del equipo ha estado allí durante mucho tiempo y su nivel de esfuerzo y habilidad es alto, pero tiene una actitud terrible. Observe cuáles son los resultados:

Actitud x Esfuerzo x Habilidad = Desempeño

-2 x 3 x 3 = -18

Este tipo de empleado le está costando una fortuna a la empresa, porque está infectando a los prospectos, clientes, empleados y proveedores con su actitud negativa. Muchos estudios han demostrado que es más barato para una empresa enviar a un empleado negativo a casa con un salario pago que permitirle tener un impacto negativo en la organización. ¿Le sorprende esto? Apuesto a que ahora mismo está pensando en algunos ejemplos de esta ecuación en su propia vida.

Presentar la fórmula de máximo desempeño de Ziglar es una de las charlas más poderosas que les doy a las corporaciones, porque hace tangible lo intangible y demuestra el costo real de una actitud negativa y de no tener una mentalidad apropiada cuando se trata de desempeño. La discusión y las preguntas y respuestas en torno a esta fórmula a menudo impactan drástica y rápidamente el nivel de desempeño de toda la organización. Así también incrementará su nivel de desempeño.

¡La secuencia es importante!

Por alguna razón, en la mayoría de las empresas e instituciones académicas no se tiene en cuenta la secuencia o la importancia de lo que es primero. Piénselo y verá. Casi todas las empresas comienzan primero a capacitar a los nuevos empleados en sus habilidades. Luego, les dan trabajo que hacer (esfuerzo) y luego, cuando su desempeño es lento, les dan estímulos que solo generan una actitud negativa. No es de extrañar que tan pocos empleados en el mercado tengan una mentalidad positiva.

En la fórmula de máximo desempeño de Ziglar es intencional que comencemos generando la actitud correcta. Los empleados motivados tienen una gran actitud que impulsa su esfuerzo y aumenta sus habilidades. El resultado son trabajadores de alto rendimiento.

Principios de desempeño

1. Actitud x Esfuerzo x Habilidad = Desempeño
2. Todos deben ganar.
3. Sea dueño de su actitud.
4. Sea dueño de su esfuerzo.
5. Sé dueño de sus habilidades.

15

Una fórmula para motivar

Usted no podrá solucionarle el problema a los demás si todavía no ha encontrado la forma de solucionar el suyo.

—Clarence Day

Una noche uno de mis socios y yo volábamos hacia Love Field, Dallas. Al llegar al aeropuerto nos subimos al bus que nos llevaría al parqueadero para recoger cada uno su carro y de repente me encontré con uno de mis clientes, quien me saludó con mucho entusiasmo. Conversamos muy brevemente y de un momento a otro él le dijo a todas las personas que iban con nosotros en el bus: "De vez en cuando invito a Zig a hacer una de sus conferencias en mi organización. Él es una persona muy optimista y entusiasta y deja a mis empleados con muy buenos ánimos para trabajar y convencidos de que todo les va a salir bien y que necesitan adoptar una actitud mental positiva". Luego continuó diciendo: "Claro que yo veo las cosas de una manera un poco diferente. Yo les digo exactamente cómo está la situación ¡y de vez en cuando les hago pasar un susto!".

Entonces en ese momento uno de los pasajeros entró en la conversación diciendo: "En otras palabras, usted está diciendo que Ziglar es irrealista porque es muy optimista y que en cambio su enfoque sí es realista". Ante esto, yo interviene: "Amigo, permítame hacerle una pregunta: ¿qué porcentaje de las cosas negativas que usted espera que pasen, realmente pasa?" Otro pasajero tomó la palabra para decir: "Entre el 5% y el 10% de ellas". Entonces yo comenté: "En otras palabras, usted está diciendo que el 90% de las veces que usted espera que algo negativo ocurra, esto no ocurre. Eso sí es ser realista y, según los expertos, ese es un hecho indiscutible. Desde mi perspectiva, la conclusión es obvia: *es completamente irrealista ser negativo y totalmente realista ser positivo*". Sin embargo, es irrealista negar que los problemas existan, así que démosle una mirada seria a un problema mayúsculo y luego veamos algunas soluciones positivas.

Cruzando la brecha

Según muchas de las investigaciones realizadas por asociaciones y revistas que estudian el estado de los negocios, la tendencia general en este campo durante los últimos cinco años ha sido la insatisfacción creciente que hay en los empleados. En todos los niveles —por horas, de oficina, profesionales, incluso el personal administrativo— ellos se sienten inconformes con sus empleadores. Lo curioso es que las quejas no tienen tanto que ver con el aspecto salarial sino que están más relacionadas con el ambiente de trabajo.

Ahora, si usted se está preguntando qué hace esta noticia "menos que alentadora" en un libro que habla sobre positivismo, permítame explicarle que debemos buscar lo positivo de todas las situaciones. Recuerde que identificar cuáles son los obstáculos que nos impiden avanzar debe producir en nosotros aún mayor positivismo. Hasta, y a menos, que usted no logre identificar de manera muy precisa el problema que afronta en su empresa, no podrá solucionarlo. Es como pensar que su médico podría tratar con éxito de combatir su enfermedad sin haber identificado qué la está causando y cuáles son los síntomas. Por esa razón es crucial establecer qué clase de obstáculos y problemas afronta. *La clave está en desarrollar una mentalidad enfocada en buscar soluciones y no problemas.*

Utilice la siguiente lista de pasos para disminuir la insatisfacción de sus empleados y para mejorar la interrelación entre empleado/empleador:

Muestre respeto hacia el trabajo bien hecho. No tenga en cuenta las diferencias de salario ni rango cuando se trate de reconocer una buena labor. La verdadera igualdad entre los empleados consiste en creer que tenemos un grupo donde todos son exitosos.

Involucre a sus empleados. Esto significa darles oportunidades para tomar decisiones y aportar ideas útiles. No quiere decir que usted está perdiendo el control de las decisiones finales sino que les da a sus trabajadores la posibilidad de participar, de involucrarse y de que se les tenga en cuenta.

Como líder empresarial, átese un candado a su lengua. Hablar de otros suele ser destructivo y termina por convertirse en murmuración. Absténgase de decir algo, a menos que sea edificante.

Eduque su voz para que suene calmada y persuasiva. La mayoría de las veces es más importante la manera en que se dicen las cosas que lo que se dice. En cualquier tipo de discusión o confrontación su objetivo debe ser "ganar a la gente" y no "ganarle a la gente".

Asegúrese de hacer menos promesas y de cumplirlas más. Las acciones hablan más duro que las palabras.

Interésese en las metas, bienestar, vivienda y familia de aquellos que trabajan con usted. La gente tiene múltiples facetas que conforman su vida. No sea un líder unidimensional. No les supervise su vida privada a sus colaboradores, pero muéstreles que usted *sinceramente* está dispuesto a colaborarles.

Mantenga una mente abierta hacia cuestiones debatibles. (Ser el jefe no significa que usted siempre está en lo correcto). Argumente pero no discuta. Lo que caracteriza a una mente superior es la habilidad de estar en desacuerdo sin ser desagradable.

Cuide los sentimientos de sus empleados. Jamás utilice humillaciones ni desprecios ni haga mención de diferencias étnicas o raciales. Los líderes saben de manera instintiva que, cuando alguien está resentido o lleva una carga en sus hombros, la mejor manera de quitarle esa carga es por medio de halagos *sinceros*.

Dado que los valores de los empleados son afectados de muchas maneras y por diversos factores dentro y fuera del lugar de trabajo, solo aquellos que confían en la integridad de su líder desarrollan muy buen trabajo y con bastante consistencia. La mejor manera en que un líder construye esta confianza en los demás hacia él es a través de su honestidad y confiabilidad hacia cada uno de los miembros de su equipo de trabajo. Una compañía bien administrada es la mejor manera de mostrarles a los empleados que están en el lugar indicado.

Para resumir, lo que los investigadores y sus estadísticas muestran es muy importante; sin embargo, lo que *no* dicen es incluso más importante: lo que la fuerza de trabajo en realidad quiere es un liderazgo cuyo nivel de desempeño e interés por su equipo de trabajo sean confiables.

La fuerza de trabajo se merece una oportunidad para crecer desde el punto de vista mental, social, espiritual y físico, así como tener la opción de disfrutar de su remuneración financiera y de los premios que surgen como resultado de su crecimiento y esfuerzos como parte del equipo de trabajo.

Andrew Carnegie dijo en una ocasión: "Todo ser humano tiene la capacidad de triunfar en todo aquello que le produzca un entusiasmo sin límite". Sin importar cómo definamos "entusiasmo sin límite", esta clase de entusiasmo por lo general incluye motivación, deseo, manejo, optimismo, esperanza, fe y energía.

Lo que la fuerza de trabajo realmente quiere es un liderazgo cuyo nivel de desempeño e interés por su equipo de trabajo sean confiables

---

Las personas que son incapaces de motivarse a sí mismas deben contentarse con el *statu quo* sin que sus hojas de vida cuenten. Ahora, démosle una mirada aleccionadora a la razón por la cual Carnegie lo dijo y por qué la motivación no debe faltar tanto en lo personal como en lo laboral.

Nuestro tiempo perdido

Una impactante estadística muestra lo que a América y a su población les cuesta en términos financieros y de oportunidades la cantidad de tiempo que se pierde —e incluso se hurta— en el campo empresarial. Un reporte de agosto de 1999 realizado por Michael G. Kessler & Associates reveló que, en una encuesta realizada entre más de 500 empleados a lo largo y ancho de la nación, casi el 87% de los encuestados admitió falsificar sus tarjetas de registro de entrada y salida de su trabajo. Y, aunque esa es una realidad bastante perturbadora, sucede todos los días sin que la gente sienta remordimiento ni culpa. La Internet, a pesar de producir innumerables beneficios, ha comenzado a disminuir el nivel de productividad debido al hecho de que casi todo empleado utiliza su computador para asuntos personales ya que tiene acceso a la red. Un promedio del 38% de los correos es indeseado o no pertenece a cuestiones laborales. Así que, sumémosle esta cantidad de tiempo perdido a actividades como ir a tomar agua o café, conversaciones en los pasillos, las llegadas tarde, las salidas temprano, las conversaciones telefónicas personales, y allí se verá reflejada la totalidad del tiempo perdido que hace que esta sea una de las tres causas por las cuales los negocios fracasen. Estamos hablando de mucho dinero corporativo perdido, pero la verdadera pérdida es la del material humano como tal. Emerson estaba en lo cierto cuando dijo: "El desempeño adecuado de las actividades de hoy será la mejor forma de estar preparados para las actividades del mañana".

La encuesta más conservadora de todas las que vi cuando buscaba y recopilaba esta información reveló que el trabajador promedio pierde 9 semanas completas de trabajo por año por el simple hecho de posponer trabajos que debería realizar. Burke Marketing Research condujo una encuesta para Accountemps, una empresa dedicada a la contabilidad y proceso de datos de personal. La encuesta estaba basada en entrevistas con vicepresidentes y directores de personal de 100 de las 1.000 compañías más grandes de América. Quienes respondieron a la encuesta opinaron que el empleado promedio pospone su trabajo el 18% de su tiempo, es decir 9 de 35 horas semanales de trabajo por año. ¿Por qué? Bueno, la última pregunta de la encuesta era: "¿Cuáles cree que sean las mayores razones por las cuales la gente pospone sus actividades laborales?" Las respuestas dieron lugar a la siguiente lista. Léala y analice si está de acuerdo en que la motivación es el ingrediente más importante que un líder de alto rendimiento debe incorporar en su empresa:

- Falta de comunicación
- Baja concepción de la ética laboral
- Falta de interés en el trabajo o en una actividad en particular
- Ausencia de metas y objetivos claros
- Falta de disciplina
- Baja autoestima

A esta lista debemos agregarle el hecho de que mucha gente se deja llevar por lo que Charles E. Hammel llama "la tiranía de lo urgente" permitiendo que cosas "urgentes" tomen el lugar de las verdaderamente "importantes". En esencia, lo que afrontamos es un problema de *prioridades* y no un problema de *tiempo*.

La utilización adecuada del tiempo y los recursos, según Thomas K. Connellan, Presidente de Management Group en Ann Arbor, Michigan, tiene que ver con ciertas verdades que son muy simples y básicas que la gente ha olvidado por completo. La primera es que necesitamos entender que no hay razón para no estar haciendo lo que deberíamos. Cuando usted decide hacer algo, debería preguntarse si eso que va a hacer es lo que tendría que estar haciendo o que alguien más debería estar haciendo. Enfóquese en el uso *efectivo* de su tiempo, y no en el uso *eficiente* de este.

La eficiencia es hacer las cosas correctamente, la efectividad es hacer lo correcto

Según Connellan, entre el 10% y el 15% de las tareas que los administradores están desarrollando debería ser delegado y el otro 10% a 15% debería ser eliminado.

Pregunta: ¿Qué les pasa a las personas efectivas que toman su trabajo seriamente y utilizan su tiempo de una manera sabia? Respuesta: de acuerdo a un informe de *Associate Press*, ellas son las que reciben ascensos.

La gente de CHICAGO Dull muy seguramente no es la primera en recibir invitaciones a fiestas, según una encuesta realizada por un equipo médico universitario de esta ciudad. Este equipo realizó un estudio entre 88 ejecutivos y encontró que los individuos con "un nivel de placer bajo" se convierten en ejecutivos exitosos. Esto se debe a que ellos pueden concentrarse en su trabajo sin recibir ninguna clase de distracción... Los ejecutivos que estuvieron dentro de la categoría de ser "más dados a *buscar placer*" tienden a tener salarios más bajos. [Nota del autor: la palabra clave aquí es *buscar*. Todos deberíamos buscar formas de disfrutar de nuestro trabajo e incluso de divertirnos con las labores que este implica].

El que es exitoso sabe acerca de actitud

Allan Cox, autor del famoso y aclamado libro *Confessions of a Corporate Headhunter* menciona bastante el tema de la actitud y, como resultado de una encuesta realizada entre 1.173 ejecutivos en 13 corporaciones diferentes, el libro contiene opiniones bastante fuertes e información sobre hechos comprobables. Dice, por ejemplo: "Su actitud determina su fortaleza. Determina dirección. Gran parte de los ejecutivos americanos cree que tener una actitud positiva es la causa principal de escalar en sus carreras profesionales". En su encuesta él hace la siguiente pregunta: "¿Qué hizo que usted adoptara una actitud mental positiva?" De entre todos los ejecutivos encuestados, el 49% dijo que su actitud fue la mayor causa de su éxito y el 46% dijo que su actitud fue un factor "significativo". En pocas palabras, el 95% de estos ejecutivos dijo que su actitud jugó un papel muy fuerte o significativo en su éxito. El resto fue neutral frente a la pregunta. De otra parte, Cox resalta el hecho de que *no hay nadie que disfrute menos del tiempo y atención de su líder que un empleado negativo.*

Cox resalta que el pensamiento positivo no consiste en manipular ni ser manipulado. No es ser un genio ni tampoco ingenuo. Es no ser falsamente entusiasta ni optimista. Lo más importante quizás es saber aceptar que existen periodos de negación y negativismo que son normales dentro del campo laboral. Pensar con positivismo tampoco es una experiencia constante. Lo que esto significa es que usted no puede intentar ser positivo porque alguien le dijo ni porque usted quiere serlo en su hogar o en su lugar de trabajo, como tampoco es posible serlo en un lugar y no en otro. Él destaca que la vida nos presenta con frecuencia obstáculos y oportunidades, y que el pensamiento positivo consiste en la capacidad de enfrentar constructivamente las adversidades.

Un buen regalo para darles a los demás

Uno de los regalos más importantes y positivos que podemos darles a otros es *esperanza* con dirección, ánimo y capacidad de creer — esperanza de que el futuro vaya a ser mejor para ellos sin que importe la situación en que se encuentran en la actualidad. Nunca olvidaré un incidente que tuve en un hotel en Marco Island, Florida, hace algunos años. Un amigo conferencista y yo estábamos haciendo visita en mi cuarto cuando la mucama llamó a la puerta y pidió permiso para limpiar mi habitación. Como ese no era un problema para nosotros, le permitimos hacer su trabajo.

Había trabajado menos de un minuto cuando paramos nuestra conversación y comenzamos a observar la manera en que ella trabajaba. Aunque era bastante pasada de peso, se movía con una velocidad asombrosa. En tres movimientos rápidos quitó la sábana y toda la demás ropa de cama. Con cada una de sus manos quitó las fundas de las almohadas simultáneamente. Quitó la sábana del colchón tan rápido como pudo de un lado al otro. Luego puso la sábana limpia, extendió las cobijas y acomodó el edredón. Después metió las almohadas en las fundas limpias y terminó con el arreglo de la cama.

No sé cómo lo logró, pero de alguna manera se las ingenió para hacer su trabajo a toda velocidad. Todo quedó organizado en unos cuantos movimientos y la cama quedó perfecta. No exagero cuando digo que ella tendió la cama en menos de la mitad del tiempo en que yo lo hubiera hecho. Yo serví durante dos años en la Marina y tendí cientos de literas, y hasta ese momento me creía muy rápido en el asunto, pero esta señora es la mejor que he visto cuando se trata de tender camas.

Sentí curiosidad y comencé a hacerle preguntas, y la primera fue si a ella le molestaba que le hiciera unas preguntas. Ella me respondió con mucha amabilidad lo siguiente: "De ninguna manera, pregúnteme lo que quiera", y al mismo tiempo continuaba trabajando y limpiando el cuarto. Lo primero que le pregunté fue si trabajaba por horas o si le pagaban por cada cuarto que arreglara y ella me dijo que le pagaban por cada cuarto arreglado. Sonriendo le pregunté: "Supongo que los deja muy bien arreglados, ¿no es cierto?" Por primera vez en todo el tiempo ella se detuvo para decirme: "Bueno, para ser sincera, tengo una familia grande y soy la única que la sostiene, así que tengo que trabajar muy duro". Luego me sonrió de oreja a oreja y dijo: "¡Y sí, yo trabajo muy bien!".

¿Puede darles a los demás una motivación que les dure y les impacte?

Donde usted comienza no es lo importante

Me gustaría terminar esta historia diciendo que le pedí su nombre y dirección y dos años más tarde le escribí y como respuesta recibí una carta donde ella me contaba que era la administradora del hotel. Desafortunadamente —y para mi sorpresa– ya no tengo su dirección actual así que no puedo terminar su historia. Sin embargo, puedo apostar que lo que sea que ella esté haciendo, "lo está haciendo bien".

Un año después yo estaba dictando una conferencia en Zanesville, Ohio, y almorzaba con la administradora de un hotel de la cadena

Holiday Inn y con el Presidente de la Cámara de Comercio y otro amigo mío. Entonces yo mencioné la historia de esta señora y la administradora del hotel comentó: "Bueno, sin lugar a dudas no era yo, pero pude haber sido". Ella resaltó el hecho de que, cuando terminó su secundaria, se casó y tuvo que dedicarse a trabajar. El único empleo disponible fue como aseadora en un Holiday Inn y su trabajo era limpiando cuartos. Sin embargo, ella decidió que trabajaría tan duro como fuera posible y que sería la mejor en lo que hacía, y el resultado fue que en seis meses ella se convirtió en la supervisora del aseo de ese piso de ese hotel. Unos meses más tarde ya era la supervisora de todo el aseo del hotel. Un año más tarde la trasladaron al restaurante, primero como asistente del administrador y después de un corto periodo pasó a ser la administradora. Un par de años más tarde ella era la gerente del Holiday Inn en la ciudad de Zanesville, Ohio y ocupaba esa posición desde hacía varios años. Esta señora, Nan Gump, se hubiera podido quedar estática en el lugar donde comenzó, pero logró darse cuenta de que donde comenzó no sería el mismo lugar que donde *terminaría*, y que eso era en realidad lo más importante.

¿Puede la motivación influir en el lugar en el que usted termine?

Mi sueño de ser conferencista profesional nació en 1952 y fue hasta 1970 que lo logré trabajando como conferencista de tiempo completo, pero no fue sino hasta 1972 cuando mi carrera verdaderamente despegó. Durante el tiempo de preparación para lo que estaba por pasar siempre me sostuve en mi filosofía y en mis principios. Cambié algunas maneras de hacer entrenamientos durante los primeros años, pero los que no cambiaban nunca eran mis principios. Hacia mis 60 años de edad estaba entrenando organizaciones sobre cómo tener principios en el campo de las ventas con un alto índice de motivación que se convirtió en la marca distintiva de Ziglar Training Systems. Durante todo ese tiempo hice muchas relaciones públicas y conocí a un joven llamado Larry Profit. Larry decidió poner en práctica algunos de los principios que yo le enseñé, y junto con sus propias experiencias y habilidades se fue al Japón para expandir sus horizontes. Larry triunfó literalmente traduciendo al japonés estos principios con la ayuda de un traductor, un caballero japonés llamado Tom Watanabe, quien a su vez tenía una relación de negocios con otro japonés llamado Mr. Masuda. Esta historia tomó un giro diferente cuando estos dos japoneses se unieron para trabajar en el proyecto de traer a Watanabe a los Estados Unidos. Larry Profit fue invitado a unirse a la sociedad como la persona encargada de las ventas y del entrenamiento en ventas. Esa compañía es hoy multibillonaria y se dedica al mercado directo con base en Irvine, California, y se llama Nikken.

Casi 30 años después de nuestro encuentro Larry decidió invitarme como conferencista frente al personal de esta enorme corporación en una convención que fue organizada en la ciudad de San Francisco. Allí conocí a un joven ejecutivo coreano llamado Kendall Cho, quien en ese tiempo era el Vicepresidente Financiero de Nikken y en la actualidad es el actual Presidente. Los siguientes cinco años pasaron todavía más rápido, a medida que la sociedad se solidifica. Ziglar Training Systems y Nikken desarrollamos un par de programas de entrenamiento y yo hice algunas intervenciones en algunas de sus convenciones anuales. En el 2001 Nikken me invitó a ser su Presidente Honorario Internacional y su conferencista a nivel nacional. A medida que recuerdo cómo ocurrieron las cosas durante esos 35 años, me convenzo más de que el éxito les llega a aquellos que no solo son decididos sino persistentes.

Mi símbolo de persistencia durante las últimas tres décadas y media ha sido una bomba de agua de color cromo plateado, y aquellos de ustedes que conocen esa historia saben que mi mensaje es insistir e insistir hasta sacar toda el agua que sea posible con la bomba. Al principio usted tendrá que bombear vigorosamente y cuando el agua comience a fluir todo lo que usted debe hacer es mantener un ritmo estable. Esos primeros años de bombear se han justificado de manera indescriptible en mi vida. Sin embargo, lo que me sorprende es que, en el sistema de reconocimientos que Nikken diseñó para sus empleados, el primer distintivo está simbolizado con un prendedor para la solapa del saco en forma de una bomba de agua. Irónicamente, los empleados de Ziglar Training Systems también reciben uno de esos prendedores cuando terminan su primer año de servicio con nuestra compañía.

Sí, la motivación tiene mucho que ver con el lugar en donde usted termina su vida.

¿Es posible "mantenerse" motivado?

De todos los temas que existen sobre esta tierra, con seguridad uno de los más emocionantes y a la vez confusos es el tema de la motivación. El siguiente ejemplo es mi manera de iniciarlo y trata con solo una faceta de esta intrigante cuestión.

Desconozco cómo luce usted cuando está parado en una línea de espera o simplemente cuando se encuentra esperando por algo o alguien, pero nunca me olvidaré de un pequeño incidente que ocurrió en Washington, D. C., y que describe bastante bien el concepto que tiene la persona promedio de lo que es motivación y de cómo debe comportarse una persona motivada. Había hecho una conferencia para National Federation of Parents for Drug-Free Youth la noche anterior y la respuesta había sido bastante gratificante. En los momentos adecuados, la audiencia se reía, mostraba que estaba de acuerdo o en desacuerdo, aplaudía, de modo que al finalizar recibí aplausos y la gente se puso de pie para aplaudirme. Recibí felicitaciones de todas partes. Si mi esposa hubiera estado allí, ¡le hubiera encantado todo lo que la gente comentó acerca de su esposo! Mis hijos se habrían sentido un poco avergonzados y mi mamá se hubiera *creído* cada una de las lindas palabras dirigidas hacia mí en ese momento. Siendo breve, fue una ocasión muy especial.

La mañana siguiente me encontraba en el restaurante esperando a que el anfitrión presentara al invitado que me precedía. Me hallaba en la línea de servicio, de pie y en silencio esperando su retorno. Mientras estaba allí, tres mujeres que habían estado presentes en mi conferencia la noche anterior se unieron a la fila. Fue obvio que ellas pensaron que yo era corto de oído o que no prestaría atención a lo que decían. Sin embargo, esta fue la conversación que escuché:

–Primera señora: "Allá está nuestro conferencista de anoche"

–Segunda señora: "¡Sí, y es obvio que es una persona 'noctámbula'!"

—Tercera señora: "Debe ser porque ¡a mí no me parece que luzca muy motivado!".

Ahora, para ser realmente honesto, yo no sé cómo hace usted para estar en una línea de espera y "lucir" motivado o "parecer" motivado. Supongo que estas señoras pensaron que yo debería tener una sonrisa de oreja a oreja o que quizá tendría que estar levantando mi mano saludando a todo el mundo en el restaurante. Si esa es la idea que existe de una persona motivada, lo único que puedo decir es que ellas tenían toda la razón, yo estaba fuera de base y no estaba motivado.

La pregunta que más me hacen con frecuencia es la siguiente: "¿Vive usted siempre tan motivado?" Y la respuesta por supuesto es: "No, yo no siempre lo estoy". Pero sí lo estoy el 95% del tiempo. Por lo general, si no me siento motivado es porque estoy exhausto como resultado de un horario de trabajo muy fuerte. Entonces el sentido común y la experiencia me dictan que tengo que dormir un rato o ir a caminar —y eso es justo lo que hago si las circunstancias me lo permiten.

Debería explicar, sin embargo, que existe una diferencia amplia entre estar "motivado" y estar "acelerado". Una persona que vive "acelerada" durante 24 horas al día es casi seguro que se encuentra en circunstancias ¡fuera de lo normal! Pero pronto se sentirá extenuada y es muy probable que termine deprimida y en ocasiones incluso en un estado psicótico. En todo caso, ya sea que se trate de circunstancias externas o del hecho de pensar que estar "acelerado" es el mejor estado emocional, pretender mantenerse "acelerado" todo el tiempo hasta podría generar una trágica dependencia en las drogas, —les ha ocurrido a muchos que eligieron sentirse siempre así y se dieron a la búsqueda de una vida de diversión imparable.

¿Entonces quién sí está motivado?

Por desgracia mucha gente cree que una persona "motivada" es aquella que es ruidosa, extrovertida y el centro de atención de toda reunión, ya sea que se encuentre entre varias o miles de personas. Esa no es necesariamente motivación sino más bien una especie de "histeria" que le ha dado a la motivación muy mala reputación. No estoy diciendo que la gente extrovertida no esté motivada porque *puede* ser el caso, pero ser ruidoso no siempre significa estar motivado. Algunas de las personas más motivadas —y a la vez activas— que he conocido son a la vez muy calladas y modestas. ¿Cuál es el punto? El punto es que usted puede ser "activo" y estar motivado al mismo tiempo que está leyendo, trotando, pensando o que está tomado de las manos con su pareja, e incluso durmiendo.

Cuando escribía este último párrafo, *"La Pelirroja"* me estaba esperando para que camináramos por el jardín botánico de Brisbane River en Brisbane, Australia. ¡Qué experiencia tan motivadora fue esa! La gente, la naturaleza, las flores, las rocas, las plantas, pájaros, botes en el agua, todo era fascinante y silencioso. Durante ningún momento de la caminata nadie nos hubiera acusado de estar motivados, sobre todo cuando nos sentamos en una banca para mirar cómo los patos y los pájaros buscaban comida por todas partes. Sin embargo, para nosotros dos esa fue una experiencia bastante reconfortante y la recuerdo en mi memoria como una de las más agradables y motivadoras que hemos tenido mi esposa y yo.

Quizá también debo agregar que experiencias como esta —en las que nos permitimos meditar— sirven para sacar toda la basura guardada y limpiar las telarañas del pasado para darles espacio a mejores situaciones y poder actuar de una manera más efectiva en el presente. Y otro beneficio es que esta clase de meditación contribuye a eliminar enfermedades y medicinas innecesarias.

Sí, la vida puede estar –*debería* estar– rodeada de vez en cuando de experiencias motivadoras. Para mí una caminata con uno de mis hijos o mis nietos, un juego de golf con mi esposa o mi hijo, un buen sermón en la iglesia, un rato de música clásica, un himno de fe o una película sobre la vida real en la que los chicos buenos les ganan a los malos son siempre experiencias motivadoras. Eventos como esos me animan cuando necesito sentirme motivado para hacer las conferencias que tengo que hacer y para escribir, cuando mi profesión me lo exige.

Supongo que a usted le ocurrirá lo mismo y que, como en mi caso, hay ciertas cosas que no lo motivan tanto como usted quisiera. A lo mejor se trate de algún aspecto de su trabajo como por ejemplo organizar papelería o asistir a una reunión de trabajo tediosa, tener que hacer llamadas en frío a compradores desmotivados o lidiar con las frustraciones de otras personas cuando usted siente que ya tiene suficientes problemas propios. En todo caso, la pregunta aquí debería ser: "¿Es posible estar motivado con algo que *no* me motiva en este momento?" La respuesta por supuesto es *¡sí!* Especialmente si usted entiende que la mayoría de los problemas, cuando no se enfrentan y se postergan, crecerán más y más.

Será más fácil motivarse con lo que no le motiva cuando usted comprenda una fórmula muy sencilla a la que yo le llamo la *Fórmula de las 4 A* para buscar motivación. Los siguientes cuatro capítulos están dedicados a esta fórmula.

Pero, antes de que nos adentremos en este concepto de motivación, permítame resaltar un punto más. Usted puede estar tan motivado como siempre quiso. Sin embargo es bastante probable que haya alguien en su vida que no está tan motivado como usted quisiera que estuviera. Así que, a medida que lee los siguientes capítulos, no olvide que usted está leyendo desde dos perspectivas: (1)¿Cómo me ayudará esta información a ser alguien con un nivel de desempeño máximo? y (2)¿Cómo me ayudará esta información a ayudar a otros a convertirse en personas con un nivel de desempeño máximo? Se alegrará de las respuestas que encuentre a esas dos preguntas —¡se lo garantizo!

Principios de desempeño

1. Usted debe entender qué es motivación para poder motivar a otros de una manera consistente.
2. La obligación del administrador es cultivar su recurso humano.
3. Lo que los equipos de trabajo en realidad quieren es un liderazgo administrativo con unas capacidades e intereses por los demás en los que se pueda confiar.
4. Uno de los regalos más importantes para darles a los demás es esperanza acompañada de dirección, entusiasmo y credibilidad.

5. Donde usted comienza no es tan importante como donde usted termina.

6. Es posible estar "motivado" sin necesidad de estar "acelerado".

16

¿Por qué usted lidera... y por qué ellos los siguen?

Los verdaderos motivos de nuestras acciones, al igual que los tubos de un órgano, casi siempre permanecen ocultos. En cambio los malos pretextos, al igual que el oropel, siempre están en evidencia.

—Charles Caleb Colton

Awareness (Conciencia)
Assumption (Suposición)
Analysis (Análisis)
Action (Acción)

La primera A en nuestra *Fórmula de las 4 A* proviene de *Awareness* (Conciencia). Cuando hablo de conciencia me estoy refiriendo al hecho de buscar la respuesta del porqué de las cosas: ¿por qué está leyendo este libro? ¿Por qué está trabajando en la empresa actual? ¿Por qué continúa involucrado en las actividades diarias de su vida? La respuesta honesta a todas estas preguntas está ligada a su motivación *personal*. Esta no es una motivación que le haya sido impuesta por otra persona sino que debe ser su propia motivación. Uno de los escritores que ha tenido un éxito reciente nos sugirió que tomáramos la palabra motivación y colocáramos un guión entre la letra *v* y la *a*:

motiv–ación

Y si usted pusiera un poquito de su imaginación, lograría ver dos palabras. La de la izquierda sería *motivo* y la de la derecha, *acción*. La gente que está motivada tiene un motivo para estarlo; tiene una razón, un propósito o causa y luego actúa basada en esa razón, propósito o causa. Pregunta: ¿Se le había ocurrido pensar en eso antes?

Un amigo mío, durante nuestros tiempos de estudiantes universitarios, quedó inscrito en una clase de inglés a las 7:30 a.m. los sábados. Entonces, dicho en sus propias palabras: "Mi consejero debió haberme visto, ¿no es cierto? Y debió haber pensado: 'Ahí viene este tipo que se acabó de bajar del bus que venía de su pueblo, pongámoslos en la clase inglés los sábados a las 7:30 a.m. ¡y es muy probable que se aparezca!' ¡Y allá estuve!"

Y continuó contándome que el primer día el profesor se paró frente al grupo y de inmediato le asignó su primera tarea. Tenían que hacer un escrito sobre el tema "¿Por qué quiero estudiar en la universidad?" Los estudiantes muy animados comenzaron a escribir, pero después de 10 minutos uno de ellos se levantó y se salió del salón. Cuando la clase terminó sus amigos se fueron a buscarlo. Lo más probable es que Ray estaría en la biblioteca. "Ray, ¿qué estás haciendo?", le preguntaron sus amigos muy intrigados.

"Es curioso, nunca antes había pensado en eso", dijo Rey, "pero lo cierto es que ¡no quiero estudiar en la universidad! La única razón por la cual estoy aquí es porque ustedes están aquí y mis otros amigos también, y además mi papá y mi mamá quieren que yo estudie en la universidad, pero lo que yo quiero hacer es ir a trabajar en la fábrica donde trabaja mi padre, quiero casarme, tener una familia, jugar con mis hijos por las noches y pasar los fines de semana con mi familia. La verdad es que no había pensado en nada de esto hasta que el profesor nos hizo esa pregunta".

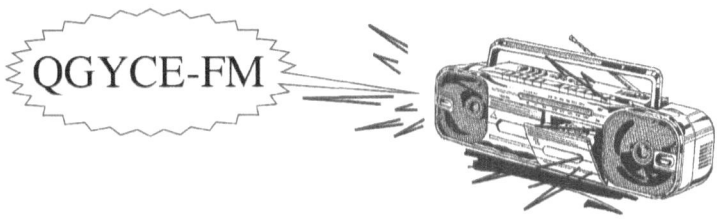

La verdadera ironía de esta historia real es que Ray fue un estudiante con notas inmejorables durante el tiempo de la secundaria y tenía muy buenas oportunidades de haber estudiado lo que quisiera. Sin embargo, con esa actitud, habría sido un médico, abogado, científico, profesor o administrador frustrado en cualquier carrera porque no había identificado sus propias razones, propósitos o causas para hacer nada de eso. Si vamos a motivarnos a nosotros mismos, debemos buscar con honestidad las verdaderas razones por las que hacemos todo lo que hacemos.

Si queremos motivar a otras personas, necesitamos conocer sus razones, propósitos o causas. La gente no va a sentirse motivada con nuestras razones sino con las de ellos. Debemos entender que todos escuchamos la misma estación de radio y que el nombre de esa estación es QGYCE-FM y cuyo nombre proviene de la frase: *¿Qué Gano Yo Con Esto?* Si quiere motivar a otras personas, necesita tener información que conteste esa pregunta, debe conocer qué los motiva, cuáles son sus razones y causas para actuar —y con esa información podrá invitarlos a actuar.

La primera vez que intente descubrir cuáles son esas motivaciones de otras personas es muy probable que ellas le contesten lo que suponen que usted quiere oír, pero si sigue insistiendo logrará esa respuesta que describa mucho mejor cuáles son las motivaciones que ellas tienen. Y si persiste, encontrará las motivaciones que *verdaderamente* las mueven actuar. No se trata de que la gente quiera ser falsa, lo que ocurre es que no se han puesto a pensar a fondo qué es lo importante para ellos. El dinero no es una motivación… lo que *podemos hacer con el dinero* es más que todo lo que motiva a otros, y a nosotros mismos. Ya sea que se trate de tener la casa más grande de la calle o de hacer una enorme donación para un orfanato, nuestros motivos varían en gran manera, y un conocimiento honesto de ellos (o de los de otras personas) es el primer paso para comprender lo que es la motivación.

Tipos de motivación

Motivación por temor

La motivación surge de tres maneras. La primera se conoce como *motivación por temor* y funciona para algunas personas en algunos casos. La mayoría de las veces es temporal, y hay ocasiones en que es efectiva. Cuando la economía es muy apretada y hay más trabajadores que trabajos, muchos trabajadores hacen un esfuerzo de manera consciente para ser más productivos y así asegurar sus empleos. Entonces llegan temprano a trabajar, se quedan hasta tarde y hacen más trabajo durante su jornada. Sin embargo, si ese es su único motivo, es bastante probable que al cabo del tiempo se sientan desgastados y regresen a sus hábitos de trabajo habituales, y que, si la economía sigue en mal estado, de todos modos terminen perdiendo sus trabajos. Sin embargo este tipo de motivación funcionará de manera temporal y en efecto incrementará su nivel de productividad por un tiempo.

La motivación por temor también suele ser efectiva en el bebé que está empezando a caminar e insiste en tomar objetos a su alrededor que él termina rompiendo o que le causan algún daño. Unas pequeñas palmaditas en su mano lo convencerán de no hacer eso en la mayoría de los casos, y aunque él tiene toda la curiosidad de seguir insistiendo, desiste por temor. La motivación por temor también funciona en los niños entre 6 y 8 años cuando se trata de adquirir malos hábitos como fumar. Una advertencia de sus padres de darles una reprimenda, si los encuentran fumando, suele ser muy efectiva y hará que esos niños desistan de su intento. Sin embargo ese mismo enfoque con un joven de 15 años surtiría el efecto contrario.

La motivación por temor en el campo laboral surte efectos temporales cuando se trata de mantener a los empleados a la raya y para lograr que se comporten como jugadores del equipo y cooperen, bien sea con un compañero de trabajo o con sus superiores. Pero de nuevo, los resultados son temporales y con el tiempo la situación suele tornarse incluso peor que al comienzo.

Motivación incentiva

El segundo tipo de motivación es la *motivación incentiva*. Todos en nuestra carrera de negocios hemos visto el popular cuadro del burro que arrastra una carreta y lleva colgando frente a sí una zanahoria. La motivación de este burro para jalar la carreta es por supuesto alcanzar la que él considera su zanahoria. Debido a ese incentivo su carga le parece más liviana de arrastrar; pero el burro tiene que estar tan hambriento que quiera comerse un pedazo de zanahoria, la cual debe parecerle apetitosa. Sin embargo, si de vez en cuando el burro no consiguen un pedazo de zanahoria, terminará reconociendo que lo están "engañando" y dejará de jalar la carreta.

El único problema es que, cuando usted le da al burro un mordisco muy grande de zanahoria, él va a dejar de sentir hambre y como consecuencia su motivación para jalar la carreta se reducirá bastante. A este punto la única manera en que logrará que el burro jale es disminuyéndole la carga, acortando el palo para disminuir la distancia entre él y la zanahoria y endulzándosela. El inconveniente aquí es que en el mundo de los negocios llevamos una carga que es dictada por las condiciones del mercado y, si usted la alivianara demasiado, o si le diera al burro una porción demasiado grande de la zanahoria (o la ganancia generada por el sistema de mercadeo libre), la transacción dejaría de producir una ganancia y terminaríamos fuera del negocio. Recuerde: los beneficios de hoy crean las expectativas del mañana. Entonces ¿qué hacer? Respuesta: cambie el burro por un caballo de pura sangre y *motívelo* a correr.

Motivación para cambiar o crecer

Lo anterior nos trae al tercer tipo de motivación, la cual se conoce como *motivación para cambiar o crecer*. El propósito primordial de este tipo de motivación es cambiar la manera de pensar, la capacidad y la motivación de los miembros de su equipo. Usted debe hacerlos querer arrastrar la carreta (hacer su trabajo). Debe darles las razones para hacer lo que usted quiere que ellos hagan y lograr *que ellos quieran* hacerlo. En otras palabras, necesitamos trabajar con los empleados hasta el punto en que podamos ayudarles a conseguir todo lo que ellos quieren de la vida. Ese es el mayor propósito de *Desempeño máximo*

—brindar métodos específicos, procedimientos y técnicas para ayudar a cada individuo a crecer e inspirarlo al punto en que quiera hacer un mejor trabajo— no solo para el beneficio de la compañía sino también para su propio beneficio. Como ya he dicho antes, en realidad "todos estamos en el mismo equipo" y, como consecuencia, todos tenemos los mismos objetivos. Cuando la administración y el personal comprenden con total claridad que están en el mismo equipo, entonces las dos partes se disponen a cooperar de la mejor manera posible.

Cuando era un niño mis amigos y yo caminábamos con frecuencia por una zona abandonada del ferrocarril y nuestro juego consistía en que cada uno intentaba mantenerse en balance y caminar más rápido que los otros sobre uno de los rieles del ferrocarril. Pero era inevitable que después de tan solo unos pasos todos nos cayéramos, hasta que un buen día después de tanto intentarlo nos dimos cuenta de que, si uno de nosotros se paraba en un riel y otro en el otro riel, y luego nos tomábamos de las manos, podríamos caminar indefinidamente sobre los rieles sin caernos.

Estoy convencido de que en el mundo de los negocios, cuando la administración y el personal, el empleador y el empleado, comprenden a cabalidad que los dos están del mismo lado y tienen los mismos objetivos, si ellos "se toman de las manos" y trabajan juntos, todos se beneficiarán. Entonces no solo estaremos desarrollando nuestro máximo potencial como individuos sino que además estaremos alcanzando el máximo de productividad para nuestra empresa, lo cual asegura la estabilidad y el crecimiento de todos. Esa es la clase de pensamiento y de motivación que producirá resultados máximos y beneficios permanentes para la administración y el personal de cualquier negocio.

También estoy convencido de que toda persona en algún punto de su vida ha sentido motivación por algo. La gente exitosa se siente motivada durante un porcentaje alto de su tiempo. Pero los *líderes exitosos* se sienten motivados la mayoría del tiempo y casi siempre cuando la situación es difícil. Mi amigo, el desaparecido Gene Lewis, uno de los líderes con el más desarrollado sentido común con el que yo haya tenido el privilegio de trabajar, me compartió esta analogía que destaca de una manera muy clara acerca de lo que le pasa a muchísima gente:

"La luciérnaga no pesca en el agua sino en el aire. Da vueltas y expulsa unos hilos pegajosos, y cuando un pequeño insecto atrapado por su luz se encuentra con uno de sus extraños hilos, ha caído en su poder y le pertenece. Si se siente satisfecha, la luciérnaga apaga su luz, pero de lo contrario, vuelve a expulsar otro de sus hilos. La suave luz que ella produce es hermosa pero no es producida por su estado de "satisfacción" sino porque está hambrienta y necesita pescar sus insectos.

Aunque estas son unas criaturas únicas, las luciérnagas tienen cualidades en común con nosotros, los seres humanos. En nosotros, así como en ellas, el estómago lleno con frecuencia nos genera un estado de complacencia que disminuye el deseo de cumplir una meta.

El joven empresario que está comenzando su carrera tiene muchos incentivos y motivaciones, pero para asegurarse de alcanzarlos debe pasar por ciertas pruebas. Debe ser capaz de manejar los hilos de su negocio y adaptarse a las condiciones que lo lleven a tener éxito en su campo. Este joven hambriento y con deseos por suplir las necesidades de la vida comienza en el negocio con gran avidez, y si tiene las cualidades apropiadas, su carisma le ayudará a ser exitoso.

Pero hasta que no se haya encontrado con la medida del éxito que él quiere alcanzar va a tener que enfrentar diferentes retos. ¿Está él todavía motivado por un deseo interno de sacarle a la vida todo lo que tiene para ofrecerle?

Muchos de los que pasan las pruebas iniciales de una manera brillante suelen quedarse detenidos por diversas razones. Por ejemplo, llegan a la cima por primera vez y se sienten tan satisfechos disfrutando de los frutos de su éxito que no están dispuestos a esforzarse para seguir mejorando su educación ni adquiriendo entrenamiento especializado o haciendo lo que sea necesario para ascender a mayores alturas de su desarrollo personal y capacidad de servicio".

Es obvio que Gene no está hablando acerca de *líderes* en este último párrafo. Los verdaderos líderes, los que en realidad están motivados, utilizarán uno de sus éxitos para construir uno todavía mayor. Un líder sabe que él es el ejemplo para sus subordinados, según sea su guía y dirección. *Como administrador, él sabe que será medido y juzgado por el número de sus subordinados que lo sobrepasen.* Él comprende con toda claridad que su marca de grandeza es la habilidad para desarrollar las capacidades de otros.

Krish Dhanam tuvo la buena fortuna de conocer a una de las figuras de liderazgo en el área de Administración más importante del mundo. Él nos cuenta la historia:

Liderazgo santo

"El 7 de junio de 1994 tuve el privilegio poco frecuente de conocer a una de las figuras con un nivel de desempeño máximo más efectivas de nuestra era. Me fue encomendada la labor de llevar una donación de mi empleador en Dallas a una pequeña misión ubicada en un sector muy pobre de Calcuta. Y como parte de esta misión también se me encomendó conocer y saludar en persona a la Madre Teresa y ofrecerle la donación como un gesto de benevolencia por toda la labor que ella ha hecho. No tenía ni la menor idea de que esos 20 minutos de encuentro con ella resultarían en mi aprendizaje de algunos principios de liderazgo que perdurarán en mí por el resto de mi vida.

Era mi anhelo de llevar el dinero y tomarme una foto con esta futura santa para guardar en mi memoria el recuerdo de nuestro encuentro. Era muy evidente que la foto no reflejaría todo lo que había quedado en mi memoria ni el significado total de mi estadía allí ese día. En todo caso, mi cámara dejó de funcionar y todos mis esfuerzos por tomar la foto fueron en vano.

Partí de India muy molesto conmigo mismo, culpándome por haber estado tan cerca de alguien tan importante y no haber podido tomar una foto, sin embargo la Madre Teresa, a través de su liderazgo sagrado, me había enseñado unas lecciones invaluables.

Ella era consistente en su tarea de proteger a los menos favorecidos, y se refería a ellos como 'desprotegidos e ignorados'. En una serie de audio llamada 'Sedientos de Dios' (Thirsting For God) ella cuenta acerca de las muchas veces en las que se enfrentó a imposibles y en las que resultó recompensada únicamente por su capacidad de consistencia.

También era leal a su causa. Su discurso de aceptación cuando recibió el Premio Nobel fue sencillo: 'Acepto este premio en beneficio de los pobres'. Esta fue la gente a la cual ella fue llamada a liderar, y entre la degradación y decadencia de la Humanidad, ella encontró en su interior la capacidad de ser leal a su causa.

Ella creía en la planeación exitosa. Aunque el mundo conocía su buen nombre y sus obras, ella comprendía que un día su papel como la visionaria de Missionaries of Charity terminaría. Sabía que necesitaba un sucesor cuya visión llevara esta humilde organización hacia adelante. La Hermana Nirmala fue elegida como su sucesora el día que la Madre Teresa faltara y de esta manera quedaría asegurada la continuidad de su trabajo.

El papel de la gente de muy alto nivel de desempeño es aprender los distintos atributos que les permiten a las personas de un nivel de desempeño promedio pasar a un nivel de desempeño máximo. La gente importante no comienza a desarrollar ningún proyecto pensando solo en que lo será. Ellos se dedican a su labor siendo consistentes y leales a su causa. Cuando le envié una carta de gratitud a la Madre Teresa, ella me respondió con una foto y una nota personal dirigida a mí. Esto me enseñó humildad. Esta gran mujer me había escrito para agradecerme por haberles escrito unas cartas a algunas hermanas para animarlas en su labor de representar a Missionaries of Charity en los Estados Unidos. Junto con la foto y la carta, ella había escrito: 'Procura ser un instrumento en las manos de Dios para que Él pueda usarte en cualquier momento y en cualquier lugar. Solo tenemos que decirle 'Sí, Señor, el pobre necesita de Tu amor y cuidado'. Dale a Dios tus manos para servir en Su causa, y un corazón lleno de amor. Y si así lo haces, recibirás mucho más que eso, el gozo en tu corazón por amar y servirles a los demás'. Al escribirme esto ella demostró ser una gran motivadora.

Le he llamado a este segmento 'Liderazgo sagrado' porque la mayoría de nosotros sabe que ella tenía sus habilidades a un nivel más alto que el que otorga la Universidad de Harvard puesto que provenía del maestro que fue llamado justamente así: Maestro. Considero que la Madre Teresa fue una líder con un nivel de desempeño máximo porque esta monja católica romana que vivió para servirles a los desamparados, a los más pobres de los pobres, estableció su hogar en el único estado marxista de una sociedad predominantemente hindú. Dominique Lappierre llamó a esta mole de ciudad infestada de degradación y porquería, "La ciudad del gozo". Sin embargo, cuando la Madre Teresa murió, recibió los más grandes honores y fue enviada a su lugar de descanso en un carruaje que condujo a los más grandes mártires de India. La Madre Teresa trascendió a las circunstancias y a los prejuicios sociales, y surgió por encima de toda expectativa humana poniendo en práctica un liderazgo de servicio de los más destacados y conocidos en la Historia de la Humanidad. Y aunque muchos de nosotros no seamos llamados a vivir esa clase de vida ni a ser tan ejemplares sirviéndoles a los demás, es posible concluir que todas las personas que buscan llegar a un nivel de desempeño máximo deben poner en práctica estos principios del que yo he llamado un estilo de liderazgo santo.

Un sentimiento muy mal entendido

Uno de los puntos que mencionó Krish de una manera indirecta en su historia acerca de la Madre Teresa es el hecho de que, si usted quiere ser una persona consistente en su alto desempeño, es importante que entienda lo que significa felicidad. La Madre Teresa ciertamente comprendió el verdadero significado de ser feliz. Mucha gente piensa que será feliz *cuando*… haga un viaje a Hawai, Nueva York o Bermuda. Otros dicen que serán felices *cuando*… compren una casa nueva, pero cuando la compren, tampoco lo serán, solo hasta cuando tengan un bonito césped en el patio, y entonces tampoco lo serán. Luego dirán que serán felices hasta cuando le hayan instalado a la casa unas nuevas cortinas, pero la verdad es que entonces tampoco lo serán. Luego dirán que van a ser felices cuando la hipoteca de la casa esté paga, pero de nuevo estarán equivocados. Serán felices cuando le hayan agregado otro cuarto a su casa pero eso tampoco es cierto. Luego dirán que van a ser felices cuando hayan construido un rancho exterior cerca del lago —pero de nuevo, no será así.

La felicidad no es un sentimiento que se obtiene con el tiempo ni con el lugar donde nos encontremos –¡ocurre *aquí y ahora*! No es lo que usted *tiene* lo que lo hace feliz; ¡es lo que usted es, lo que le proporciona felicidad! Las cosas materiales nunca nos harán felices. Adán y Eva poseían el mundo entero (incluyendo, según sé, el derecho a las riquezas minerales). Dios les dio todo junto con la autoridad para gobernarlo —a excepción de un árbol. Les dio instrucciones precisas de no comer del fruto de ese árbol. Y con todas las posesiones materiales que ellos tenían, ¿qué era lo único que ellos querían? Acaba de adivinar: ¡el fruto de ese árbol!

El dinero ni la posición son la felicidad

Mucha gente dice: "Cuando tenga $1 millón de dólares me sentiré feliz porque estaré seguro", pero eso no es necesariamente cierto. La mayoría de la gente que consigue ese millón de dólares quiere otro millón y otro millón. O les ocurre como a un viejo amigo mío que consiguió y perdió hasta el último centavo de $1 millón de dólares, pero el hecho es que no le molestó ni un poquito, ni se preocupó sino que me dijo simplemente: "Zig, ya sé lo que se necesita para conseguirme otro millón de dólares y aprendí lo que no debo hacer para volver a perderlo. Voy a intentarlo de nuevo y lo conseguiré". Y así lo hizo, consiguió su millón de dólares —y más. No, la seguridad no está basada en dinero. El General Douglas MacArthur dijo que la seguridad está basada en nuestra habilidad para producir –y yo creo que él tiene toda la razón.

Muchos dicen: "Seré feliz cuando logre ser el presidente de la empresa porque esa posición me representa seguridad —ser la persona a cargo". Eso no es cierto. Como usted bien sabe, incluso los mejores presidentes terminarán su labor después de ocho años. No, si queremos disfrutar de felicidad y seguridad, y continuar motivados, debemos comprender que la seguridad proviene de nuestro interior y consiste en nuestra capacidad productiva. En mi mente, una de las maneras de estar más seguro de que continuaré produciendo, inclusive después de haber cubierto hace mucho tiempo todas mis necesidades, es continuar aplicando los principios y procedimientos que proponemos en este libro.

Principios de desempeño

1. ¿Sabe usted por qué hace lo que hace?
2. Motivación = los motivos que lo llevan a actuar.
3. La felicidad no es donde ni cuando… sino aquí y ahora.
4. Para mantenerse motivado identifique los motivos que tiene para actuar y actúe basado en ellos. Para motivar a otros identifique los motivos que ellos tengan y anímelos a actuar basados en ellos.

17

Administrando la productividad

Un hombre sin un propósito es como un barco sin timón.

—Thomas Carlyle

Awareness (Conciencia)
Assumption (Suposición)
Analysis (Análisis)
Action (Acción)

La segunda *A* un en nuestra *Fórmula de las 4 A* significa *Asumir* (suponer). Krish Dhanam y Bryan Flanagan suministraron el material de este tema y me pareció muy profundo. Estoy seguro de que usted estará de acuerdo conmigo. Habiendo dicho esto, Krish le dará inicio a este capítulo y Bryan lo cerrará.

Krish

En nuestro diagrama *suposición* está antes que *análisis* y después de *conciencia*. Para hacer suposiciones sobre la productividad de la gente es necesario analizar y tener conciencia de su trabajo. La mayoría de los administradores hace suposiciones acerca de las habilidades y capacidades de sus equipos de trabajo guiados por opiniones basadas en una variedad de señales que se ven, se sienten y se observan en el ambiente de trabajo.

Hace poco me encontraba haciendo una sesión de entrenamiento en una compañía que estaba en proceso de expansión. Había pasado de utilizar dos pisos de un edificio de cinco a utilizar todos los cinco pisos completos. Cuando la chica me conducía al segundo piso, al salón donde iba a ser la presentación, observé algo poco usual: ella comenzó a hablar en un tono más bajo tan pronto como salimos del elevador hacia el segundo piso. Al preguntarle por qué ella estaba casi susurrando, comprendí algo sorprendente. Según la configuración antigua del edificio en el segundo piso estaban ubicadas las oficinas de los ejecutivos y se acostumbraba a hablar en un tono más bajo estando allí. Hasta ese instante, todo mundo asumía que debía seguir esa misma costumbre.

Para lograr motivar a la gente usted tiene que saber manejar este tipo de ideas que los demás asumen acerca de lo que es y no es. El adagio de que, en la mayoría de las organizaciones las percepciones se toman como si fueran un hecho y por lo tanto un hecho nunca es en realidad un hecho, es cierto.

Las ideas que la gente asume están relacionadas con distintas áreas del campo laboral, y aquí las hemos organizado de tal manera que usted las utilice para liderar a su equipo de trabajo hacia desarrollar un nivel de desempeño máximo en cada una de esas áreas respectivas.

Suposiciones y preconcepciones sociales y culturales

En un mundo transcultural y en desarrollo creciente existen muchas preconcepciones sociales que retrasan el progreso de una organización. Un enfoque de las décadas de los 80 y 90 fue el de sensibilizar el lugar de trabajo y hacerlo más tolerante a los cambios demográficos de nuestros tiempos. Y aunque la terminología política adecuada crea una plataforma de sensibilidad que anima a la gente a tolerar diferencias, una de las necesidades más importante es la de direccionar las preconcepciones sociales en el ambiente de trabajo.

Como oriundo de India, tengo algunas preconcepciones con respecto al ambiente laboral americano que se reflejan en mi ética de trabajo. He concluido más allá de cualquier duda razonable que el dicho de que "todo es posible en América" es cierto y esto me motiva a hacer lo que hago de una manera distinta a alguien que no tenga la misma herencia socioeconómica y étnica que yo. Le doy a mi padre, un ejecutivo ya retirado en India, todo el crédito por mi ética de trabajo. Por ejemplo, como Director de Operaciones Internacionales, decidí venir a trabajar a las 5:00 a.m. cada vez que estoy en la ciudad y no tengo ningún entrenamiento empresarial programado. Mi filosofía es que, si usted invierte tiempo de calidad en el área de servicio al cliente en el mercado internacional, ese solo hecho lo hará distinguirse de su competencia. Excepto en la costa del Este de Australia, puedo conectarme con la mayoría de la gente alrededor del mundo en un tiempo real, tomando en consideración las diferencias de horario según sea la zona del mundo con la que necesito comunicarme. Como esposo y padre esto me permite tener una jornada de trabajo honesto y productivo y regresar a casa entre las 3:00 p.m. y las 4:00 p.m. evadiendo el tráfico de la mañana y la tarde para así poder disfrutar de mi familia.

Así que, si usted fuera a mi oficina a intentar motivarme de la misma manera en que usted motiva a la gente de su organización, perdería su tiempo. A medida que viajo por todo el mundo con Zig Ziglar, con frecuencia él me pregunta por qué yo me niego a hacer las cosas de la manera en que otros las harían: "más fácilmente". El hecho es que mi idiosincrasia cultural me enseñó a ser agradecido, y esa es mi primera razón. La segunda razón es que, durante todo el tiempo que llevo trabajando con Zig Ziglar, siempre me he sentido especial porque él respeta mi herencia cultural. Eso es lo que hacen los líderes de alto rendimiento, ellos saben que, aunque cada persona es responsable de su futuro, nadie es responsable de su herencia. Respetar el sistema de creencias de los demás le permite obtener un máximo de productividad de aquellos a quienes respeta porque ellos se esforzarán para trabajar con usted y para usted.

Preconcepciones basadas en la experiencia

Una hoja de vida es una hoja de papel escrita de la mejor manera posible para mostrar lo que alguien ha logrado antes de presentarse frente a usted. A veces los aspirantes a una posición laboral exageran la verdad en cuanto a sus estudios y experiencia para darle la impresión a quien está revisando su hoja de vida de que su candidatura implica un alto grado de posibilidades de contratación. Sin embargo dichas posibilidades están basadas en la experiencia que este candidato pueda aportarle a la organización, y en los resultados inmediatos que producirá dicha experiencia. Por lo general los líderes tienen muchas preconcepciones basadas en la experiencia de los miembros de su equipo.

Una vez me contaron acerca de un Director de Recursos Humanos en una empresa que tuvo que decirle a uno de los aspirantes a un cargo que, si sumara todos los años de experiencia que este candidato decía tener en las diversas disciplinas, dicho candidato no solo tendría que estar retirado sino que habría necesitado de intervención quirúrgica para que lo revivieran de la muerte y así haber podido presentarse a la entrevista. En otras palabras, ese candidato, como muchos otros, había elegido embellecer y exagerar sus experiencias en su campo de trabajo. Las preconcepciones basadas en la habilidad de un aspirante a un cargo también suelen surgir cuando él dice tener tanta experiencia que le causaría problemas a su jefe. A esto se debe que la manera efectiva de comprobar la experiencia que la gente dice tener es enviándola a trabajar entre expertos, sabiendo que, cuando se trata de trabajo en equipo, nadie puede cumplir las metas empresariales por sí mismo. Un vendedor que haya sido capaz de facturar $1 millón de dólares en equipos de software puede no ser tan exitoso vendiendo servicios intangibles. Y aunque las ventas requieren de un proceso que se puede aprender, así como del conocimiento profundo del producto en venta, con frecuencia es más sabio mirar más de cerca cuál es el tipo de experiencia que tiene cada persona y asignarla a su cargo utilizando la razón y no las emociones.

Preconcepciones de género y edad

Las canas no siempre significan sabiduría ni la juventud implica ignorancia. El ambiente de trabajo actual ha cambiado de una manera drástica y algunos conceptos todavía permanecen, pero las preconcepciones de género y edad no solo son ilegales sino además ilógicas desde una posición de liderazgo. Para ser un líder formador de gente de alto desempeño y sacar lo mejor de cada uno de ellos usted tiene que considerar la posibilidad de emplear hombres y mujeres de todas las edades.

Es bastante recomendable que, a medida que lidere su equipo y su organización, no descarte la opinión de nadie por el simple hecho de la edad o el género. Abraham Lincoln perdió todas las elecciones hasta después de los 50 años e hizo su contribución más significativa cuando firmó la Proclamación de Emancipación en 1862 a la edad de 53 años. El Senador John Glenn fue el primero en ser enviado al espacio en un artefacto rudimentario llamado *Mercury* y él era el mayor de la tripulación. Bill Gates era un adolescente cuando consiguió cambiar el mundo y en un término de 24 horas es posible que usted utilice por lo menos una de sus grandes ideas para hacer su vida más práctica. Todo mundo sabe que Charles Lindberg fue la primera persona en cruzar el Atlántico en avión y que Amelia Earhart fue la primera mujer en hacer la misma hazaña, sin embargo muy pocos saben que ella fue la segunda persona en cruzar el Atlántico. Si por un momento dejáramos de pensar que ella fue la primera mujer en lograrlo, nos daríamos cuenta de que ella fue la segunda persona en realizar esta increíble hazaña.

Por eso, sin tener en cuenta el género ni la edad, trate a todos por igual y recibirá inmejorables resultados y premios.

Preconcepciones basadas en la personalidad

¿Cuántas veces ha escuchado decir lo siguiente: "Ella tiene una magnífica personalidad", "Su conducta y actitud serán de mucho beneficio para nuestra empresa"? Las preconcepciones basadas en la personalidad han causado que mucha gente reciba responsabilidades para las cuales no está calificada ni equipada. Fred Smith Senior dice que, para ser efectivos, los individuos deben poner su pasión por debajo de su talento. Desafortunadamente en el ambiente de trabajo actual observamos que la gente despliega toda clase de rasgos de personalidad que muestran su interés y pasión por realizar tareas muy difíciles. El deseo humano de querer lograr más hace que la gente se comporte de esta manera ya que los administradores buscan gente que en realidad sea entusiasta en lugar de enfocarse en gente que demuestre una mezcla de entusiasmo y talento. Tanto las habilidades como el deseo de lograr las metas son necesarios para asegurar alto rendimiento. En nuestras oficinas utilizamos el método de asignar responsabilidades basándonos en la personalidad y así aseguramos que dicha responsabilidad se le haya asignado a la persona adecuada y que ella a su vez reciba reconocimiento por sus fortalezas. Si un empleado es débil en un área determinada, lo animamos a que se fortalezca en dicha área identificando qué clase de conocimiento o habilidad le están haciendo falta para lograrlo.

Asegúrese de tener a la gente adecuada para la tarea adecuada yendo más allá de la personalidad y fijándose en las fortalezas y debilidades de cada individuo. Asumir que, porque una persona parece tener cierto tipo de personalidad es la más indicada para desarrollar ciertas tareas, podría llevarlo a causar ciertas discrepancias que produzcan incluso una reducción en el nivel de productividad que afecten las metas de la organización. Si nosotros respaldáramos a todo el que se siente motivado para trabajar en nuestra organización para convertirse en entrenador o conferencista, estaríamos reaccionando frente a las características externas de la gente que encontramos en la arena pública. Pero como la principal característica que se requiere para que los miembros de nuestro equipo representen nuestra filosofía empresarial es la consistencia, hemos diseñado un proceso a seguir que determina si estos aspirantes están de verdad interesados en representarnos y en hacer todo lo que se requiera para lograrlo o solo están interesados en el dinero que obtendrían, en nuestro buen nombre y en disfrutar con nosotros del éxito que hemos alcanzado.

**Si alguien tiene que decir que es excelente en todo
lo que hace, lo más probable es que no lo sea**

Hace poco conocí a un conferencista que estaba interesado en unirse a nosotros y que tenía ideas interesantes y unas metodologías que bien habrían complementado nuestros programas de entrenamiento. Teniendo en cuenta que yo no debía darme el lujo de hacer una preconcepción basada en la personalidad de este joven, le informé que para representar a nuestra empresa él necesitaría pasar por un proceso como todos los demás integrantes de nuestro equipo. Este individuo procedió a informarme que se encontraba demasiado ocupado y que por cuestión de tiempo su agenda estaba llena de cosas por hacer y por esto no podría pasar por el proceso de calidad del cual yo le estaba hablando, y que además, las ovaciones de pie que acababa de recibir y las referencias que teníamos acerca de él deberían ser suficientes para que yo considerara que él era una excelente excepción a la regla. Él quería que nosotros asumiéramos que él fuera parte de nuestro equipo basándonos en su efectividad según lo que habíamos visto de él y por lo que sabíamos acerca de su carrera como conferencista. Con la mayor cortesía tuve que informarle que, si él estaba ocupado, entonces a lo mejor nosotros necesitábamos trabajar ayudándole a hacer su trabajo ya que parecía que nosotros sí no estábamos tan ocupados. Es obvio que yo le estaba haciendo un chiste, pero en el proceso tuve en cuenta no reaccionar a posibles preconcepciones basadas en su personalidad.

Bryan

Preconcepciones administrativas

Descubrí el valor de "ver más allá" (analizar a la gente y las circunstancias yendo más allá de lo que es obvio) cuando trabajé como administrador con IBM Corporation en California. En ese tiempo trabajaba con la división de las máquinas de escribir y las copiadoras de IBM y había heredado un grupo de ventas compuesto por 14 personas cuando acepté el cargo. Llevaba pocas semanas cuando le pedí a uno de mis mejores vendedores que viniera a mi oficina.

Le dije: "John, lo he estado observando durante este tiempo y déjeme decirle lo impresionado que estoy con usted, con su profesionalismo y con su ética de trabajo. Su nivel de producción es alto, este trimestre ya está por encima del 125% de su cuota y para el próximo parece que sus resultados van a ser aún mejores. Además me impresiona gratamente la reputación que tiene entre sus compañeros de trabajo. Ellos lo respetan y la gente del área administrativa tiene muy buen concepto suyo.

Definitivamente usted está en mi lista de los representantes de ventas que me gustaría ascender muy pronto. Podría estar en Boulder en el área de ensamblaje, o en Dallas en el área de entrenamiento de mercadeo o incluso de regreso en el Este trabajando en planeamiento financiero. John, estoy seguro de que le va a ir muy bien en su carrera".

Entonces John me dijo algo que me mató: "Bryan, ¿usted está hablando de ascenderme o de trasladarme? ¿Es de eso que se trata todo esto?" Yo le aseguré que eso era justo lo que tenía en mente, entonces John me dijo: "Tal vez usted no sabe que yo no quiero ningún ascenso ni dejar esta ciudad. Me encanta estar aquí. ¿No sabe usted cuáles son mis metas?" Yo le contesté que la verdad era que no las conocía y que solo *asumí* que debían ser ascender en IBM como yo lo estaba haciendo.

Ante mi respuesta, John me dijo: "Déjeme contarle cuáles son mis planes: quiero construir una familia en esta área de la ciudad. Mi esposa es de aquí y mis hijos van a una muy buena escuela con sus amigos. No quiero desarraigarlos ni moverlos de aquí. Quiero jugar béisbol e ir de pesca. Quiero ser profesional en la carrera de las ventas y por todo eso no me quiero ir de aquí".

Sus palabras tuvieron un enorme impacto sobre mí. Estaba ofreciéndole algo que él no quería porque yo pensé que conocía sus metas. Ese es un gran error que suelen cometer los administradores con mucha frecuencia.

Esta historia es una buena razón para pensar en la posibilidad de analizar "más allá" de lo que está a la vista porque de esta manera usted aprende a conocer a sus compañeros de equipo al punto en que sepa cómo asistirlos de manera efectiva mostrándoles cómo alcanzar sus metas y objetivos. Se requiere de tiempo y dedicación, y necesitará invertir inclusive de su propio tiempo para llegar a conocer a su gente *desde el punto de vista humano, ¡y no tan solo como unidades de producción!* Conocer a su equipo implica darse a sí mismo hasta llegar a comprender sus necesidades, *sus* problemas y *sus* preocupaciones.

Permítame aclarar algo: este proceso no es para reemplazar una evaluación de desempeño ni para dejar de supervisar a sus empleados. Tampoco es para tener herramientas en contra de ellos sino exclusivamente para acercarse y conocerlos de tal forma que sepa darles retroalimentación y motivación. Funciona de la siguiente manera: está compuesto por tres etapas. La primera, programe una cita con su empleado. Puede ser en un ambiente informal fuera de la oficina —en una cafetería, un almuerzo, o en un lugar neutral dentro de la empresa. La segunda, durante la reunión, dispóngase a hacerle *preguntas abiertas y a escuchar sus respuestas.* Usted necesita enfocar toda su atención en él para que el proceso sea efectivo. Recuerde que el propósito de esa reunión es hacerle una pregunta específica: ¿cuáles son *sus* metas? Tercera, utilice esa información de una manera provechosa en el momento de dar retroalimentación. Veamos estos tres pasos más en detalle.

Programe una cita con su empleado

Este proceso es efectivo cuando usted está contratando, pero también lo es con los empleados que ya están trabajando con usted desde hace tiempo. Si no ha programado una reunión como estas antes, es posible que su empleado esté un poco escéptico al comienzo. Además, cuando usted propone esta reunión necesita ser específico y aclarar que es "con el fin de ayudar". Es decir, procure que su empleado se sienta relajado y tranquilo. Por eso es provechoso resaltar cuál es su propósito durante esa reunión.

Por ejemplo: "Rafael, usted lleva trabajando con nosotros desde hace ya casi un año y nunca nos hemos sentado a conversar durante todo este tiempo. Me gustaría conocer un poco más sus metas para saber cómo ayudarle a alcanzarlas. ¿Podríamos almorzar esta semana? ¿El jueves estaría bien?".

Si usted propone esto con sinceridad, lo más probable es que él acepte su invitación.

Durante la reunión

Si en realidad no conoce muy bien a este individuo, lo más conveniente es que haya una conversación preliminar que le permita comenzar a conocerlo. Sería apropiado preguntarle dónde vivió, dónde creció, por qué escogió esa universidad, qué clase de actividades le interesan, como resultó involucrado en este trabajo, etc.

Una vez haya terminado este proceso preliminar ponga en práctica el propósito de la reunión: conocerlo y ayudarle. En este punto es prudente decir algo como: "Rafael, como le dije el lunes, me gustaría conocerlo un poco mejor, conocer más sus metas y contribuir para ayudarle alcanzarlas".

Una vez que haya establecido su deseo de ayudar necesita identificar las metas de su empleado. En este punto sería importante hacerle una pregunta directa –enfocada en un tema específico. En este caso debe ser respecto a sus planes. Por ejemplo: "Ya tengo la descripción de las funciones de su trabajo y el nivel de rendimiento que espero de usted para el próximo año. Sin embargo los dos nunca hemos hablado de esto. ¿Cuáles son sus metas dentro de nuestra organización? En otras palabras, ¿qué espera lograr estando dentro de nuestra empresa?".

Todo lo anterior es esencial para obtener un punto de vista que vaya "más allá de lo que se ve". Si usted no sabe cuáles son las metas de Rafael, es evidente que no podrá ayudarle a lograrlas. Haga preguntas abiertas como estas porque usted irá juntando tanta información como le sea posible respecto a los planes de su empleado y así sabrá cómo utilizarla en conversaciones posteriores.

Dé retroalimentación después de finalizar la entrevista

Una vez que usted haya juntado la información necesaria, utilícela. Esa es la clave del concepto de "ir más allá de lo que se ve". Dele retroalimentación a su empleado con el fin de mantenerlo en el camino correcto hacia cumplir sus metas.

Suponga que él le menciona el hecho de que quiere trasladarse al área administrativa dentro de su organización y que esa es su meta más importante. Sin embargo usted observa que él está envuelto en actividades que lo están alejando de su meta. De pronto sea por lentitud de su parte, por demasiados descansos a la hora del almuerzo, muchas llamadas personales, incumplimiento en la entrega de sus trabajos, etc. Sin embargo, esas no son acciones que ameriten algún tipo de sanción. Circunstancias como estas necesitan corrección y esta es su oportunidad de utilizar la información que él acabo de compartir con usted para que usted pueda "mirar más allá" de lo que se ve y ayudarle a hacer los ajustes necesarios y corregir las acciones que no lo van a ayudar a alcanzar sus metas.

Por ejemplo, supongamos que usted y yo somos astronautas y vamos camino a la Luna en una exploración espacial y en la mitad del camino escuchamos de la estación de control en la Tierra un comunicado que dice: "Atención, se han salido de curso un poco y están 3% a la izquierda del camino, y si continúan en esa dirección terminarán perdidos de su ruta por completo".

Usted no va a coger el micrófono y responder a gritos: "¡Oiga, no nos diga cómo hacer nuestro trabajo! Nosotros somos astronautas muy bien entrenados y sabemos lo que estamos haciendo. De hecho, ¡Tom Hanks va a protagonizar mi vida en la siguiente película!" Usted no va a decir nada de eso. Usted va a agarrar el micrófono y va a pedir las instrucciones más específicas que puedan darle:

"¿Es el 3% o el 4% del rumbo? ¿Nos ajustamos hacia la derecha o hacia la izquierda?" Usted hará los ajustes necesarios y lo último que dirá será: "¡Gracias!" De esa manera podrá corregir el curso de la nave y llegará al destino elegido.

Lo mismo es cierto con los miembros de su grupo de trabajo. Si ellos en realidad desean progresar, apreciarán sus aportes, harán los cambios necesarios y hasta le darán las gracias. Sin embargo, si usted ha conversado con ellos acerca de lo que necesitan hacer para avanzar y observa que ellos no están siguiendo el plan que diseñaron para lograrlo, es su responsabilidad averiguar por qué. Quizás ellos no están aprovechando los cursos de entrenamiento que la organización les está dando. Por esto es tan importante que el administrador se involucre en este tipo de actividades pues tendrá una perspectiva de los esfuerzos que están o no haciendo sus subalternos para alcanzar una posición de liderazgo. Si ese fuera el caso, también es su responsabilidad hacérselos saber.

"Rafael, noto que no ha tenido en cuenta la parte del curso que propone que los administradores que no están relacionados con el área administrativa también deben leer los reportes financieros. ¿No me había dicho que quería trasladarse a la sección de finanzas?" Él podría contestar: "Bueno, mis metas han cambiado". Esta también es una información importante porque, para contribuir con el crecimiento y desarrollo de esta persona, usted necesita conocer ese cambio. Es bueno saber que las metas de sus empleados han cambiado porque usted no quiere dar retroalimentación sobre un tema que ha dejado de ser importante y que ya no tiene ningún valor para ellos.

Si ese es el caso, si sus metas han cambiado, utilice otra vez la facultad de "ir más allá de lo que se ve" y vuelva a preguntarle: "¿Entonces cuáles son ahora sus metas?" Es permisible que él cambie sus metas, sin embargo, para que usted pueda ayudarle a alcanzar esas nuevas metas, es obvio que necesita conocerlas.

La posibilidad de "ver las cosas más allá" le permite identificar cuáles son las verdaderas metas de quienes le rodean para saber cómo ayudarles a alcanzarlas y le sirve como punto de inicio para conocer a cada uno de los miembros de su equipo como personas y no como unidades de producción. Le da una razón para darles retroalimentación e intervenir cuando ellos se han desviado de sus metas.

¿Funciona esta técnica? ¡Solo si la pone en práctica!

Principios de desempeño

1. Las preconcepciones son la base de toda mala comunicación.

2. No asuma que las personas son solo unidades de producción que quieren lo que usted quiere. Pregunte —vaya "más allá de lo que se ve".

18

La educación cura la parálisis administrativa

Todos los que se educan son libres.

—Epitetos

Awareness (Conciencia)
Assumption (Suposición)
Analysis (Análisis)
Action (Acción)

La tercera *A* en nuestra *Fórmula de las 4 A* significa *Análisis*. Cuando hablo de análisis, estoy hablando de educación. Existen tres grandes causas que inmovilizan a las personas y las mantienen lejos de triunfar, y lo que es más, que nos mantienen a todos lejos de cumplir todo aquello que somos capaces de realizar. La única forma de sobreponernos a permanecer estáticos es a través de la capacidad de análisis y de la educación. Las causas más frecuentes de estancamiento son *el temor, la duda, y la preocupación*, y todas son el resultado del mal uso de la imaginación.

Veamos más de cerca de lo que se trata el concepto de MIEDO (*FEAR* en inglés podría servir de sigla para *False Evidence Appearing Real*). Miedo significa: evidencia falsa de algo que parece real. Si utilizara una máscara y mi dedo sería bastante factible que yo fuera al banco de su ciudad y lo asaltara. La máscara me serviría para cubrir la cara y el dedo para apuntar con la mano en mi bolsillo dando la apariencia de que tengo una pistola y que se le estoy apuntando al cajero y le diría: "¡Deme todo el dinero!" Yo le garantizo que sus manos comenzarán a sudar y su corazón a latir más rápido, y que en ese momento él me entregaría el dinero. Todas las evidencias serían falsas, pero como parecen reales, el cajero actuaría como si lo fueran.

A lo mejor usted conozca la historia del joven cubano que secuestró hace poco un avión y lo condujo rumbo a Cuba con ninguna otra ayuda que la de una barra de jabón que escondió entre su ropa dirigiéndose así a la azafata: "Tengo aquí una bomba". Ante eso ella le contestó: "¡Oooooohhhh, usted necesita ver al piloto!" Entonces él se dirigió hasta donde el piloto y le dijo: "Tengo aquí una bomba y me gustaría ir a Cuba", y por supuesto, el piloto se dirigió a Cuba sin pensarlo dos veces. Ante una evidencia falsa que *parecía real*, el capitán actuó como si lo fuera.

Afronte este reto

Quiero retarlo a anotar sus 10 temores, dudas y preocupaciones más grandes. Algunos de ustedes dirán: "¡Pero tengo más de 10!" Relájese, yo le dije sus *mayores* miedos, dudas y preocupaciones. Si tiene el valor de apuntarlos, se dará cuenta de lo siguiente: de los 10 ítems que acabo de escribir, entre 7 y 8 ya han pasado o nunca pasarán. Y de los que quedan, usted no tiene ni el más mínimo control sobre ellos. Entonces se dará cuenta de que solo 1 o 2 de esos ítems están bajo su control.

Pregunta: ¿tiene sentido desperdiciar sus energías en una lista de eventos sobre los cuales usted no tiene ningún control en lugar de enfocar sus energías en el par de cosas que sí está en capacidad de manejar con efectividad? Como la respuesta obviamente es no, ¿por qué no enfocar sus energías en los problemas que sí puede resolver? Respuesta: porque somos criaturas que vivimos de hábitos. Todos tenemos una rutina diaria en la que estamos involucrados, y si esa rutina cambiara, nos causaría malestar y nos dañaría el resto del día.

Desafortunadamente para nuestra sociedad, uno de los hábitos más destructivos es el de quejarnos, o como Bryan Flanangan diría: "¡Nos hemos vuelto socios del club de las quejas!" ¿Se ha dado usted cuenta de que alguna gente prefiere quejarse que triunfar? Si eso le parece absurdo, demuéstrame que estoy equivocado. Trate de eliminar su queja y vea si de esa manera no logra avanzar hacia el éxito con mayor rapidez. Vivimos en una sociedad que está acostumbrada a ser negativa más que positiva. Por ejemplo, como diría el conferencista amigo mío, Don Hutson: "¡Los economistas han vaticinado el 18% de las dos últimas recesiones!" ¡La gente busca culpas como si se tratara de premios! Demasiada gente busca lo peor en los demás y nunca se da a sí misma la oportunidad de dejar de criticar.

Uso negativo de la imaginación

Como regla general suelo tomar entre 2 y 10 vuelos semanales. Es obvio que de vez en cuando ocurren accidentes aéreos, así que reconozco que hay peligro al abordar un avión. Pero en términos realistas, ese hecho es más peligroso para el avión porque, cuando un avión se cae más rápido que lo que eleva vuelo, su valor comercial queda reducido a nada. Lo que quiero decir es que ¡es imposible ganárnoslas todas!

Sin embargo es interesante observar que hay peligro cada vez que un avión despega de la tierra, pero es más peligroso si permanece *en* ella. Los ingenieros anunciarían a toda velocidad que ese avión se oxidará mucho más rápido que si está en funcionamiento –objetivo para el cual fue construido. Cuando un barco deja el puerto existe cierto grado de peligro puesto que de vez en cuando ocurren accidentes marítimos, pero sería aún más peligroso si el barco se quedara en el puerto. Los expertos nos dicen que, si el barco se queda anclado allí, poco a poco se irá deteriorando hasta quedar inservible y luego no será posible que navegue –motivo por el cual fue construido desde un principio.

Si usted renta su casa, está corriendo el riesgo de que la persona a quien se la rentó se la destruya. En algunas ocasiones los arrendatarios no tienen sentido de pertenencia y por esta razón no le cuidarán su casa como deberían. Sin embargo mis amigos de las agencias de finca raíz me aseguran que la casa estará en mayor peligro si usted la deja vacía porque se deteriorará mucho más rápido. Y además, este fue el motivo por el cual existen las viviendas: para habitarlas.

¡Lógico! Existen ciertos riesgos cada vez que usted quiere hacer algo, pero en el área de la Administración existe un mayor peligro: no hacer nada. Los seres humanos y la naturaleza somos opuestos por completo en por lo menos lo siguiente: *malgastamos los recursos naturales utilizándolos en exceso, y sin embargo los recursos humanos también se desgastan de no usarlos para nada.*

Oliver Wendell Holmes estaba en lo correcto cuando dijo que la gran tragedia de América no es la destrucción de los recursos naturales —aunque esa ya es en sí misma una gran tragedia. Él dice que la verdadera tragedia es la destrucción de los recursos humanos por nuestra falta de utilizar la totalidad de nuestras habilidades, lo cual significa que la mayoría de hombres y mujeres se van a sus tumbas sin haber empleado el máximo de sus capacidades. Y esta tragedia es aún peor cuando nosotros desde nuestras posiciones de liderazgo no utilizamos nuestras habilidades para dirigir e inspirar adecuadamente a los que están en nuestra esfera de influencia logrando que se conviertan en todo aquello de lo que son capaces.

Nuestro propósito corporativo, nuestra razón para estar en el negocio, es ayudar a la gente a reconocer, desarrollar y utilizar sus habilidades. Una de las herramientas que utilizamos para lograrlo es el curso YO PUEDO que mencioné antes y ha tenido un efecto positivo en más de 3 millones de estudiantes y en miles de profesores a lo largo y ancho de los Estados Unidos y Canadá.

Hace algunos años una joven que vivía en Rockford, Illinois, llamada Marcie Lemaree, estaba tomando uno de nuestros cursos. Dije: "tomando", pero en realidad cada vez que comenzaba la clase era necesario casi arrastrarla a las malas al salón mientras ella gritaba y pataleaba. Eran tantas las interrupciones que ocasionaba que en últimas un profesor le dijo: "Marcie, si se va a la biblioteca y escucha estos audios que van junto con el Programa YO PUEDO, no se lo contaré al rector". Parece que esa idea le sonó mejor que sentarse en clase, así que ella se dirigió a la biblioteca y escuchó los audios, y algunas de las cosas que escuchaba comenzaron a tener sentido para ella. Su actitud fue cambiando poco a poco y Marcie se involucró en su escuela; se volvió más consciente de porqué su actitud era tan importante; entonces comenzó a analizar y a recibir instrucción sobre cómo ser más efectiva y con el paso del tiempo ella se fue poniendo al frente de las jugadoras del equipo de basquetbol hasta convertirse en la entrenadora. Y además, como también se hizo miembro del equipo de tiro al blanco, en una ocasión acertó cuatro de siete tiros.

Es posible que a usted esto no le parezca una gran cosa, pero (como diría Paul Harvey) "cuando le cuente el resto de la historia", a lo mejor vea la diferencia: Marcie es ciega. Se le dificulta hallar la diferencia entre oscuridad y luz, y cuando disparó su rifle estando en el equipo de tiro al blanco, alguien habría podido decir: "No, Marcie, estás un poquito a la derecha, necesitas ir más hacia la izquierda". ¿Tenía ella razones para tener miedos, dudas y preocupaciones? ¡Claro que sí! ¿Se sobrepuso ella a todo esto? ¡Por supuesto! ¿Cómo? De la misma manera en que usted y yo debemos sobreponernos a nuestros propios miedos, dudas y preocupaciones —¡con la ayuda de *análisis y educación!* No es necesario explicar que ella cambió el registro de la información que tenía y mejoró su forma de proceder.

Motivación para proseguir con la educación en el área administrativa

La mayoría de libros sobre el área de Administración invierte tiempo buscando modos científicos de motivación que llegan a ser tan técnicos que se vuelven bastante difíciles de comprender. Mi enfoque es algo simplificado, pero como digo con frecuencia, las verdades más grandes de la vida son las más sencillas. Por esta razón, por lo general procuro hablar y escribir a nivel del tercer trimestre de séptimo grado de secundaria y me ha dado cuenta de que, si mantengo ese nivel, inclusive los profesores universitarios enfocarán más su atención en mi mensaje. Pero, como mi amigo el Dr. Steve Franklin, profesor universitario de Emory University en Atlanta, Georgia, dice: "Las más grandes verdades de la vida son las más sencillas. No se requiere de un gran discurso, a veces solo unas sílabas son más significativas".

Steve me hizo caer en cuenta del hecho de que existen solo tres colores básicos –¡pero cuánto logró Miguel Ángel con ellos! Y existen solo siete notas musicales, y sin embargo observemos lo que Chopin, Beethoven y Vivaldi compusieron con ellas. El discurso de Lincoln dirigido a Gettysburg contenía apenas 262 palabras y 202 de ellas eran monosílabas. ¡Piense en el impacto directo que esas palabras tan sencillas tuvieron en nuestra sociedad! Sé que muchos de nuestros problemas son complejos, pero yo creo que un enfoque sencillo (no simplista), bien organizado, escrito en términos comprensibles, es la manera más sencilla y efectiva de obtener resultados.

Una persona de alto desempeño con educación no formal

A este punto de nuestra lectura no le sorprenderá si le digo que, cuando pienso en una de las personas más educadas e inteligentes que he conocido, pienso en alguien que llegó al quinto grado de primaria: mi madre.

Nunca olvidaré un incidente que ocurrió en Yazoo City, Mississippi, cuando yo era apenas un niño. Con alguna frecuencia se me presentaba la posibilidad de hacer ciertas labores para una pareja mayor que vivía a unos bloques de nuestra casa. Tendrían alrededor de 70 años y el señor era ciego, pero se trataba de los dueños de una lechería. Necesitábamos ese dinero extra porque las entradas de dinero eran demasiado bajas y escasas en la década del 30.

Se me han olvidado algunos de los detalles de aquel incidente, pero lo cierto es que algo salió mal. La señora me reprendió sin ninguna misericordia y me dijo que yo no había hecho lo que dije que iba a hacer, y que además ella no iba a pagarme esa cantidad de dinero por la clase de trabajo que le hice.

Cuando me fui a la casa hecho un mar de lágrimas y le conté a mi madre que no me iban a pagar por lo que había hecho, es de entender que ella se sintió frustrada, pero mi madre era la persona más cariñosa, sabia y gentil que he conocido (el prototipo de la gente de alto rendimiento y el símbolo de las características que debe tener todo líder con un pensamiento positivo, y que he estado enseñando en este libro). Además de eso mi madre era una mujer de fe, comprensiva y leal. Cuando terminé de contarle lo ocurrido, ella se quitó su delantal y me dijo: "Vamos y hablemos con ella, hijo".

Mi madre era menuda, y en ese momento tendría a alrededor de los 50 años, pero todos esos años de trabajo duro habían hecho mella en ella. Cuando llegamos donde la pareja, la señora procedió a decirle a mi madre en unos términos muy inciertos que yo no había hecho lo que ella esperaba que hiciera, que no era confiable, que le había mentido y otras cuantas afirmaciones por el estilo. Mi madre, como hacen la mayoría de buenos líderes, la escuchó con paciencia, con mucha atención y en silencio, y hasta que la señora terminó de decir todo lo que necesitaba.

Cuando ella terminó de exponer sus razones, mi madre le dijo: "Bueno, permítame recordarle que yo estaba presente cuando contrató a mi hijo para hacer este trabajo. Yo recuerdo con exactitud que le dijo que quería que él le arreglara el patio trasero. Y hace un momento, antes de golpear a su puerta, le eché un buen vistazo al patio y tengo que decirle que mi hijo no solo hizo todo para lo cual lo contrató sino que en mi opinión hizo de verdad muy bien su trabajo, y hasta hizo cosas que no le dijo que hiciera. Mi hijo no le mintió con respecto a su trabajo y quiero que sepa que él jamás le mentiría acerca de nada". Y continuó: "Usted le debe a mi hijo su dinero, pero ya sea que le pague o no, es cuestión suya. Yo solo quería dejarle muy en claro que mi hijo es un niño honesto, y si usted no le paga por lo que él hizo, aun así continuaremos viviendo sin el dinero, pero ¿va usted a poder seguir viviendo sin haberle pagado y sabiendo que lo acusó injustamente de algo que él no hizo? Es cuestión suya si le va a pagar o no".

De lo poco que me acuerdo, la señora todavía seguía insistiendo en que yo no había hecho mi trabajo, entonces mi mamá cerró la conversación diciendo: "Está bien, podemos arreglárnoslas sin el dinero. Usted, solo deje que su conciencia la guíe".

Unos días más tarde la señora pasó por nuestra casa con el dinero y se disculpó tanto con mi madre como conmigo.

Ese fue un evento de enorme importancia para mí porque mi madre me defendió, y aunque eso ocurrió hace muchos, pero muchos años atrás, jamás olvidaré lo agradecido que me sentí por el apoyo que ella me brindó. Pienso que incidentes como ese marcaron una gran diferencia en mi vida. Como administradores y líderes, el apoyo que les brindamos a los miembros de nuestro equipo cuando ellos están en lo correcto es en extremo importante, e incluso cuando están equivocados también podemos defender su integridad aunque no estemos de acuerdo con algunas de sus acciones.

Mi madre tenía dos dichos que eran sus favoritos. Uno era: "No se trata de *quién* está en lo correcto sino de *qué* es lo correcto" y el otro era: "Si usted tiene los trabajadores indicados, ¿qué van a estar haciendo ellos sino lo indicado?" Sí, mi madre se graduó con altos honores en la escuela de la vida. Si utiliza todos estos principios que hemos estado exponiendo en este libro, los cuales ella modeló de manera tan efectiva, entonces usted también obtendrá un reconocimiento por ser la clase de administrador que les ayuda a sus empleados a sobreponerse al temor, a la duda y a las preocupaciones, ¡y a cambio recibirá un nivel de desempeño máximo de todos ellos!

Principios de desempeño

1. Sin la educación apropiada, el miedo, el temor y las preocupaciones inmovilizarán al líder y a su equipo de trabajo.

2. Cuando una necesidad ha sido satisfecha, deja de ser una motivación. La satisfacción no incrementa la motivación.

3. Suposiciones administrativas + Actitudes administrativas = Conducta administrativa.

19

El secreto de la motivación en el campo de la Administración

Con frecuencia ¡la acción precede al sentimiento!

—Anónimo

Awareness (Conciencia)
Assumptions (Suposición)
Analysis (Análisis)
Action (Acción)

La cuarta *A* en nuestra *Fórmula de las 4 A* es la *Acción*. Usted es una persona de acción. Comenzó a actuar esta mañana cuando estaba en su cama y le sonó el despertador de las "oportunidades" (la gente negativa se refiere a él como: ¡la alarma del reloj!). Entonces usted lo apagó y en ese proceso se le enfrió el hombro. Entonces hizo lo que es apenas lógico —¡taparse el hombro con las cobijas! Luego tuvo que tomar una decisión muy sencilla: "¿Voy a enfrentarme al frío que hay alrededor de mi cama o a quedarme aquí en medio de la tibieza perfecta que hay entre mis cobijas, a las cuales pertenezco? Como usted es una persona responsable y con todas las características de éxito que hemos discutido en este libro, la batalla entre *lo que usted quiere hacer y lo que usted está comprometido a hacer* comenzó y fue obvio que *ganó su compromiso con todo lo que tiene que hacer*, y por eso usted saltó de la cama. Es evidente para usted, como para toda persona con una mentalidad orientada hacia el éxito, que nada ocurrirá hasta que usted no dé el primer paso –nada pasará hasta que usted no adquiera el hábito de actuar.

Quiero compartirle una frase con la cual estoy convencido que se justifica el costo de este libro. Ahora, en el caso de que esté pensando: *"Bueno, ¿entonces por qué no la escribió en la primera hoja y se ahorró el resto de páginas?"*, la respuesta a su pregunta es: "Porque no quiero que usted simplemente se beneficie de su dinero sino que además quiero darle una buena ganga". Esta razón tiene un componente benéfico y otro egoísta. Como le vengo diciendo: creo con toda firmeza que usted puede obtener todo lo que quiera de la vida, si les ayuda a los demás a conseguir lo que ellos quieren. Así que, ¿por qué quiero yo obtener tanto de este libro? Respuesta: porque entre más gane usted, más gente conocerá de mi libro y obtendré mayores ventas. Y aquí está esta idea que vale tanto y que contienen tanta magia:

La lógica no produce movimiento, ¡pero la acción, sí!

O dicho de otra manera:

Con frecuencia ¡la acción precede al sentimiento!

Por ejemplo, odio tener que informárselo, pero habrá días durante los cuales usted no quiera levantarse de la cama e ir a trabajar. Sé que algunos se sorprenderán con la noticia, pero les garantizo que esta clase de días sí existe. Sin embargo, a veces el mejor trabajo está hecho por gente que no quiere hacer lo que tiene que hacer, pero tiene las agallas, los pantalones y el sentido de responsabilidad al estilo antiguo que se requieren para hacer ¡lo que hay que hacer! ¿Quién es la gente exitosa? ¡La que hace las cosas que los fracasados se rehúsan a hacer! La que entiende que toda labor es el retrato de la persona que la ejecutó, y que debe existir el compromiso de autografiarlo con el sello de la excelencia.

Como lo comenté en mi libro *See You at the Top*, un año ocupé el segundo lugar en ventas dentro de una organización nacional que empleaba a cerca de 7.000 vendedores. Otro año ocupé el primero en otra organización a nivel nacional que empleaba a más de 3.000 vendedores. Puedo decir sin ninguna reserva que hubo muchos días en esos años durante los cuales no sentí ningunos deseos de ir a trabajar, pero comenzaba a sentirlos después de que ya estaba trabajando. El punto central es este: ni una vez durante aquel año en que fui el segundo entre 7.000 vendedores terminé estando en los 20 primeros puestos en ventas ni en una sola semana ni en un solo mes. Sin embargo al final del año fui el segundo en la organización. La pregunta entonces es ¿cómo lo logre? ¡Fácil! Me autodisciplinépara comenzar *todos* los días frente a uno de mis prospectos no más tarde de las 9:00 a.m. y el resultado neto era que tenían *algunas* ventas *todas* las semanas, así que al finalizar el año el total acumulativo fue suficiente para ponerme en el segundo lugar.

Como usted bien sabe, los grandes trabajos se logran dando muchos pequeños pasos. Pregunta: ¿cómo se come un elefante? ¡Un mordisco a la vez! ¿Cómo se pierden 37 libras de sobrepeso? Perdiendo 1.9 onzas día a día durante 10 meses. ¿Cómo hace para lograr que su equipo de trabajo obtenga grandes resultados y ascienda poco a poco por la escalera del éxito? Haciendo su "mejor esfuerzo a diario" y de manera permanente. La única manera para llegar a la costa es descendiendo hasta ella, ¿no es cierto?

Ya ha escuchado esta frase antes –vaya un paso a la vez

Mi cuñada, Eurie Abernathy, ha sufrido de esclerosis múltiple durante muchos años. En 1985 ella estuvo con nosotros durante la época de la Navidad y era su primera visita a nuestro nuevo hogar, una casa de dos pisos, y debido a su enfermedad yo asumí que ella no podría subir las escaleras del segundo piso. Me sorprendió bastante un día en que llegué a casa y tanto ella como mi esposa estaban en el segundo piso disfrutando de una grata conversación en nuestra alcoba. Después de unos minutos Eurie decidió regresar al primer piso y, como precaución, yo bajé delante de ella en caso de que tropezara para poder sostenerla. Cuando llegamos abajo le manifesté lo sorprendido que estaba de ver que había podido subir las escaleras, —que eran un tanto empinadas. De inmediato ella me dio una respuesta sencilla y a la vez profunda: "Sí, puedo hacer todo lo que yo quiera, siempre y cuando lo haga un paso a la vez". Las oportunidades de grandeza, según el desaparecido entrenador en ventas Charlie Cullen, no vienen en forma de cascada como si fueran las Cataratas de Niágara, sino ¡lentamente y gota a gota!

El siguiente es su reto: haga una lista de los 10 pasos más importantes que debe comenzar a dar para llegar al éxito. No lo que otra persona deba hacer para triunfar, tampoco lo que otra gente piensa que usted debería hacer para triunfar sino *¡lo que usted sabe que debe hacer a diario!* Comprendo que realiza más de 10 actividades diarias, pero ¿cuáles son las 10 más importantes para construir su éxito?

Mis 10 acciones para construir mi propio éxito

1. _____
2. _____
3. _____
4. _____
5. _____
6. _____
7. _____
8. _____
9. _____
10. _____

En el momento en que logré los récords en venta de los que hablé antes, yo vendía utensilios de cocina. Hacía reuniones de demostración de los productos cocinando en frente de mis clientes para mostrarles la calidad de los utensilios y animarlos a comprarlos. Muchas veces se llegaba la medianoche y yo todavía estaba cocinando frente a ellos, pero mi principal prioridad era estar cara a cara con algún prospecto antes de que fueran las 9:00 a.m. del día siguiente, —sin tener en cuenta que nuestro bebé nos mantenía despiertos hasta las 3:30 a.m. ¡todas las mañanas! Cuando establecemos unas metas y las fraccionamos en partes pequeñas no hay límite para lo que podremos alcanzar. El hecho de *comenzar* cada día a la misma hora y de la misma manera es lo que en verdad muestra el nivel de compromiso que tenemos por culminar lo que nos hayamos propuesto ya que comenzar es obviamente el primer paso para llegar. Los chinos están en lo cierto cuando dicen: "Una jornada de 1.000 leguas comienza con un solo paso".

¿Qué lo detiene?

Es un hecho que la locomotora más imponente del mundo tiene que detenerse frente a un bloque de madera de una pulgada de grande. Si usted lo coloca frente a las ruedas de la locomotora, esta tendrá que detenerse por completo. Sin embargo la misma locomotora a una velocidad máxima es capaz de traspasar una pared de concreto de cinco pies de ancho. ¡Eso es lo que el hábito de la acción logra en cada uno de nosotros! El siguiente ejemplo dado por William Moulton Marston proviene del campo de los deportes, pero sin lugar a dudas aplica a nosotros en el mundo de los negocios.

Dándole a la bola

"Le pregunté a Babe Ruth cuál había sido el momento más emocionante de su carrera y él me dijo que fue durante el tercer juego de su última participación en la Serie Mundial de Béisbol en Chicago. En ese instante él no estaba pasando por el mejor de sus momentos deportivos y no bateaba tan bien como de costumbre, y además su equipo estaba retrasado e iban perdiendo el partido. La multitud se volvió contra él y comenzó a abuchearlo. Entonces su deseo por ganar lo llevó a actuar: se enfocó en un punto distante fuera del campo y les gritó a los espectadores y fanáticos: '¡Voy a sacar esta bola del campo para darles gusto a ustedes!'

Babe mandó la bola hasta el lugar preciso y su tiro se convirtió en un jonrón, ¡el mejor que se había hecho en Wrigley Field! Le pregunté qué había pensado cuando batió la bola.

'¿Qué pensé en ese momento?', me respondió con otra pregunta. 'Pensé en lo que pienso siempre, ¡en enfocarme en darle a la bola!'"

¡Eso es un campeón! El hombre que logra mantener su atención en su meta presente y actúa respondiendo con todas sus fuerzas y positivamente a cualquier crisis o a su necesidad. Teniendo el aliciente de estar en una serie mundial de béisbol y enfrentando la posibilidad de un próximo contrato para el año siguiente, Ruth solo pensó en batear esa bola, y como él quería ganar más que nunca antes, le pegó tan duro como le fue posible.

La próxima vez que usted se encuentre en un aprieto y frente a la posibilidad de cometer muchos errores, y con una lista larga de cosas que dependen de cuál será su siguiente movimiento, olvídese del pasado y del futuro. Acuérdese de Babe Ruth y piense en una sola cosa: enfocarse en batear su bola.

Déjese llevar –entregue todo lo que tiene para dar, y obedézcales a sus deseos por triunfar y sobrepóngase a la crisis. Le aseguro que será su mejor intento porque hay un componente emocional implícito en su movimiento. Toda crisis nos da la oportunidad de sobrepasar nuestros deseos.

Convicción personal: pensamiento positivo y convicciones positivas

Cuando hablamos de ser personas que actuamos, a la vez reconocemos que para actuar se necesita coraje. Gerhard Gschwandtner de Fredericksburg, Virginia, sacó al mercado una serie de publicaciones que se llama *Selling Power*, las cuales recomiendo bastante. Una de mis partes favoritas del formato de Gerhard es sus entrevistas con personas orientadas hacia tomar acción. En una de sus publicaciones, Mo Siegel era el "entrevistado". Mo Siegel es el fundador y antiguo dueño de Celestial Seasonings, la compañía fabricante del té herbal que capturó una gran porción de la industria multimillonaria del té. Mo fundó su organización basado en un sistema de valores que él mismo comparó con una silla de cuatro patas. La primera pata corresponde al *amor hacia el producto*. Moe Siegel se concentró en la gente que en verdad ama el té herbal y creyó en el valor que este tiene para su clientela. La segunda pata tiene que ver con el *amor por sus clientes* (que en el caso de Celestial Seasonings, ellos mismos eran los distribuidores). Celestial Seasonings puso a los clientes antes que a nada para tomar decisiones en cuanto al control de calidad de su producto. La tercera pata de la mesa consiste en *el amor por el arte y la belleza*, el cual llevó a Mo a desarrollar uno de los empaques más detallados (y costosos) en el mundo de las ventas al detal. La cuarta pata está relacionada con *la dignidad del individuo*. Celestial Seasonings trataba a todo mundo (incluyendo a los empleados) con la dignidad que todo ser humano merece.

Cada vez que surgía una pregunta relevante para la organización, Mo Siegel afirmaba que la respuesta a esa pregunta debía estar implícita dentro de estas otras dos preguntas: (1)¿Está satisfecho el cliente? Y (2)¿Estamos fabricando el mejor producto posible?

La respuesta a esta segunda pregunta lo llevó a establecer una comisión que hacía unas pruebas a ciegas en las cuales su producto superaba de manera consistente a la mayoría de las marcas de té negro o no herbal que había en el mercado. Pero, independientemente de la enorme evidencia de que Celestial Seasoning fuera el producto superior en el mercado, Mo Siagal siempre se rehusó a hacer campañas de publicidad. Sus convicciones personales lo llevaron a preferir invertir su tiempo y recursos en servirle a su clientela de la mejor manera posible. Él decía: "¡Yo decidí que quería hacer una fortuna sin necesidad de engañar a nadie!".

Y aunque la publicidad actual hace exactamente eso, su decisión requirió de coraje e integridad. Siegel prosiguió diciendo que "una organización valora aquello a lo que le dedica su tiempo y sus recursos". En su caso era obvio que el valor que él apreciaba era la integridad. Además aseguró que la razón por la cual su negocio creció tanto y tan rápido se debió a su compromiso para entrenar a sus vendedores afirmando que los administradores necesitan un mínimo de 30 horas de entrenamiento por año y que la fuerza de ventas necesita todavía muchas más horas. Yo agregaría que estoy de acuerdo con él en que los entrenamientos son en extremo importantes porque le ayudan a cada individuo a pasar de ser un "pensador positivo" para convertirse en alguien con "convicciones positivas".

La diferencia es esta: el pensamiento positivo es la esperanza positiva —no basada necesariamente en hechos– de que usted es capaz de mover montañas o realizar tareas igual de imposibles a esa. He visto pensadores positivos con pensamiento positivo alcanzar metas increíbles. Pero también he visto que alguna gente se mete en serios problemas porque lo único con lo que contaba era con pensamientos positivos y entusiasmo, pero no con bases ni habilidades ni entrenamiento. Como consecuencia permitieron que su entusiasmo los manejara y terminaron en serias dificultades.

(Algunos han dicho que el pensamiento positivo y el entusiasmo son como correr en la oscuridad —pueden llevarlo a donde usted quiere ir, ¡pero a lo mejor se mata por el camino!) Agréguele entrenamiento al pensamiento positivo y al el entusiasmo, y estará encendiendo las luces que alumbren su camino hacia la cima —lo cual significa que usted llegará vivo a ella.

Las convicciones positivas son la misma esperanza optimista del pensamiento positivo, pero están basadas en razones sólidas para creer que usted moverá montañas y alcanzará otras metas igual de imposibles. He visto gente con esta clase de convicciones llegar más lejos que la gente con pensamiento positivo. Las personas con convicciones positivas tienen aún mayor entusiasmo que las que piensan positivamente, incluso cuando las cosas no van bien en determinado momento.

Un buen programa de entrenamiento —que es obviamente al que Mo Siegal se estaba refiriendo— les da a los miembros de su organización razones sólidas para creer que ellos están en condiciones de cumplir todo lo que deseen en la vida. Si ellos creen en su empresa y en su producto, y reciben el entrenamiento adecuado, estarán habilitados por completo para confiar en su capacidad de comunicar sus convicciones a otros que, en su momento, decidirán comprar.

Pensar con positivismo es siempre importante, y es cierto que nos habilita para cumplir más metas que pensando de manera negativa —pero las convicciones positivas nos animan a hacer mucho más que el pensamiento positivo. Por eso es que en este libro presentamos tantos pasos, procedimientos y acciones por realizar para que, como líder y administrador, usted avance cada vez más hacia desarrollar en los demás convicciones positivas.

Los diagramas organizacionales les ayudan a las personas con convicciones positivas a pensar positivo. Una vez más Krish Dhanam ha vuelto interesante y muy informativa la que podría llamarse una lectura árida. Veamos cuáles son sus puntos de vista con respecto a este tema.

El trabajo en equipo y el proceso de implementación

Una gráfica típica de una organización (Figura A) muestra que la mayoría de las organizaciones tiene procesos que son diseñados de tal manera que los clientes terminen sosteniendo por completo a la organización, y esto incluye tanto a los clientes internos como a los externos. Las organizaciones de alto rendimiento han encontrado formas de invertir esta estructura como lo muestra la Figura B.

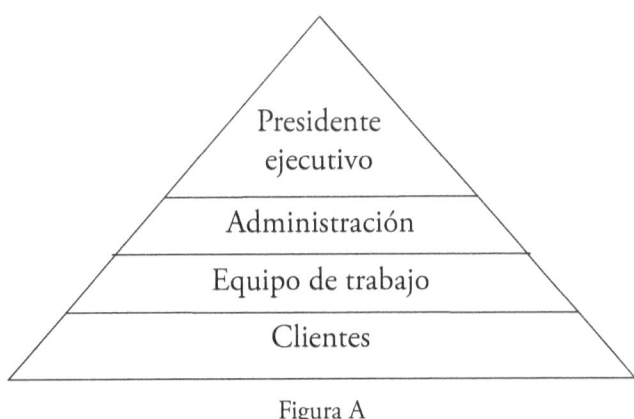

Figura A

El trabajo en equipo y el proceso de implementación son las dos bases sobre las cuales está construida casi toda organización. Cuando una organización decide que su razón primordial para existir es el servicio al cliente interno al igual que al externo, está lista para sostenerse a sí misma sobre la base del *trabajo en equipo y el proceso de implementación*.

La organización del futuro

Figura B

Trabajo en equipo

La fortaleza de los equipos puede sufrir un impacto a cualquier momento debido a la influencia negativa o positiva de alguno de sus miembros con respecto a las metas por cumplir. Ha sido costumbre que el desempeño de los equipos de trabajo sea medido con base en estándares arbitrarios que dependan más de lo que cada persona es capaz de realizar a nivel individual dentro de la organización a la cual pertenece y por esa razón los resultados del equipo no se basan teniendo en cuenta las habilidades de cada uno de todos los miembros dentro del equipo mismo, —el cual es el concepto adecuado de un equipo de trabajo. En las ligas de bolos, si un jugador tumba 300 bolos y los otros tumban unos pocos —esos 300 bolos sacan al equipo adelante, pero ese no es un trabajo de equipo en donde todos aportan. Es más bien un trabajo de equipo en donde un jugador es el caballo de fuerza con el arnés más incómodo sobre sus espaldas y el resto de los jugadores solo está allí para ayudar a jalar la carreta. Para establecer una base que les dé un nivel de desempeño máximo a todos los jugadores de su equipo es importante que usted se asegure de que ellos sepan que todos y cada uno son vitales para su organización.

Zig Ziglar se asegura siempre de que todos en su organización conozcan lo importantes que son cada uno de ellos. El siguiente punto de vista que él nos da acerca de lo que es un equipo de trabajo es un ejemplo excelente de su filosofía:

La gente de alto rendimiento en posiciones de liderazgo o administrativas reconoce que existen equipos dentro de su equipo. Por ejemplo, la gente con la cual yo trabajo más de cerca son mi esposa, mi asistente ejecutiva y mi hija menor, quien es la editora de mis libros y de mis columnas en los periódicos. Ellas tres trabajan muy bien juntas, se aman y se respetan, y en definitiva, logran que mi eficiencia y mi efectividad sean mucho mejores. La carga que ellas quitan de mis hombros es increíble.

Todo equipo de trabajo en nuestra compañía es importante y cada uno hace un trabajo más que grandioso. Sin embargo, así como en el fútbol, tenemos "equipos con funciones especiales", como el equipo defensivo, el ofensivo, y el que contraataca, etc. y cada uno de esos equipos marca una diferencia especial. Estoy convencido de que cada persona de nuestra compañía marca la diferencia, pero las tres que trabajan más de cerca a mí marcan la mayor diferencia en mi desempeño personal.

Tom Ziglar, nuestro Presidente y Gerente Ejecutivo; Richard Oates, nuestro Jefe de Operaciones; Kayla Mitchell, nuestra Gerente Administrativa; y Scott Hayes, nuestro Gerente Nacional de Ventas, representan el segundo equipo interno más cercano a mí en nuestra empresa. Es esencial que este equipo trabaje en conjunto y muy de cerca —y lo hace; se comunican entre sí a menudo y de manera efectiva— y ese es su sistema de trabajo. Además es importante que, particularmente en la planeación y creación de nuestros programas de entrenamiento personalizados, ellos coordinen actividades con Bert Newman, nuestro Administrador de Servicios Audiovisuales, encargado de grabar todos nuestros proyectos en su totalidad. También es vital que todos los equipos de trabajo especiales dentro del marco de la compañía funcionen basados en nuestras pólizas y objetivos.

Supongo que la mayoría de líderes y administradores también tiene sus equipos especiales, y hasta desde el punto de vista bíblico, Moisés, David, e incluso Cristo, tenían sus grupos de colaboradores más cercanos a ellos.

Por todo esto, le garantizo que todo individuo que trabaja para nuestra corporación comprende que es considerado como una parte importante de nuestro equipo.

Valores

En su época, Sam Walton fue una leyenda. Él expuso sus valores cimentado en la simplicidad y el trabajo duro hasta el final de sus días, y su filosofía creó un estilo de desempeño basado en una cultura de valores a lo largo y ancho de su organización. Sus empleados no sentían que trabajaban para un almacén de descuento sino que se *desempeñaban* bajo la creencia de que ellos eran agentes de cambio. Los valores de la recepcionista coexistían con los valores del administrador y el resultado fue que su empresa se convirtió en la corporación más grande del mundo devengando unas entradas netas que exceden los $59.694 billones de dólares.

Visión

"La creencia de que una persona sola puede hacer algo grande es un mito". —John Maxwell

Tener visión es una de los grandes tesoros con los que cuenta una persona. En gran cantidad de organizaciones, y en medio de la productividad diaria, la visión personal no es más importante que la visión empresarial. A la mayoría de los que hacen parte de un equipo siempre se les dice que el propósito de su equipo es alcanzar una meta colectiva y que ese debe ser el enfoque de todos —aunque a ninguno de ellos se les haya preguntado su opinión en lo que se relaciona con la visión de la empresa. La comprensión clara y constante de la totalidad de la perspectiva empresarial es importante para que los miembros de su equipo sepan que la gente que ellos siguen en realidad tiene un plan y unas metas para cumplirlo. Sin embargo, cuando la empresa no se detiene a averiguar cuál podría ser la visión individual y cuál sería la contribución de sus empleados para mejorar esa meta empresarial, la efectividad de la causa tiende a debilitarse. Los líderes exitosos se aseguran de que sus empleados produzcan a un alto nivel de desempeño animándolos a participar en la visión y la misión del equipo entero.

En 1994 Bryan Flanagan y yo estábamos en Filipinas haciendo unos seminarios de entrenamiento y en algún momento le comenté sobre lo afortunado que me sentía disfrutando de la vida. Luego le agradecí por haber creído en mí cuando apenas era un vendedor principiante. Entonces Bryan me contó que él había creído en mi potencial para contribuir con el equipo de Ziglar y por eso me ayudó como me ayudó. Creer en la visión de otra persona es importante para asegurar su grado de efectividad dentro del equipo de trabajo. Desde ese entonces hemos trabajado en infinidad de proyectos juntos, pero siempre estaré en deuda con Bryan por haber creído en mí. En ese punto de mi vida su fe en mí fue más fuerte que la fe que yo tenía en mí mismo. Bryan es sin duda un líder con un nivel de desempeño máximo porque su visión fue clara y precisa.

Victorias

"Ninguno de nosotros es más importante que el resto de nosotros".
—Rick Kroc

Ningún equipo puede ser exitoso si no celebra las victorias individuales. El reconocimiento más importante que puede tener un jugador de un equipo es saber que es valioso para el equipo y que ganar sin él sería imposible. Ya discutimos el tema del reconocimiento en otro capítulo así que aquí hablaremos de la necesidad que tiene todo miembro de saber que él es parte de la victoria de la organización a la que pertenece. De esta manera usted como líder fortalecerá las contribuciones que los empleados aporten a su organización. Estamos hablando de un reconocimiento que consiste en algo más que un simple "¡Lo lograste!" "¡Bien hecho!" Debe tratarse de un premio sincero y justo que equivalga a la labor realizada. Mucha gente abandona su lugar de trabajo porque no se le permite ser parte de la celebración, y además, no toda celebración debe implicar necesariamente cuestiones monetarias.

Proceso de implementación

El Dr. Edwards Deming, quien es considerado "El padre de los movimientos de calidad" que se expandieron en el mundo empresarial al final de la década de los 80 y a lo largo de la década de los 90, destacó que un buen porcentaje de todos los problemas relacionados con la productividad se debe a problemas de sistematización. Una organización diseñada para incrementar los servicios que les provee a sus clientes internos y externos en la mayoría de los casos se queda corta debido a las deficiencias sistemáticas en los procesos que se llevan a cabo en esa organización. Los problemas de sistematización tienden a ser de una naturaleza crónica. Un problema crónico se define como ese tipo de situación que nunca se termina de resolver, que está arraigada en el sistema y ha estado allí durante largo tiempo. Una administración que opera sin tener conciencia de esta situación tiende a generar *problemas crónicos* al pensar que no hay nada que se pueda hacer para resolver a fondo este tipo de problemas.

A veces los administradores y los líderes que no se enfocan en los procesos de mejoramiento empresarial prefieren afrontar *problemas agudos* a tener que enfrentarse a *problemas crónicos*. Los problemas agudos se definen como aquellas situaciones breves que pueden solucionarse desde un enfoque fácil pero que retornarán porque la solución que se les dio son demasiado simplistas y no atacan ni al síntoma ni a la causa que los origina. Las organizaciones con un nivel de desempeño máximo se enfocan en implementar procesos constantes de mejoramiento dirigidos a solucionar tanto los problemas crónicos como los agudos. El proceso de implementación es un ingrediente importante porque asegura que la efectividad se mantenga en el rango de la excelencia.

Un procedimiento sencillo de aplicar que asegura que todos los procesos deben ser importantes para la salud financiera de una organización consiste en:

1. Hacer lo correcto.
2. Hacerlo bien desde la primera vez.

3. Hacerlo bien ahora.
4. Hacerlo al precio adecuado.

Pero toda empresa dice estar siguiendo estos cuatro pasos. En orden de establecerse a sí mismo como una organización de alto rendimiento usted necesita agregar estos seis pasos adicionales a su sistema de creencias para obtener el margen de valor propio del mercado actual.

1. *Identifique* qué es lo importante para sus clientes internos y externos.
   a. Pregúnteles a sus clientes internos qué debe hacer su empresa para mejorar.
   b. Pregúnteles a sus clientes externos lo que ellos quieren conformando una metodología de grupos especializados.
2. *Disponga de tiempo* dentro su horario y dedíquese a comprender cuáles son los verdaderos componentes de todo proceso que se utiliza dentro de su organización. La firma consultora Rath and Strong estima que solo el 1% del tiempo total de un proceso se emplea en procedimientos que son importantes para el cliente.
3. *Asígnele el costo* o valor a cada uno de los pasos de un determinado proceso para cumplir con los objetivos de la organización. Por fortuna algunos estudios han demostrado que es posible recuperar el 75% del tiempo perdido.
4. *Exija* la necesidad y la importancia de que los procesos internos administrativos sean exitosos. La experiencia ha demostrado que por lo menos el 75% de los pasos que se dan en cualquier proceso no es beneficioso desde la perspectiva del cliente. Sin embargo son pasos costosos y es necesario reducirlos o eliminarlos.
5. *Reduzca* o elimine pasos y procesos innecesarios.
6. *Sírvales* a los clientes de su clientela.

¿Qué supone que le pasaría a su parte del mercado si usted lograra tomar al 10% de sus clientes y proveerlo de sus productos y servicios de una manera tan eficiente y sincronizada que ellos quisieran hacer más negocios con usted? ¿Si usted fuera capaz de trabajar de esa manera el inventario de su empresa llegaría hasta el techo? ¿Su desempeño y productividad personal se destacarían por el nivel de innovación que usted mostraría eliminando pasos y procedimientos innecesarios? Lo mínimo que un administrador o líder debe hacer es identificar cuáles son los procedimientos más importantes al interior de su organización. Deshágase de todo lo que cause problemas agudos y problemas crónicos.

"¿Ha ingresado usted al equipo?"

La mayoría de nosotros trabaja en departamentos que hacen parte de la red de gente que conforma la totalidad del equipo empresarial. Si los servicios o productos de nuestra compañía son buenos, muchos quieren el crédito por ello, pero si son malos, solo se busca a la gente a la cual culpar. Y si tenemos en cuenta el viejo dicho de que la cadena solo es tan fuerte como el más débil de sus eslabones, sabremos que el desempeño de nuestra empresa es tan bueno como sea nuestro propio desempeño.

Cada uno de nosotros elige la clase de papel que quiere desempeñar dentro de su equipo. Podemos ser parte activa pero también podemos optar por ser la parte pasiva del grupo. Sin embargo, cuando elegimos integrar un equipo tenemos mejores posibilidades de que lo que vayamos a realizar nos produzca satisfacción, pero en últimas, es nuestra propia elección. Las siguientes son actitudes primordiales que nos permitirán destacarnos en la línea del juego:

Yo marco la diferencia en este lugar. Reconozco que lo que yo hago hace posible que todo resulte más fácil en mi lugar de trabajo. El esfuerzo que hago allí se ve reflejado en la calidad de los servicios y en las ganancias de la compañía.

Yo soy parte de lo que ven los espectadores cuando están evaluando mi organización. Con cada letra, cada llamada telefónica, cada contacto personal, yo doy una imagen que muestra la calidad del servicio que ofrecemos. En el transcurso de un año he hecho cientos de contactos que nos han generado negocios invaluables.

Como me sienta en un día determinado afectará a la gente con la que trabajo. Yo contribuyo al buen o mal desempeño de esta empresa. Sé que cuando llego con verdadero entusiasmo a mi lugar de trabajo estoy contribuyendo con la empresa y con mis compañeros.

Yo me responsabilizo de lo que está molestándome. Cuando una situación está causando problemas en el ambiente de trabajo, yo la afronto como si fuera mi problema. Ya sea que se trate de un procedimiento que no está funcionando, de una práctica que consideró injusta o de una persona con la que estoy teniendo dificultades en el trabajo, lo único que tengo que hacer es cambiar esa situación. Algunas veces se requiere de paciencia puesto que, más a menudo de lo que cualquiera pensaría, es necesario saber cuándo hablar, cuándo esperar y cómo utilizar mis habilidades persuasivas para calmar determinadas situaciones.

Cuando no logró cambiar la situación, busco la manera de minimizar sus efectos sobre mí, y lo que es aún más importante, recuerdo que he elegido trabajar aquí y que mientras esté aquí haré lo mejor que pueda.

Me intereso en mi empresa. Comprendo que toda organización es más grande que la suma de todas sus partes, que tiene su propia vida y personalidad. Mi función es interesarme en cómo esta compañía llegó a ser lo que es en la actualidad y en cómo la gente que ha estado allí ha crecido de la manera en que lo ha hecho.

Mi conocimiento acerca de la manera en que funciona la empresa no solo me ayuda en mi trabajo sino que además hace que este sea más interesante, así que el conocimiento que adquiera de todo lo que me rodea es parte de lo que me hace un empleado más valioso en este lugar; y además me ayuda a establecer mis propias metas y planes futuros.

Trato de visualizar el panorama completo –de pensar más allá de lo que requiere mi trabajo en particular, así como en la clase de producto o servicio que me gustaría recibir como cliente. Debido a que estoy interesado en que mi empresa sea exitosa, presto atención a lo que está ocurriendo en ella, a sus normas y al tipo de tecnología que maneja.

Me siento orgulloso de ser un miembro confiable para mi empresa y sé que *mi* éxito, al igual que el de la compañía, dependen de ello.[5]

La gente con un nivel de desempeño máximo previene los cambios y busca oportunidades para cambiar

Tome unos minutos diarios para repasar las afirmaciones positivas que siguen a continuación y léalas con frecuencia… Krish tiene más conocimiento sobre lo que se necesita para llegar a ser una persona con un nivel de desempeño máximo.

¿Qué hace que usted sea una persona con un nivel de desempeño máximo?

Los tímidos de este mundo se sienten amenazados con el cambio. Los aguerridos se sienten cómodos, pero la gente con un nivel de desempeño máximo siempre ve el cambio como una oportunidad y comprende que todo cambio significativo en el entorno exterior proviene del interior del ser humano. La gente de alto desempeño sabe muy bien que nadie —excepto un bebé con sus pañales mojados— le da la bienvenida al cambio. Hacer cambios es difícil, pero quien trabaja con un nivel de máximo desempeño hace de la excelencia su forma de combatir y afrontar las dificultades que conllevan todo cambio social y organizacional. Y así como la información "desorganizada" crea caos, la información "organizada" produce fórmulas y procedimientos necesarios para sobrevivir al cambio. La forma en que la gente de alto rendimiento adquiere conocimiento "organizado" incluye:

1. Entender sus motivos para trabajar

La gente de alto rendimiento se recuerda a sí misma a diario que existen razones implícitas en el hecho de trabajar. Es fácil quedarse en el negativismo de la sociedad mediocre y sobrevivir a la sombra de unas expectativas bajas. Sin embargo, teniendo claro cuál es la motivación primordial que existe detrás de las decisiones que tomamos, es más fácil disfrutar de ellas. Recuerdo que hace unos años llegué a un punto de mi vida muy complicado. Mi trabajo requería que permaneciera mucho tiempo fuera de mi casa y mis viajes se hicieron más intensos. Llegué a un grado de frustración en el cual me di cuenta de que mis motivos para trabajar no estaban alineados con lo que yo quería lograr. Como la mayoría de la gente, le había dicho mi familia que todo lo que hacía lo hacía por ellos, y haberlo dicho me llevó a trabajar cada vez más duro para proveerles.

Ganaba dinero para pagar las cuentas, pero a la vez me sentía culpable de lo que mis viajes me estaban costando. Pero cuando dejé de hacer esa clase de afirmaciones, mi manera de comprender las cosas cambió y mi trabajo se volvió más fácil de hacer. Ahora le digo a mi familia que lo que yo hago lo hago gracias a ellos ya que funciono debido a la energía y fuerza que adquiero al pensar en el lugar que ellos ocupan en mi vida. Ahora mi hogar es mi fuente de conocimiento y fortaleza, es el lugar a donde quiero retornar después de cada viaje a saciar mi sed. La culpa se ha ido y en su lugar siento la paz interior que le da valor a mi ser, a mis responsabilidades y a mi dignidad, y siento orgullo por el trabajo duro que hago.

2. Trabajar con lealtad incondicional

Hace un par de años pasé una gran vergüenza debido a que un proyecto por el cual yo era responsable se quedó corto en ganancias. Hubo mucha discusión entre mis superiores en cuanto a sus decisiones con respecto a mis resultados finales y esos días fueron difíciles de sobrellevar para mí porque me sentía responsable y hasta quise hacerle a la empresa una retribución proveniente de mis propios ahorros. Pero con más cabeza fría llamé a mi padre a pedirle consejo y él se encargó de recordarme que los seres humanos estamos llenos de errores y que cada uno de nosotros debemos aceptar la responsabilidad por las faltas cometidas. Sin embargo después me preguntó si había sido desleal en algo a la compañía y yo le contesté que siempre fui leal y que nunca fue mi intención dañar la reputación de la organización. Entonces él me dijo que se sentía muy orgulloso de mí como nunca antes.

Mirando en retrospectiva, fue la dignidad que demostré a través de mi lealtad incondicional lo que me permitió sobrevivir a ese tiempo tan crítico de mi carrera. El mismo Zig Ziglar me dijo que mi actitud hacia la empresa durante ese tiempo de adversidad había dicho más acerca de mi ética de trabajo que ninguna otra contribución que yo hubiera hecho hasta el momento.

En el camino a libertar las naciones muchos de los líderes que pelearon durante esos movimientos revolucionarios fueron leales a sus causas de manera incondicional y tuvieron la capacidad de dejar a un lado sus propios razonamientos en aras de sus ideales. La pregunta es: ¿tiene usted esa clase de fundamentos en todo lo que hace?

3. Hacer más de lo que le pidan que haga

Estados Unidos ha ido dejando de ser una sociedad basada en la responsabilidad y se ha convertido poco a poco en un país de derechos. Uno de los rituales que se practica día a día a lo largo y ancho de esta nación es el debate que existe entre la gente que tiene que hacer el trabajo y aquellos que lo planean. La creencia popular es que todos estamos sobrecargados de trabajo y que tenemos salarios por debajo de lo justo. Esto ha conllevado a un estilo de mentalidad que dice: "Si usted quiere que yo sobresalga en mi trabajo tiene que pagarme más". Los líderes de las organizaciones protestan a diario con respecto a la ineptitud de sus trabajadores: "¿Por qué ninguno de ellos puede hacer más de lo que se le pide que haga? ¿No se dan cuenta de que la gente que trabaja sin esperar una recompensa es la que primero termina de hacer su trabajo?" Los testimonios de la gente que tiene una ética de trabajo recta muestran que su manera profesional de trabajar les garantiza estabilidad, mientras que una ética pobre de trabajo lo único que asegura es resultados mediocres.

Cuenta la Historia acerca de una carta que Mahatma Gandhi les escribió a sus compañeros de la prisión donde él se hallaba preso. En medio de la crisis causada por el castigo que él recibía debido a su supuesta traición contra el Imperio de la reina, él encontraba el tiempo para hacer algunas cosas, y entre esas les escribía a sus compañeros sobre lo importante de mantener la buena salud y sobre cuáles serían los beneficios que les traería estar en buena forma. ¿Cuánta gente conocemos que estaría dispuesta a hacer más de lo que se le pide? ¿Cuántos harían más trabajo de aquel por el cual se les paga? Caminar la milla extra se ha vuelto obsoleto porque hemos ido adquiriendo la mentalidad de que hacer algo por los demás no es beneficioso. Pero contrario a esta creencia, ayudar a otros y hacer más de aquello por lo cual a usted le pagan, le traerá abundancia.

4. Tener en cuenta que la paciencia traerá recompensas

Al inicio de mi carrera con Zig Ziglar Corporation me quejaba con frecuencia con respecto al tiempo que me tomaba conquistar pequeñas victorias. Bryan Flanagan me recordaba que la mayoría de la gente se queda corta porque piensa que ya está en el final del proceso cuando todavía no ha llegado ni siquiera a la mitad. ¡Es muy cierto! El adagio de que Roma no fue construida en un solo día es una fórmula que nos ayuda a recordar que la excelencia no se logra tan rápido como quisiéramos. A la larga, solo aquellos que se den tiempo a sí mismos y sean pacientes serán quienes alcanzarán la victoria y conocerán el placer del éxito.

5. No conformarse con la oficina del rincón

La noción arcaica de que su lugar de trabajo debe ser en una oficina está basada en el hecho de que usted se la merece y es un estilo de mentalidad que lo único que le garantiza es fracaso. Muchos de mis amigos colegas en el campo de los negocios me recuerdan con frecuencia de lo mucho que les gustaría tener una oficina, aunque fuera pequeña. Pero mi productividad personal no está atada al número de ventanas que yo tenga a mi alrededor. Una gran oficina suele producir un prestigio falso para convencerse a sí mismo de que usted es quien dice ser y que su triunfo está determinado por la silla en donde usted se sienta.

6. Trabajar en causas ajenas es engrandecedor

La filosofía de Ziglar Training Systems es: "Usted puede obtener todo lo que quiera de la vida si les ayuda a los demás a conseguir todo lo que ellos quieran". Esta paráfrasis de la Regla de Oro se ha escrito en muchos idiomas y ha sobrevivido a muchas interpretaciones culturales. Y en medio de una generación cada vez más competitiva y computarizada, tanto hombres como mujeres han decidido que el egoísmo es la única forma de vivir porque ayudarles a los demás representa adueñarse de problemas ajenos. No es de extrañarse que la gran mayoría de la gente que necesita ayuda no la pida ni que aquellos que están en condiciones de darla, no la ofrezcan.

Acción es la última *A* de la *Fórmula de las 4 A* de la motivación. La acción hace que la conciencia y el análisis tengan fruto, y además les quita poder a las suposiciones. Un administrador o cualquier persona con un nivel de desempeño máximo depende de esta fórmula. Si usted se basa en estos conceptos de los que Krish y yo hemos estado hablando en este capítulo, y de manera consciente toma la decisión de hacer parte del equipo, entonces su nivel de desempeño será aún mayor.

Principios de desempeño

1. La mayoría de la gente actúa para pensar sin pensar para actuar.
2. La lógica no cambia la emoción, pero la acción, sí.
3. La acción precede con frecuencia al sentimiento.
4. Si usted está de acuerdo con los tres principios anteriores, ¡felicitaciones! ¡Está aprendiendo!

20

Tome tiempo

Ninguna empresa prevalecerá si no tiene un sentido profundo del valor del tiempo.

–Lydia H. Sigourney

La triste verdad es que demasiados ejecutivos están tan orientados hacia sus metas y carreras que la mayoría de las veces pierden la perspectiva y el balance en lo que se refiere al aspecto espiritual, personal, familiar y social de su vida. El principal objetivo de este capítulo, el cual considero el más importante de este libro, es animar a mis lectores a convertirse en gente de alto rendimiento en su vida espiritual, personal familiar y social, de la misma manera que lo hacen en sus negocios y en su vida profesional.

Este aparte de un artículo escrito por Eugene Paterson en *Christianity Today* demuestra la importancia que tiene la capacidad del ser humano para relajarse de la manera adecuada:

"En la novela de Herman Melville, *Moby Dick*, hay una escena violenta y turbulenta en la cual el bote ballenero atraviesa el océano en busca de la gran ballena blanca, *Moby Dick*. Los marineros forcejean contra el mar con todas sus fuerzas, con todos sus músculos, con toda su atención y energía, concentrados en su faena. El conflicto cósmico entre el bien y el mal se ha desatado: la fuerza del mar y sus demonios marinos lucha contra la valentía del corajudo Capitán Ahab.

Pero en este bote hay un solo hombre que no hace nada: no rema, no transpira, no grita. Languidece en medio de la tormenta y de las maldiciones. Se trata del arponero, quien espera paciente y en silencio. Y luego sigue esta frase: 'Para asegurar la efectividad del dardo los arponeros de este mundo deben deshacerse de su ociosidad y esforzarse al máximo'".

En el mundo corporativo de hoy es muy factible que no nos enfrentemos al peligro físico ni tengamos la necesidad de esforzarnos físicamente, pero enfrentamos otra clase de retos emocionales que nos llevan al estrés y drenan nuestras fuerzas. Y si logramos reponernos a ellos entrando en periodos de descanso y rejuvenecimiento la diferencia en nuestro nivel de efectividad será notoria.

Tome tiempo para comenzar bien el día

Una de mis maneras favoritas de descansar es comenzando el día —sobre todo en la época de invierno– en la oficina de mi casa junto a la chimenea. A veces me siento allí callado, pensando y planeando mi agenda o me dedico a revisar algún proyecto que tenga pendiente mientras trato de decidir si leo mi Biblia o mensajes y pensamientos que me inspiren. Los primeros minutos son los más difíciles porque la tentación de levantarme de mi silla y caminar por todas partes a veces es muy fuerte, pero le aseguro que si usted logra sentarse y dedicarse a pensar, cuando vuelva a levantarse habrán venido a su mente los mejores pensamientos y las ideas más creativas.

Además, sin necesidad de ninguna clase de notas ni papeles, usted se dará a sí mismo la posibilidad de meditar sobre situaciones que ameriten de su atención. A lo mejor tenga algún problema o una encrucijada que no ha logrado resolver, y mientras está ahí sentado, (en la mayoría de los casos no del todo despierto) todavía se encuentra en el estado "alfa" del nivel de conciencia. En este nivel su creatividad se encuentra en el mejor de los estados —y esa es una manera bastante productiva de comenzar el día!

La segunda posibilidad para comenzar su día también podría ser levantarse más temprano. Esta opción incluye una buena lectura que le sirva de inspiración como por ejemplo su Biblia o cualquier otro libro con temas de motivación, o escuchando audios que tengan el mismo propósito. Leer y escuchar son dos formas maravillosas de levantarse y comenzar el día. De hecho, algunos sicólogos han determinado que su primer encuentro del día tiene mucho que ver con su actitud durante el resto del día e influye más que sus siguientes cinco encuentros. Ahora, no me estoy refiriendo a encuentros pasajeros; estoy hablando de encuentros significativos durante los cuales usted pasa cierto tiempo con alguna persona. Con esto en mente, si usted aparta entre 15 y 30 minutos cada mañana para encontrarse con alguien que usted elija, ya sea para escuchar algún audio que les sirva de inspiración o para leer un libro que los motive, habrá elegido de manera deliberada comenzar su día con alguien que lo motive e inspire. Esa manera de comenzar logra que usted se sobreponga a los malos momentos diarios.

Otra excelente manera para comenzar un buen día —y lograr un máximo de efectividad— es a través del ejercicio. Más adelante en este mismo capítulo le daré mis razones para tener un buen programa de ejercicios, pero es suficiente con decir que una de las formas más emocionantes de comenzar su día es mediante el ejercicio físico de alguna clase: levantando pesas, nadando, montando en bicicleta, caminando o trotando, etc. Cualquiera que sea, un buen programa de ejercicio hace que su adrenalina se dispare y que todas las endorfinas que hay en usted hagan que quiera comenzar su día con entusiasmo.

Sí, estoy totalmente convencido de que, cuando usted comienza su día de alguna de estas tres maneras, y antes que se despierten los demás miembros de su familia, sus posibilidades de tener un día productivo son mucho mayores. Su pareja apreciará este hecho, y en general sus relaciones familiares mejorarán si usted la despierta con una taza de café bien caliente (y aún mejor, con un té herbal) y retoma así su relación diaria con ella. Luego, en una actitud amorosa, despierta a sus hijos y mientras uno de ustedes dos prepara el desayuno, el otro ayuda a los chicos a alistarse para ir a la escuela.

Ya que el desayuno es una parte tan importante del día, tanto a nivel físico como emocional, esposo y esposa (y los hijos, si los hay) deberían compartir con mucha calma y frecuencia un delicioso desayuno juntos. Así iniciaría un día familiar bastante adecuado para todos y su día de trabajo comenzaría siendo muy lucrativo. Todo esto marcaría una gran diferencia en su actitud y en su bienestar físico —como para no mencionar lo que lograría en sus hijos y en su pareja. Cuando todo esto ocurre hay más armonía en el ambiente familiar.

Un hecho que se ha vuelto más y más evidente es que, cuando hay armonía en el hogar, la efectividad del líder en su trabajo se incrementa notablemente. Como parte de este concepto todos sabemos que un desayuno nutritivo habilita a las personas a trabajar con más eficiencia y efectividad a lo largo del día. Comer en familia establece lazos familiares que no se establecen de ninguna otra manera y que son más efectivos. Lo digo de nuevo: dese tiempo para comenzar bien el día.

Tome tiempo para crecer

A lo largo de este libro hemos enfatizado la necesidad de crecimiento personal para obtener el máximo de su éxito. Todos estamos familiarizados a este punto con la historia del leñador cuya producción descendía a diario debido a que él no tomaba tiempo para afilar su hacha. Tal como lo hemos indicado aquí, las compañías más importantes, las que tienen metas muy altas, contemplan dentro de sus metas corporativas brindar entrenamiento y crecimiento personal a los miembros de su equipo. Es cierto, las empresas que procuran el crecimiento de sus empleados son las que verdaderamente crecen. A nivel individual, *usted* también necesita tiempo para crecer.

Existen muchos métodos para lograrlo, es obvio, pero uno de los más efectivos es mediante la utilización de programas de audio para su carro. Hay miles de horas de material grabado disponibles en el mercado que le sirven de ayuda mientras usted se desplaza hacia su trabajo y hacia su hogar. Usted puede aprender desde arte chino hasta un idioma extranjero. Aprenda cómo planear sus metas o la mejor manera de cerrar una venta, cómo invertir en finca raíz y cómo ahorrar a través del pago de sus impuestos.

De hecho, un estudio realizado años atrás en la University of Southern California reveló que es posible adquirir el equivalente de dos años de educación universitaria en tres años a medida que usted desarrolla estas actividades en su carro. Esto es suponiendo que usted viva en un área metropolitana y maneje 12.000 millas cada año.

¡Piénsenlo! Utilizando su tiempo de desplazamiento usted adquirirá muchos conocimientos —y hasta se convertirá en un experto– en el campo que elija, e incluso en varios campos. Esto produce seguridad personal, sin tener en cuenta lo que ocurra en su empresa o en su relación con su empresa. Lo emocionante de este asunto es que usted puede adquirir conocimiento con este método mucho más rápido, más fácil y sin lugar a dudas, sin tantos inconvenientes.

También tiene la posibilidad de crecer mediante la utilización de libros maravillosos que están a su alcance. Las librerías mantienen una enorme variedad de libros que tratan de cualquier tema relacionado con su carrera, con sus intereses y con cualquier aspecto que tenga que ver con las relaciones interpersonales. No es necesario decir que las librerías públicas también ofrecen una variedad de libros en calidad de préstamo, si es que usted no se siente inclinado hacia comprarlos. Mi convicción personal es, sin embargo, que como administrador y líder usted necesita construir su propia biblioteca. Yo sería incapaz de ponerle precio a mi biblioteca, pero estoy seguro de que he invertido miles de dólares.

Permítame sugerirle formas en las que podría utilizar de manera efectiva los libros. Primera —y admito que sonará egoísta– lo animo a cuidar sus libros. Manténgalos para su uso personal o permítales a otros usarlos, pero solo dentro de su biblioteca. En la mayoría de los casos lo animo a decir que no los presta. [Sé que es un hecho que la gente con frecuencia no los devuelve. Yo mismo tengo en mi biblioteca libros que ¡no sé cómo llegaron allá!] Si alguna persona no tiene la capacidad económica de comprar un libro, entonces tiene dos opciones: asistir a la biblioteca, o si es su amigo, regálele usted uno. A medida que construye su carrera y desarrolla sus habilidades de liderazgo, necesita tener al alcance de sus manos los recursos que ha ido utilizando. La mayoría de los médicos y abogados no les piden prestado a nadie sus materiales. Sus necesidades también son igual de importantes a las de ellos y su nivel de profesionalismo debería estar a ese nivel.

Cuando yo leo un libro o *cualquier* otro material impreso, siempre tengo un lápiz en mi mano y marco las partes que me parecen importantes. Subrayó, hago un círculo, escribo una nota, etc. y en el frente del libro escribo los números de las páginas que contienen conceptos que me parecen importantes y significativos y que siento que serán de utilidad en el futuro. Luego ubico los libros en mi biblioteca de acuerdo al tema de estudio. Así, cuando necesite información de ese tema en particular voy a la sección precisa, abro el libro y encuentro allí todas las anotaciones frente a mí justo donde yo las tengo y cuando las necesito.

De todas las habilidades que he adquirido, creo que la habilidad de leer y de disfrutar la lectura es una de las más importantes que he aprendido. Lo animo, como su líder, no solo a enseñarles a sus hijos a leer sino además a *disfrutar* de la lectura —muéstreles cómo, y ellos aprenderán a disfrutar de este hábito. Haga lo mismo con sus socios y subordinados. A medida que lea buenos libros y escuche materiales de audio interesantes, tendrá fuentes de inspiración diarias.

La tercera área de crecimiento debería ser a través de reuniones y seminarios. Existen seminarios maravillosos alrededor del país que le ayudarán a mejorar sus habilidades y a desarrollarlas al grado que le permitan ascender por la escalera al éxito y a la felicidad mucho más rápido y en forma más efectiva. Como una cuestión práctica debería destinar por lo menos una semana al año para asistir a seminarios de crecimiento personal en busca de oportunidades que lo capaciten para desarrollar y sacar a la luz sus habilidades heredadas. Además debería abrirse a la posibilidad de asistir, ya sea medio tiempo o el día entero, a seminarios especializados una o dos veces al mes.

Lo digo de nuevo: para tener éxito en todas las áreas de su vida usted necesita tiempo para crecer. No es cuestión de que tenga o no tenga tiempo. Es obvio que no tiene esa opción, no puede darse el lujo de *no tener tiempo para crecer*.

Tomé tiempo para cuidar de su salud

Una de las preguntas que les hago muy a menudo a mis audiencias es si hay entre ellas alguna persona que haya tenido un caballo pura sangre que valga por lo menos $1.000.000 de dólares. Hasta el momento nadie ha levantado la mano. Luego pregunto: "Si usted tuviera un caballo pura sangre y valiera $1 millón de dólares, ¿lo mantendría hasta medianoche despierto, le daría café o un trago de alcohol cada noche, lo dejaría fumar y comer comida chatarra?" A este punto todas las audiencias se ríen porque se dan cuenta de que los caballos de pura sangre no solo no toman café ni beben licor ni fuman, sino que además todo esto debilitaría su salud —lo cual a su vez obviamente destruiría el potencial del animal— y sería una ridiculez que va más allá de cualquier discusión.

Luego pregunto: "Suponga que usted tiene un perro que vale $10 dólares. ¿Lo trataría igual que el caballo?" Y de nuevo, la gente se ríe. "¿Y qué haría con un gatico de $5 dólares?" Luego resalto el hecho de que la mayoría de nosotros no trataría al gatico de $5 dólares de la misma manera en que trataría a su propio cuerpo –que vale billones de dólares. En lo que respecta al caballo pura sangre, si tuviéramos esa clase de animales, probablemente lo mantendríamos bajo aire acondicionado durante el tiempo de verano y en una granja con calefacción durante el invierno. Contrataríamos al mejor veterinario que nuestro dinero pudiera conseguir para que lo cuidara y nos diera una dieta nutricional especial para asegurarnos de que el caballo esté bien alimentado. Adicional a esto, conseguiríamos el mejor entrenador posible para desarrollar el potencial del animal. Se lo aseguro, cuidaríamos a ese caballo pura sangre, y sin embargo abusamos de nuestro cuerpo que vale billones de dólares.

Cuidar de nuestro cuerpo requiere una rutina sencilla y simple. No dije que "fácil". Se requiere de tener en cuenta varios aspectos, y como yo no soy experto en ninguno de ellos, haré unas observaciones simples mientras usted busca ayuda profesional. Para comenzar, lo invito a conseguir el libro del Dr. Kenneth Cooper llamado *The Aerobic Program for Total Well-Being* el cual trata el tema del ejercicio, pero además el de cómo tener una nutrición adecuada.

Uno de los aspectos que necesita tener en cuenta es la cantidad de sueño que usted requiere para descansar. Alguna gente se siente reconfortada con cuatro o cinco horas de sueño. En mi caso he descubierto que requiero de 7:30 horas de sueño para lograr un nivel de rendimiento máximo. Como yo lo sé, trabajo de manera consciente para conseguir descansar esa cantidad de horas cada noche. A lo mejor una noche duermo menos y la segunda noche duermo mejor, pero si pasan tres noches seguidas sin que duerma ese número de horas, le garantizo que al tercer día soy mucho menos efectivo. Por esa razón trabajo y me concentro en tener un número de horas de sueño razonable.

El ejercicio es la segunda área demasiado importante en lo que se refiere a la salud. Últimamente he estado caminando —y me *encanta* caminar. Sin embargo a muchas personas no les agrada esta clase de ejercicio ni ningún otro. De acuerdo al Dr. Cooper, lo importante es que usted eleve el ritmo de su corazón durante por lo menos 20 minutos cuatro veces a la semana. Caminar rápido es un ejercicio maravilloso; montar bicicleta estática –o para el caso, montar en bicicleta por la calle– son ejercicios excelentes. También es adecuado considerar la posibilidad de subir a los minitrampolines en donde usted se balancea hacia arriba y hacia abajo –funcionan muy bien. Otros prefieren nadar, y muchos expertos dicen que es el más deseable de todos los ejercicios. Sin embargo otros prefieren esquiar o jugar basquetbol, tenis, etc. Los adultos inteligentes siempre comienzan su programa de ejercicios visitando primero a su médico. Por favor, no se salte este paso tan importante.

Con frecuencia me preguntan: "Bueno, Zig, con todo lo que usted tiene que hacer, ¿cuándo tiene tiempo para caminar?" Yo contesto que tengo tanto que hacer que no puedo quedarme sin tiempo para hacer ejercicio. Cuando viajo y el clima está malo, subo y bajo las escaleras del hotel donde me esté quedando. Algunas veces voy al salón más grande del hotel y camino rápido alrededor de él. Otras veces he caminado por los centros comerciales. Sin embargo no soy un héroe y por lo consiguiente no camino por calles oscuras durante la noche. Si el clima es agradable, pero es de noche y no estoy muy seguro del área en donde me encuentro, camino en el parqueadero del sitio donde me hospedo.

Permítame destacar el hecho de que, cuando usted hace ejercicio o trota, activa su glándula pituitaria, la cual irriga su sistema con endorfinas que a su vez son 200 veces más poderosas que la morfina. El resultado es que usted se encuentra bajo "sustancias químicas naturales" durante 2 y hasta 4 y 7 horas diarias. Me he dado cuenta de que la mejor inversión de mi tiempo es cuando lo invierto haciendo ejercicio. Una hora invertida en ejercicio (contando con el tiempo para vestirme, hacer ejercicio, bañarme, refrescarme, etc.) me da entre 2 y 4 veces más de tiempo de alta productividad. El tiempo ideal para hacer ejercicio, según el Dr. Cooper, es durante las horas de la tarde o bien temprano en la mañana. Haciendo ejercicio en estas horas del día usted logrará extender su jornada de trabajo de manera efectiva durante varias horas.

Lo tercero que usted debe hacer para mantenerse en el mejor estado de salud es comer una dieta sensible, esto significa una dieta bien balanceada, y de nuevo el libro del Dr. Cooper será de gran ayuda. En mi dieta personal yo me enfoco en comer verduras frescas, pescado, pollo y cereales de grano entero, y consumo tanta fibra cómo me sea posible. En adición a esto, aunque existe un enorme desacuerdo en cuanto a esto, he estado tomando un suplemento alimenticio durante ya varios años. Muchos doctores dirán que mediante el consumo de una dieta bien balanceada se requiere de muy poco para tener buena salud. Yo estoy interesado en mantener un nivel de rendimiento máximo y por esa razón utilizo los suplementos alimenticios naturales.

El cuarto paso es combatir la negatividad. Por ejemplo: 19 de cada 100 muertes están directamente relacionadas con el hábito de fumar. Como dije ya antes, cada vez que usted enciende un cigarrillo está disminuyendo 14 minutos de su tiempo de vida. No hay necesidad de decir que si usted fuma no disfrutará del máximo de su salud.

El alcohol es otro de los elementos negativos de la vida y en la mayoría de los casos es destructivo. Si usted es un bebedor "casual", lo animaría a leer *Dying for a Drink* escrito por el Dr. Anderson Spickard y Barbara R. Thompsom. Podría ayudarle a ver la bebida desde una perspectiva distinta. No pretendo ser una autoridad en la materia, pero he visto un gran número de tragedias resultantes de la bebida y sé que uno de cada 9 "bebedores sociales, casuales" terminará en algún momento con serios problemas de bebida. También sé que el alcohol es depresivo y que la gente no funciona de manera tan efectiva cuando toma alcohol que cuando no lo toma.

Es obvio que las otras sustancias que usted quiere evitar son aquellas que son ilegales y peligrosas. Las evidencias en contra del consumo de marihuana, cocaína, heroína, así como de muchas otras drogas, son abrumadoras. No logro entender que alguien con la capacidad intelectual de ocupar una posición de liderazgo o administrativa sea tan tonto como para ignorar las evidencias de cómo esta clase de sustancias afecta a las personas, y que de manera deliberada "juegue" con ellas en circunstancias "casuales" o esporádicas.

Desde el comienzo de mi carrera no he conocido a una sola persona que a propósito quiera convertirse en alcohólica o en adicta a las drogas. La pregunta que usted debe hacerse a sí mismo es: ¿vale la pena tomar un riesgo relacionado con esta clase de sustancias que me destruiría personal, social, profesional y familiarmente al mismo tiempo? Cuando estoy hablando acerca de cuidar la salud también me estoy refiriendo a eliminar las sustancias peligrosas que algunos deciden ingerir y que le causan daño al cuerpo.

Tome tiempo para el entretenimiento

La mayoría de los hombres y mujeres de negocios que lleva una vida tan atareada se traza metas para adquirir nuevos carros, más ascensos, tener cierta cantidad de dinero en el banco, vivir en una zona cada vez mejor localizada, adquirir más y más educación, alcanzar la cima de sus propósitos y triunfar en todas las áreas. Trazan planes en cada aspecto de su vida, pero con frecuencia nunca se trazan un propósito definido cuando se trata de sacar tiempo para descansar. Estoy convencido por completo de que, a menos que pongamos en nuestra agenda tiempo para recreación con nuestra familia y aún para nosotros mismos, nuestra salud física y mental, así como nuestras relaciones familiares y sociales, sufrirán las consecuencias. Cuando eso ocurre es simple cuestión de tiempo, pero en algún momento nuestra carrera profesional y laboral también se verá afectada.

Cuando usted observa a los ejecutivos de alto nivel —aquellos que están en posiciones de gran responsabilidad— descubre que uno de los mayores problemas que ellos afrontan es el agotamiento, el cual se alivia por lo menos en parte decidiendo sacar tiempo para jugar y divertirse. Puede ser cualquier juego, bien sea tenis, béisbol, o por lo general, golf. Puede ser ingresar a un equipo de fútbol o de básquetbol. Mi amigo el Dr. James Dobson, el sicólogo cristiano que tiene un ministerio tan efectivo a través de su programa de radio y de sus publicaciones, es uno de los hombres más ocupados que he conocido y sin embargo él invierte una hora diaria haciendo ejercicio físico. Él y su familia van a esquiar. Él cuida de su salud física y del bienestar de su familia sacando tiempo para hacer toda esta clase de ejercicios.

Estoy convencido de que la habilidad para relajarse y disfrutar es una total necesidad para aquellos a quienes les gustaría escalar hacia el éxito y mantener su posición allí, una vez la hayan alcanzado. Surgen nuevas perspectivas y un entusiasmo renovador acompañado de emociones hacia lo que usted está haciendo cuando disfruta de la vida. No me refiero solamente a su trabajo sino además a disfrutar del hecho de que usted está vivo y bien, y que está obteniendo de la vida más que un salario. Subir por la escalera corporativa y obtener reconocimiento como líder comunitario podría estar, e incluso *debería* estar, entre sus objetivos por cumplir.

El éxito financiero y el ascenso en la escala corporativa son objetivos valiosos, pero como tales, no lo harán feliz si usted no está disfrutando de la vida. No hay nada de malo en planear espacios de esparcimiento de la misma manera entusiasta en que usted planea su horario de trabajo. Supongo que comprende que no estoy hablando acerca de entretenerse con la misma intensidad horaria con la que trabaja, pero un partido de softbol, de tenis o una noche de cine o de teatro con la familia, una actividad en su iglesia o con la comunidad, planeada con alguna frecuencia, incrementa su calidad de vida y contribuye en el cumplimiento de sus metas.

Tome tiempo para la quietud y el silencio

Cuando toco este tema en mis conferencias siempre preparo a mi audiencia diciendo: "Es posible que mi siguiente afirmación lo sorprenda porque, en términos generales, soy muy expresivo". Suelo ser "ruidoso" cuando estoy en la plataforma al punto en que usted a lo mejor no se da cuenta ni se le ocurriría pensar que a veces permanezco en silencio, pero la verdad es que soy de por sí una persona silenciosa. Pero, sin tener en cuenta nuestra naturaleza, *todos* necesitamos tomar un tiempo para permanecer quietos y en silencio.

Como dije cuando hablé acerca de "tomar tiempo para comenzar el día", vivimos en un mundo ocupado y lleno de ruido, y hay ocasiones en que sus baterías están desgastadas por completo y las recargas superficiales no alcanzan para restaurar las energías al nivel adecuado, a menos que usted tome tiempo para la quietud. Mi forma favorita para estar en silencio es salir a caminar, sobre todo en la época de verano, durante la noche y bajo la luz de la Luna. Parece que cuando el cielo está en esas condiciones y yo salgo a caminar por mi vecindario que tanto amo, siento una recarga de energía increíble y las ideas más productivas vienen a mí durante esas caminatas.

Otro de mis tiempos favoritos en silencio es durante la mañana cuando me levanto y entró en mi oficina. Durante ese periodo de tiempo nacen en mi mente las ideas más creativas.

Le animo a buscar tiempo para disfrutar de silencio y quietud. Habrá ocasiones en las que usted quisiera compartir ese tiempo con alguien que usted ama —dar una caminata (que no tenga como propósito hacer ejercicio) con su hijo, hija o su pareja, cuando usted no tiene ningún afán excepto el de estar con esa persona. Es sorprendente cuanto es posible acercarnos a ese acompañante durante esta clase de caminata, pero también es extraordinaria la cantidad de ideas que usted desarrolla junto a alguien que ama cuando explora de una manera casual, tranquila y relajada un concepto o un punto de vista con el cual ha estado luchando. Cuando usted le cuenta a su pareja sobre sus negocios, inclusive si su pareja no tiene la experiencia o conocimiento específico que usted sí posee, se sorprenderá de cuanto puede ella contribuir desde un punto de vista renovador. Por lo general las parejas son libres de los prejuicios relacionados con el trabajo del otro y por lo tanto no están llenas de ideas rebuscadas ni preconcebidas y por eso mismo están en capacidad de darles un vistazo general a las diversas situaciones y aportar ideas significativas y de mucha ayuda. Las preguntas que ellas hacen suelen producir ideas creativas de su parte y es posible que hasta lo lleven a usted a ver las cosas desde una perspectiva diferente.

Debo enfatizar que usted necesita tiempo para estar en silencio. Quizá solo sea unos minutos caminando por el jardín arrancando maleza o deleitándose en los milagros de la naturaleza que se encuentran alrededor de nosotros para que los disfrutemos, solo si tomamos el tiempo para hacerlo. ¿Será necesario que le recuerde que fue durante esos ratos de silencio en Valley Forge que George Washington halló la fortaleza para enfrentar los problemas que surgieron a causa de su lucha por nuestra libertad mientras observaba a sus tropas hambrientas y muerta de frío? ¿Tendré que traer a su memoria que fue durante esos momentos oscuros y silenciosos de la Guerra Civil que Abraham Lincoln halló fuerzas y logró unir a nuestra nación? Y en esos mismos momentos de quietud y silencio Jesucristo encontró en el Getsemani la fortaleza para afrontar el cruel sufrimiento que estaba a punto enfrentar. Y será en momentos de silencio y quietud que usted también encontrará recursos que ni usted mismo sabía que existían. Busque tiempo para estar callado –y escuchar.

Tome tiempo para dedicárselo a sus seres amados

Uno de los mitos más trágicos que subsisten en nuestra sociedad es el de creer que usted no puede ser un hombre de negocios exitoso y a la vez un esposo amoroso y un padre dedicado a sus hijos. Este mito fue motivo de investigación hace algunos años y volvió a serlo hace poco en un artículo de *U.S. News & World Report* con respecto a los millonarios de $1 millón de dólares "comunes y corrientes". El artículo destaca que el 80% de estos millonarios proviene de familias de clase media —o trabajadora— y que una vida de familia estable acompañada de ciertas distracciones provee a esta clase de millonario de la energía para perseverar en los negocios. La mayoría de ellos tiene un matrimonio que ha perdurado, y con frecuencia su pareja es la misma de la secundaria o la que conoció durante la época de la universidad, y tiende a "malcriarla" (siendo muy especial y amable) al igual que a sus hijos. Son personas que han enfrentado la adversidad. La cantidad de vendedores millonarios es dos veces mayor que la de los médicos que llegan a serlo a la edad de 60 años y menos del 1% de estos millonarios tiene que pertenecer a la farándula, ser escritor o deportista. En mi concepto lo que esto en realidad muestra es que la gente exitosa —incluyendo los administradores de alto rendimiento— tiene un enfoque de vida balanceado. El siguiente ejemplo demuestra este punto.

Hace algunos años fui a felicitar al presidente de una gran corporación por su reciente ascenso. Él me saludó con mucho entusiasmo e insistió en que conversáramos para contarme sobre la influencia que él dice que yo ejercí en su ascenso. Esto fue algo que yo no esperaba escuchar puesto que mi único propósito era invertir 60 segundos para expresarle mis felicitaciones, pero el nuevo presidente quería conversar.

"Mira, Zig", me dijo, "honestamente pienso que tu videoconferencia sobre el cortejo después del matrimonio, la cual utilizamos en nuestro departamento de entrenamiento, jugó un papel determinante en mi ascenso". Luego comenzó a contarme su historia.

"Mi matrimonio era bastante inusual. Los dos venimos de andar 'el camino correcto', los dos fuimos a las mejores escuelas y provenimos de un ambiente familiar exitoso. Después de graduarnos en la universidad nos casamos y comenzamos a ser parte de los clubs 'adecuados' y mi esposa comenzó a servir en obras benéficas 'adecuadas'. Los dos somos miembros activos de nuestra iglesia y tenemos el número 'adecuado' de hijos". (Esto quería decir que tenían dos hijos. Me alegra que mis padres nunca creyeran que ese fuera el número adecuado ¡ya que yo soy el décimo de 12 hijos!).

Y continuó su historia: "Quiero enfatizar, Zig, en que mi matrimonio era bueno, aunque con el paso de los años nuestra relación se fue volviendo un poquito platónica, pero a medida que escuchaba tu video y te oía hablar acerca de tu *"Pelirroja"*, me di cuenta de que, aunque he celebrado casi 20 cumpleaños menos que tú, parece que hay más emoción en tu matrimonio, así que decidí ver si podría pasar lo mismo con el mío. Me sentía intrigado en particular frente al hecho que destacaste con respecto a que, según una compañía de seguros de Alemania Occidental, cuando un hombre le da el beso de despedida a su esposa antes de ir a trabajar –pero la besa realmente (no como se besa a una hermana, sino como decimos en mi tierra: 'la besa con todas las ganas del mundo'), esa clase de hombre vive un promedio de 5.6 más años que los hombres que se niegan a este placer a diario. (Amigos, ¡sáquenle partido a esta información!). Y no solo es eso sino que además ellos ganan entre el 20% y el 30% más de dinero que los que salen de su casa sin esa fuerza.

"Con esto en mente", continuó él, "decidí comenzar a cortejar a mi esposa. Empecé a tomar el teléfono todos los días y a hacerle una o dos llamadas durante mis tiempos de descanso. Decidí escribirle noticas en su correo o le compraba una tarjetita, y además le llevaba flores. En una ocasión tuvimos una de esas 'citas especiales' en la que salimos y pasamos un rato maravilloso. Volví a abrirle la puerta, a pararme cada vez que ella se ponía de pie cuando estábamos sentados a la mesa, a arrimarle la silla a la mesa cuando ella regresaba –a hacer todas esas pequeñas cosas que nuestras esposas aprecian tanto. Ahora, Zig, tengo que confesar que los cambios no fueron instantáneos, pero en cuestión de pocas semanas la emoción regresó a nuestro matrimonio. Lo intrigante del asunto es que esta emoción me hizo más feliz y tuvo resultados en el campo de los negocios, y me volví un ejecutivo más productivo. Estoy convencido por completo de que mis esfuerzos en la compañía fueron evidentes y tuvieron reconocimiento y ascendí a la presidencia primordialmente debido al incremento en mi efectividad, el cual ocurrió gracias a todas las emociones y diversión que retornaron a mi matrimonio. Así que permítame darle las gracias".

Salí de su oficina y fui directo a felicitar al presidente de la junta directiva cuya promoción produjo la vacante que ahora ocupaba el nuevo presidente. A medida que me dirigía a su oficina mi amigo lo llamó para avisarle que yo iba en camino a saludarlo. El presidente de la junta estaba igual de entusiasmado e insistió en que conversáramos porque él también tenía una historia que contarme, entonces señalando el teléfono que estaba sobre su escritorio dijo: "Ziglar, durante largo tiempo, cuando el teléfono sonaba me sentía tentado a contestar diciendo '¿qué hicieron ahora los pequeños monstruos?' Sí, me avergüenza decir que mis hijos adolescentes eran pequeños monstruos que lograban sacarme de mis casillas. Parecía que todo lo que mi hijo comía se le convertía en pelo; su cuarto era un desorden total; y su música se escuchaba a tres bloques a la redonda; no había ninguna manera de motivarlo, y aunque (¿o sería debido a eso?) yo vivía pendiente de él a todo instante, él no hacía absolutamente nada. Mi hija de 14 años era la más irrespetuosa e impertinente de todos los adolescentes de esta tierra. Para ser franco, yo estaba al borde de un colapso y no me daba cuenta —sino hasta después—, pero vivía evitando cualquier clase de contacto con ellos en esa época de nuestra vida familiar.

"Sin embargo", continuó, "algo que usted dijo en una de sus charlas llamó mi atención. Usted dijo que de vez en cuando todos necesitamos cerrar nuestros ojos y visualizar que todas las personas a las que amamos en algún momento estarán fuera de nuestro panorama. [Aprendí esto de mi amigo y compañero conferencista Herb True]. Cuando comprendí esa verdad me puse a pensar que si algo le pasara a alguno de mis hijos yo me sentiría destrozado, pues a pesar de todas nuestras dificultades para comunicarnos, los amo con todas mis fuerzas.

Llevado por el impulso una tarde tome el teléfono y llamé a mi hijo para preguntarle si le gustaría ir a ver al equipo de Detroit Tigers jugar en el Texas Rangers, y cuando él logró recuperarse de la sorpresa me dijo: '¡Claro que sí, papá!' Al día siguiente salí de la oficina una hora más temprano para ir a recogerlo y llegamos allá una hora antes de que comenzara el juego y así logramos encontrar una excelente ubicación detrás de la primera base, y aunque no somos 'fanáticos del béisbol' en todo el sentido de la palabra, esa noche nos divertimos muchísimo. Pronto comenzamos a abuchear al equipo visitante y a animar al equipo local; a cuestionar al árbitro y a estar de acuerdo en que nuestros jugadores siempre estaban en lo correcto y los del otro equipo siempre estaban equivocados. Comimos mucha comida chatarra, tomamos cantidad de soda y encima de todo pedimos perros calientes. Cuando el partido terminó salimos y seguimos comiendo todo lo que quisimos y llegamos a casa pasada la 1:00 a.m."

Y agregó: "De hecho, pasé más tiempo con mi hijo esa noche del que había pasado durante todos los seis meses anteriores. No voy a decirle que todo fue mejor de inmediato, pero los muros comenzaron a caer —la barrera de la comunicación se había roto. Comenzamos a hablar y a construir una verdadera relación". Con lágrimas en sus ojos seguía contándome: "Zig, tuve que reaprender que mi hijo no solo es un chico brillante sino que además tiene un carácter ético, y estoy convencido de que él va lograr muchas cosas en su vida. Jamás volví a decir nada acerca de su pelo, y aún hoy lo sigue usando largo. No volví a decirle nada de que limpiará su cuarto, y para ser honesto, si un inspector de la salud fuera a revisarlo, no quedaría calificado con la mejor de las notas, pero es más aceptable que antes. Y en lo que se refiere a la música, ahora todos disfrutamos del hecho de que mi hijo escucha su música en su cuarto sin necesidad de perturbar a los vecinos.

Y no solo eso, Zig, sino que unos días después llamé a mi hija y le pregunté si le gustaría ir a cenar conmigo esa noche y ella se sintió feliz con mi propuesta así que le dije que se pusiera su vestido más hermoso porque nos iríamos al más lujoso de los restaurantes al cual invito a mis clientes más importantes. Esa noche le llevé un hermoso ramillete de flores para su mano ¡y se veía muy linda con su vestido y con esas flores! Pasamos más de tres horas juntos en nuestra cena. Ordenamos una entrada exquisita y cerramos con un flamante postre. ¡Qué rato tan delicioso pasamos!

Es casi la misma historia que con mi hijo. Las barreras cayeron y aprendí que mi hija, no solo es muy inteligente sino que tiene unos objetivos muy definidos para su vida. Creo que algún día será una gran esposa y una excelente madre, si piensa construir una familia; que será sobresaliente en la carrera que elija, si decide concentrarse en su vida profesional. Y lo más importante que tengo para decirle, Zig, es que cuando salgo de mi casa cada día sé que todo lo que tengo que hacer es concentrarme en mi trabajo. Estoy convencido de que hoy soy el presidente de la junta directiva debido a que mi situación familiar ha mejorado bastante y ahora le dedico toda mi energía y creatividad a mi trabajo cuando estoy aquí porque sé que todo está funcionando en mi vida familiar".

¿No es irónico que estos dos ejecutivos tan exitosos que pasaban largas horas enfocándose en sus trabajos, y que con frecuencia decían: "Estoy haciendo esto por mi familia", descubrieran que cuando descuidaron a su vida familiar no eran tan efectivos en el mundo corporativo? Una vez que consiguieron recuperar el balance en el aspecto familiar, su vida profesional mejoró. Estoy convencido de que, sin tener en cuenta si usted es un atleta o un entrenador, si es un hombre de negocios que trabaja como independiente o para una gran corporación, si usted le presta atención a su vida familiar, avanzará más rápido y de manera más efectiva, y se sentirá más a gusto en el mundo corporativo.

¡Claro! —Pero ¿de dónde sacó toda esa energía?

Tengo la impresión de que, virtualmente, todos los lectores estarán de acuerdo, al menos en el principio, con el hecho de que una buena relación con la familia es de gran ayuda en la carrera de los negocios. Sin embargo a lo mejor usted estará pensando: *"Claro, pero ¿de dónde voy a sacar toda la energía para estar pendiente de mi familia y a la vez ser un líder o administrador de alto rendimiento?"* La siguiente ilustración le dará una respuesta, por lo menos parcial.

Todos nos sentimos motivados por algo o por alguien en la vida. Es importante comprender esta verdad puesto que la motivación genera energía. De hecho, en la mayoría de los casos, cuando decimos estar "cansados", nos sentimos desgastados desde el punto de vista mental o emocional, pero no siempre físico. En pocas palabras, nuestra fuente de motivación se está quedando vacía. Ejemplo: ¿Ha tenido usted uno de "esos" días? Comenzó con una llanta desinflada que le ocasionó que perdiera una cita importante. El administrador de su oficina llamó para decir que estaba enfermo y usted tuvo que manejar una cantidad de hilos administrativos que por lo general le causan un intenso disgusto. El aire acondicionado no estaba funcionando bien y su reunión fue aburrida e imposible de sostener. Encima de eso, su supervisor más productivo renunció. *Nada* salió bien ese día, y además usted comenzó a tener evidencia de que le estaba dando un resfrío. Finalmente y sin embargo, el día terminó a las 5:00 p.m. *en punto* y usted se fue a su casa para alejarse de tanto colapso y descansar.

Su entusiasta esposa lo saluda muy amable y le expresa su alegría porque usted no trabajó hasta tarde ya que "ese es el día". Con cierto cansancio usted le pregunta: "¿El día de qué?" Y ella le responde: "¿Por qué, cariño, no lo recuerdas? Hoy es el día que hemos venido planeando durante semanas. Hoy vamos a limpiar el garaje". Su reacción es una mezcla entre cansancio y frustración y comienza a quejarse diciendo que, después de tantos inconvenientes no tiene energías ni para levantar un pie —ni mucho menos para levantar ¡400 cajas que necesita mover para limpiar el garaje! Sin lugar a dudas su esposa le asegura que ella le ayudará y que será cuestión de solo un par de horas.

En ese momento suena el teléfono y con un gran esfuerzo usted lo contesta con el entusiasmo propio de un piloto kamikaze en su milésima misión. La voz del otro lado de la línea es la de su mejor compañero de golf dándole la gran noticia de que tienen cita para comenzar a jugar dentro de 23 minutos. ¿Adivine qué? ¡Su cuerpo hasta ese instante extenuado de un momento a otro explota de energía! Sus piernas lo sacan corriendo al garaje —no para limpiarlo sino para sacar los palos de golf e irse volando al club. ¡Usted se siente *motivado*!

Ahora, no estoy sugiriendo que su compañero golfista sea un mejor motivador que su esposa, sino que el elemento motivador (el juego de golf) resultó más interesante que la propuesta de su esposa ("¡matarse" limpiando el garaje!). Su amigo hizo el papel de un administrador efectivo al *canalizar sus energías* en la dirección en la que usted quería ir. Los administradores efectivos canalizan su propia energía así como la energía de los miembros de su equipo de trabajo en beneficio del propósito que necesitan alcanzar. Usted ha aprendido a hacerlo leyendo *Desempeño máximo*. ¡Ahora hágalo!

Principios de desempeño

1. Tome tiempo para comenzar bien el día.
2. Tome tiempo para crecer.
3. Tome tiempo para cuidar de su salud.
4. Tome tiempo para el entretenimiento.
5. Tome tiempo para la quietud y el silencio.
6. Tome tiempo para dedicárselo a sus seres amados.

Epílogo
Una oportunidad única

Cuando yo era un niño en Yazoo City, Mississippi, trabajé en una tienda. Usted comprenderá que a finales de la década del 30 y a comienzos de la del 40, las cosas eran en extremo diferentes de lo que son hoy. En aquel tiempo muy pocos niños tenían dinero para comprar dulces, y los de melaza eran casi los únicos que existían. La gente compraba la melaza y hacía sus propios dulces, y la melaza se mantenía en un barril grande en la bodega de la tienda. Cuando los clientes traían sus jarras para comprarla, el dueño de la tienda o yo se las llenábamos del barril grande. De vez en cuando uno de mis compañeros, cuando no tenía nada que hacer, se iba para la tienda a matar tiempo y con la esperanza de que le dieran un poco de melaza.

Un día él estaba en la tienda, y cuando pensó que nadie lo veía, le quitó la tapa al barril, metió su dedo y luego comenzó a chupar del poquito de la melaza que alcanzó a sacar. Cuando se estaba chupando los labios de repente se apareció el dueño de la tienda y lo agarró por los hombros, lo estrujó y le dijo: "Hijo, ¡no vuelvas hacer eso nunca! ¡Esa no es una norma de aseo y no te lo voy a permitir!".

El chico estaba temblando, pero a medida que se alejaba de la tienda pude ver que sobreviviría. Unos días más tarde volvió a aparecerse en la tienda y estuvo merodeando durante algunos minutos, observando con cuidado, y cuando no vio al dueño por ninguna parte, volvió a quitarle la tapa al barril y a meter su dedo entre la melaza. Y justo cuando se llevó el dedo a la boca, de repente y sin saber de dónde, apareció el dueño. Esta vez lo reprendió con unos golpes en su trasero y le dijo que se fuera de la tienda y no regresara jamás.

Cualquiera habría pensado que el chico aprendió la lección, pero unos 10 días más tarde sus ganas de comer melaza pudieron más que su voluntad y otra vez llegó a la tienda. De nuevo el dueño no se veía por ningún lado, y él, con mucho cuidado y cautela, volvió a quitar la tapa del barril y otra vez metió el dedo para sacar melaza. Y justo cuando estaba llevándose el dedo a la boca, el dueño volvió a salir de la nada, pero esta vez no le dijo nada sino que lo agarró y lo metió en el enorme barril de melaza. A medida que el chico se iba hundiendo se le escuchaba orando así: "¡Oh, Señor, por favor dame la lengua que necesito para aprovechar esta oportunidad!"

Su reto

A medida que fui plasmando mis pensamientos en el papel para escribir *Desempeño máximo* ha sido mi oración y mi plan compartir alguna información e inspiración que marque una diferencia en su vida. La necesidad, tanto de información como de inspiración, en nuestro mundo corporativo y personal es enorme. La oportunidad para beneficiar a mucha gente es gigantesca. Mi oración es haber tocado alguna fibra en usted y que su vida sea más efectiva y feliz de lo que había sido hasta este momento.

Theodore F. MacManus escribió el siguiente artículo llamado "The Penalty of Lidership" (El castigo del liderazgo) a manera de propaganda, y aunque fue publicado en el periódico *Saturday Evening Post* el 2 enero de 1915, su mensaje es imperecedero:

El castigo del liderazgo

En todo campo del esfuerzo humano, el que llega primero a la meta vive perpetuamente a la luz pública.

Ya sea que el liderazgo se vea reflejado en una persona o en un producto fabricado, producirá envidia y deseos de imitación. En el Arte, en la Literatura, en la Música, en la Industria, los premios y los castigos consisten siempre en lo mismo: el premio es recibir reconocimiento. El castigo es indiferencia y difamación.

Cuando el trabajo de un hombre se convierte en el estándar de trabajo para todo el mundo, dicho hombre también se convierte en el blanco de las murmuraciones y la envidia de unos cuantos. Si su trabajo hubiera sido apenas mediocre, a nadie le habría importado —pero si el resultado es una obra maestra, habrá millones de lenguas que murmuren. Sin embargo la envidia no se ocupa del pintor que produce una pintura común y corriente.

Pero si usted escribe, pinta, toca un instrumento, canta o compone, a nadie le importará —a menos que el resultado de su trabajo sea genial. Y mucho, mucho después de que su gran trabajo haya quedado terminado, aquellos que se sienten confrontados o llenos de envidia seguirán sin explicarse como usted lo logró. Voces malintencionadas en el campo del Arte se levantaron contra el propio Whistler murmurando que él era un fanfarrón, inclusive después de que el mundo lo había aclamado como el más genial de los artistas. Las multitudes se juntaron durante el musical de Wagner para ovacionarlo mientras que un pequeño grupo murmuraba que él no era ninguna clase de músico. Y gente como esa fue la que siguió protestando y diciendo que Fulton jamás podría construir el barco de vapor, cuando el barco ya navegaba.

El líder recibe ataques porque él es el líder, y son esos ataques mismos los que dan prueba de su liderazgo. El que es seguidor procura desprestigiarlo y destruirlo —pero eso solo confirma la superioridad del líder y la pequeñez del que intenta suplantarlo.

No hay nada de nuevo en esto, es tan viejo como el mundo y como las pasiones humanas —envidia, temor, codicia, ambición y deseo de figurar. Pero nada de eso funciona porque si el líder sabe liderar, permanecerá siendo el líder. Los grandes poetas, pintores, escultores, cada uno en su momento son asediados y cada uno de ellos termina siendo laureado con el paso del tiempo. Aquel que es bueno y conoce muy bien su trabajo, no se enfoca en ser aclamado o despreciado puesto que el que merece perdurar, perdurará.

Sí, el liderazgo implica castigos, pero por fortuna también implica premios. Espero —y creo— que los principios que he compartido en *Desempeño máximo* le ayudarán a recibir todos esos premios.

Notas

1. El curso I CAN (Yo puedo) es distribuido en la actualidad por una organización independiente cuyo nombre es Alexander Resourse Group, dirigido por Bob Alexander. Para información sobre este curso por favor contacte a Bob Alexander, Press., The Alexander Group, 176 Lake View Dr., N., Macon, GA 31210, teléfono 877-USA-ICAN. www.yesican.net.

2. Jim Collins, *Good to Great: Why Some Companies Make the Leap ... and Others Don't* (New York: HarperCollins, 2001).

3. Impreso con la autorización del Dr. Michael H. Mescon, Decano de College of Business Administration, Georgia State University, y el propietario, Ramsey Chair of Private Enterprise y el Dr. Timothy S. Mescon, Asistente del Decano en School of Business Administration, University of Miami, y publicado por Mescon Group, Inc., Atlanta, Georgia.

4. Ziglar Training Systems, 2009 Chenault Drive, Suite 100, Carrollton, TX 75006.
   Teléfono: 972-233-9191. Web site: www.zigziglar.com

5. Adaptado de Assuring Customer Loyalty, Ziglar Training Systems © 2000.

www.ingramcontent.com/pod-product-compliance
Lightning Source LLC
Chambersburg PA
CBHW030512080526
44586CB00011B/164